NATURALMENTE SELECIONADOS

Mark van Vugt
Anjana Ahuja

NATURALMENTE SELECIONADOS

Por que algumas pessoas lideram,
por que outras seguem e por que isso é importante

Tradução
CARLOS AUGUSTO LEUBA SALUM
ANA LUCIA DA ROCHA FRANCO

Editora
Cultrix
SÃO PAULO

Título original: *Selected.*

Copyright © 2010 Mark van Vugt e Anjana Ahuja.

Copyright da edição brasileira © 2012 Editora Pensamento-Cultrix. Ltda.

Texto de acordo com as novas regras ortográficas da língua portuguesa.

1ª edição 2012.

Todos os direitos reservados. Nenhuma parte desta obra pode ser reproduzida ou usada de qualquer forma ou por qualquer meio, eletrônico ou mecânico, inclusive fotocópias, gravações ou sistema de armazenamento em banco de dados, sem permissão por escrito, exceto nos casos de trechos curtos citados em resenhas críticas ou artigos de revistas.

A Editora Cultrix não se responsabiliza por eventuais mudanças ocorridas nos endereços convencionais ou eletrônicos citados neste livro.

Coordenação editorial: Denise de C. Rocha Delela e Roseli de S. Ferraz
Preparação de originais: Roseli de S. Ferraz
Revisão: Claudete Agua de Melo
Diagramação: Fama Editoração Eletrônica

Dados Internacionais de Catalogação na Publicação (CIP)
(Câmara Brasileira do Livro, SP, Brasil)

> Vugt, Mark van
> Naturalmente Selecionados : por que algumas pessoas lideram, por que outras seguem e por que isso é importante / Mark van Vugt, Anjana Ahuja; tradução Carlos Augusto Leuba Salum, Ana Lucia de Rocha Franco. — São Paulo : Cultrix, 2012.
>
> Título original: Selected: why some people lead, why others follow, and why it matters.
> Bibliografia
> ISBN 978-85-316-1145-2
>
> 1. Liderança — Aspectos psicológicos 2. Psicologia genética I. Ahuja, Anjana. II. Título.
>
> 12-01577   CDD.158.4

Índices para catálogo sistemático:
1. Liderança : Psicologia aplicada 158.4

Direitos de tradução para o Brasil
adquiridos com exclusividade pela
EDITORA PENSAMENTO-CULTRIX LTDA.
Rua Dr. Mário Vicente, 368 — 04270-000 — São Paulo, SP
Fone: (11) 2066-9000 — Fax: (11) 2066-9008
E-mail: atendimento@editoracultrix.com.br
http://www.editoracultrix.com.br
que se reserva a propriedade literária desta tradução.
Foi feito o depósito legal.

Sumário

Agradecimentos 7

Prólogo 9

1 A natureza da liderança 19

2 Tudo não passa de um jogo 42

3 Nascido para seguir 61

4 A busca de *status* na savana: o macaco democrático 85

5 O nascimento da corrupção 107

6 A Hipótese do Descompasso 128

7 Da savana à sala de reuniões: lições sobre liderança natural 158

Homenagem 179

Apêndice A: Seis líderes naturais — um questionário 180

Apêndice B: A história natural da liderança 187

Glossário 188

Notas 191

Bibliografia 201

Agradecimentos

Este livro deve tanto a tantas pessoas que é impossível agradecer a todas. Todas elas são líderes, cada uma à sua maneira.

O livro surgiu de discussões com Daniel Crewe, da Profile, que leu um artigo da *New Scientist* que escrevi para Kate Douglas, editora de artigos especiais. Daniel e Kate me convenceram de que nele havia um livro. Daniel e meu agente Peter Tallack tiveram então a ideia brilhante de me reunir a Anjana Ahuja, uma das maiores jornalistas científicas da Grã-Bretanha, que conseguiu transformar a minha pesquisa numa prosa belamente construída.

Agradeço também aos colegas Sarah Brosnan, Edward Cartright, Robin Dunbar, Joris Gillet, Robert Hogan, Dominic Johnson, Rob Kaiser, Andrew King, Rob Kurzban, Rick O'Gorman, Pete Richerson e David Sloan Wilson pela contribuição intelectual a este projeto.

Agradeço aos meus atuais e ex-alunos de doutorado David De Cremer, Claire Hart, Charlie Hardy, Wendy Iredale, Brian Spisak e Chris Stiff por terem feito uma grande parte da excelente pesquisa discutida em *Naturalmente Selecionados*.

Gostaria de agradecer à Universidade de Kent, à Universidade de Oxford e à Universidade VU de Amsterdã por oferecerem um ambiente intelectual estimulante e o tempo para escrever este livro.

E agora as dedicatórias. Primeiramente, a Charles Darwin, sem o qual este livro não poderia ter sido escrito. Fico feliz por ver finalmente concretizada a visão de Darwin de que "a Psicologia será baseada em um novo alicerce". Em segundo lugar a todos os bons líderes do mundo todo que dão o melhor de si para melhorar a nossa vida, em geral sem reconhecimento. Uma dedicatória especial vai para a minha companheira Hannie, que indica o caminho em todos os aspectos importantes da minha vida.

Acima de tudo, dedico este livro ao meu filho Jamie, cujo futuro será determinado pela qualidade das lideranças atuais.

Mark van Vugt
Amsterdã, junho de 2010

Um dos meus bens mais preciosos quando eu era criança era uma coleção encadernada de *The Children's Encyclopedia,* organizada por Arthur Mee. Suas 7.000 páginas documentavam, entre outros tesouros, "Os Pensamentos Imperecíveis de Homens Consagrados nos Livros do Mundo". Tive o prazer de redescobri-la recentemente, quando mudei de casa. Ao escolher aleatoriamente um volume, eu o abri ao acaso na seguinte passagem: "O homem civilizado é o filho mais jovem de progenitores antigos, que eram assassinos e ladrões selvagens e sem lei por natureza e prática. Os terríveis instintos profundamente enraizados dessa ancestralidade indomada estão sempre rasgando os finos invólucros modernos com que a civilização nos envolve." Esse sentimento brutal e controverso ecoa até certo ponto em *Naturalmente Selecionados.* Podemos não ser mais selvagens imorais, mas as evidências sugerem que o homem moderno não é tão moderno quanto gosta de pensar.

Espero que você tenha tanto prazer com a leitura de *Naturalmente Selecionados* quanto eu tive ajudando Mark a escrevê-lo. Ele é naturalmente o primeiro destinatário da minha gratidão. Esta tem sido uma parceria divertida e gratificante e espero que as ideias profundas do livro sejam bem usadas. Agradecimentos sinceros a Daniel Crewe da Profile e a Peter Tallack por terem-me convencido a isso. Sou grata aos meus editores do *The Times* que me deram uma licença para terminá-lo.

Acima de tudo, gostaria de agradecer a Tom, Rosa e Seth, à minha mãe Sharon, por seus profundos instintos de amor, humor e bondade. Quando eles lideram, eu sigo alegremente. E, sim, obrigado, papai, por ter me dado *The Children Encyclopedia* e por ter-me ensinado a virtude do conhecimento.

Anjana Ahuja
Londres, junho de 2010

Prólogo

Lá estão elas, repousando alegremente sobre a mesa da cozinha: duas ofertas de emprego de duas empresas diferentes. O salário generoso é o mesmo, embora os benefícios variem um pouco, e ambas exigem a experiência que, de forma um tanto criativa, você se atribuiu no *Curriculum Vitae*. Inseguro acerca do caminho a tomar, você consulta o oráculo do século XXI: o Google. Busca informações sobre os CEOs de cada uma das empresas na tentativa de avaliar a cultura, o pulso da organização para a qual está prestes a entregar a vida. E o que descobre? Que desde o ano passado, um dos CEOs — vamos chamá-lo de John — recebe um dólar por ano de salário. Não se trata de ilusão financeira capciosa: não existem pródigas opções de ações para suavizar o golpe miserável. O seu coração afunda porque você pensa que isso pode indicar que a companhia está em declínio.

Então, você vê a carta que ele enviou aos funcionários no ano anterior: "... O tremendo sucesso [da companhia] me proporcionou mais dinheiro do que sempre sonhei ter e muito mais do que seria necessário em termos de segurança financeira e felicidade pessoal. ... Tenho agora 53 anos de idade e alcancei uma posição na vida em que não quero mais trabalhar por dinheiro, mas apenas pela alegria de trabalhar e para atender melhor ao chamado para servir que sinto claramente no coração. A partir [deste ano] meu salário será reduzido a um dólar e não receberei nenhuma outra compensação em dinheiro..." John diz ainda que a empresa está criando um fundo para os funcionários e que o conselho da companhia estabeleceu que ninguém, nem mesmo os diretores, podem receber mais do que 19 vezes o salário médio dos funcionários de menor salário.[1]

E então há o outro CEO, Lawrence. Ele é uma presença constante na lista dos CEOs mais bem pagos do mundo. Tem uma frota de jatos particulares e vive numa das casas mais caras do mundo, uma extravagância em estilo japonês num terreno de 23 acres. E uma das coisas mais memoráveis que você descobre *on-line* sobre ele é uma piada: "Qual a diferença entre Lawrence e Deus? Deus não pensa que é Lawrence." Vem então a matemática mental: com uma remuneração de 57 milhões, Lawrence ganha mil vezes o salário que lhe está sendo oferecido.[2]

Você pode querer ser Lawrence, mas a probabilidade maior é que se sinta mais à vontade se estiver subordinado a John. Por quê? É difícil explicar: o sentimento se baseia mais em instinto. Você sairia para tomar uma cerveja com John, mas se sentiria como um servo bebendo saquê com Lawrence. A propósito, esses CEOs não são míticos, mas reais: John Mackey, da Whole Foods Market, a companhia de alimentos orgânicos, e Larry Ellison, que dirige a Oracle, a gigante dos *softwares*.

Nossa teoria sobre liderança, novinha em folha, baseada na ciência evolucionista, explica por que é mais provável que um funcionário em potencial escolha John e não Lawrence (a menos que você seja o tipo de pessoa que realmente deseja ser Larry Ellison, estando disposto a engolir a desigualdade no curto prazo pela fraca possibilidade de ganhos espetaculares no longo prazo). Não só isso, mas, quando visto no contexto dessa teoria, grande parte do comportamento humano — os estilos de liderança que preferimos e aqueles que abominamos — começa a fazer sentido: por que não gostamos dos gerentes intermediários, por que preferimos o demônio político que conhecemos ao anjo que não conhecemos, por que nos indignamos com a extravagância entre os líderes e por que há um interesse universal nas minúcias domésticas das figuras políticas. Nossa teoria acomoda todas as características conhecidas da paisagem da liderança — carisma, traços de personalidade, machos alfa, o "teto de vidro" para as mulheres, natureza *versus* instrução — mas ao contrário de outras teorias da liderança, reúne tudo isso de uma forma que faz sentido.

Temos um nome para esse contexto mais amplo: teoria evolucionista da liderança (TEL). Seu nome reflete nossa alegação, baseada na observação e na experimentação, de que a liderança e a seguidança (*followership*)* surgiram ao longo da evolução humana e de que seus alicerces foram lançados muito antes disso. Nós as chamamos de comportamentos adaptativos. Quando os cientistas usam o termo "adaptativo" para descrever um comportamento, querem dizer que ele surgiu ao longo da evolução para aumen-

---

* Trata-se de um neologismo que já vem sendo usado em português para designar um conceito que se opõe ao de liderança e o complementa. Neste livro, a necessidade de tal conceito é amplamente discutida. (N. dos Trads.)

tar as chances de reprodução de um organismo capacitando-o a se adaptar ao ambiente. A evolução produziu uma combinação de líderes e seguidores na sociedade humana; um modelo desses comportamentos acabou gravado no cérebro humano. Como você verá, há uma abundância de evidências de que a liderança e a seguidança são automáticas e (normalmente) benéficas. Um grupo de estranhos se organiza espontaneamente num grupo liderado quando solicitado a realizar uma tarefa, e grupos liderados sempre se saem melhor do que grupos sem líder. Como já sabemos, há algo instintivo e espontâneo na liderança humana. A ubiquidade da liderança e da seguidança na hierarquia da vida — dos peixes às abelhas e aos seres humanos — sugere também que seguir um líder competente é uma forma inteligente para qualquer espécie prosperar, e não só para o *Homo sapiens*.

Isso nos leva à característica distintiva da teoria evolucionista da liderança. Abordamos a liderança fazendo uma coisa incrivelmente simples: atrasando o relógio e revisitando as suas origens. A liderança humana como a conhecemos tinha que começar em algum lugar: começou há mais de 2 milhões de anos na savana africana, com o nascimento da espécie *Homo*. Nossos ancestrais se juntavam para caçar, para lutar, para viver, para amar — e como as tribos com uma forte liderança prosperavam, a liderança e a seguidança vieram a fazer parte da estrutura da vida humana. Essa perspectiva faz com que *Naturalmente Selecionados* seja muito diferente de outros livros sobre psicologia da liderança, que começam em geral escrutinando um grande líder e depois vasculhando o seu passado para descobrir o que o motiva (sem desculpas aqui para o viés masculino; relatos de líderes femininos são raros e mais tarde explicaremos por quê). Essas biografias, embora sejam leituras irresistíveis, raramente vão além da psicologia do herói de queixo quadrado olhando determinado da capa do livro.

Naturalmente Selecionados, por outro lado, se aplica a cada um de nós e a todos. Volta ao que é básico. Leva-nos de volta ao começo para descobrir como a liderança surgiu e se modificou ao longo de um período de tempo evolutivo de vários milhões de anos. Se há uma figura central neste livro, ela é o Homem Comum da evolução. Acreditamos conceitualmente que a psicologia da liderança e da seguidança surgiu na nossa espécie (assim como em muitas outras) como resposta aos desafios de sobrevivência e reprodução, que são o objetivo final de qualquer organismo. Cabe observar aqui que estamos adotando uma perspectiva evolucionista que aplica noções da biologia e da psicologia evolucionistas a questões concernentes à liderança.[3] Uma perspectiva evolucionista supõe que certas capacidades cognitivas, como a linguagem, evoluíram para solucionar certos problemas que teriam preocupado os nossos ancestrais, como encontrar abrigo e alimento. Este livro não pretende explicar as especificidades da psicologia evolucionista: partimos da suposição (muito razoável e amplamente apoiada) de que o nosso cérebro e a nossa psicologia foram esculpidos pelas pressões evolutivas, assim como o nosso corpo. Combinando e integrando noções sobre liderança vindas da psicologia, da biologia, da neurociência, da economia, da antropologia e da primatologia, a teoria evolucionista da liderança investiga quais podem ter sido essas pressões evolutivas, como incitaram diferentes estilos de liderança ao longo da história humana e, finalmente, tenta lançar alguma luz sobre o que isso significa para nós hoje. Assim, por exemplo, veremos por que as pessoas em geral são mais felizes em pequenas empresas do que em gigantes industriais (o absenteísmo é uma boa medida da satisfação do funcionário e os seus índices são menores nas pequenas empresas) e por que os empregadores deveriam desconfiar de entrevistados que mudam de emprego com frequência. Se você está preocupado com o tempo que os seus subordinados passam em torno do bebedouro — relaxe. A fofoca é um método totalmente natural e claramente não erradicável de remover gerentes inadequados, embora você possa não gostar muito das idas ao bebedouro se for o ogro do escritório. Se for esse o caso, entregue agora o seu aviso prévio e faça votos para que o seu novo empregador não descubra este livro.

Você vai descobrir que, quando se trata de ambiente de trabalho, o terno risca de giz esconde um cérebro antigo. Essa afirmação não pretende ser um insulto, nem a você nem aos seus ancestrais, mas é um fato. Em primeiro lugar, a evolução funciona em escalas de tempo tão longas que todos nós temos, em maior ou menor medida, o cérebro que tinham os nossos ancestrais africanos. Mesmo que toda a sua família de pele branca tenha cabelos louros e olhos azuis. Em segundo lugar, não temos o direito de desrespeitar nossos antepassados: foi graças à sua capacidade de lidar com situações difíceis que o *Homo sapiens* se tornou a espécie mais bem-sucedida na Terra. Os seus distantes parentes africanos podem ter sido déspotas ou pacificadores, mas você só existe graças ao instinto de sobrevivência que eles tinham. Ainda assim, o fato é que somos cérebros antigos tentando abrir caminho num mundo ultramoderno; quando ideias corporativas novas e brilhantes topam com a nossa psique de milhares de anos, o choque pode nos deixar incomodados. Essa é uma mensagem recorrente em *Naturalmente Selecionados* e vale a pena ouvi-la: ninguém quer que os ambientes de trabalho se transformem no céu do primitivismo, mas parece que ficamos mais felizes quando o nosso ambiente de trabalho ecoa facetas da vida ancestral tribal — uma estrutura coesa governada informalmente por anciãos confiáveis, em que cada membro era valorizado por sua contribuição exclusiva à vida e à sobrevivência do grupo.

A teoria evolucionista da liderança é a primeira teoria científica da liderança consistente com a teoria evolucionista e com as tentativas de integrar o conhecimento vindo das ciências do comportamento para entender a riqueza de dados e observações sobre a liderança. Quando dizemos "científico" queremos dizer, antes de mais nada, que a nossa teoria gera prognósticos que podemos testar. Como você vai ver, a nossa teoria gera uma ideia importante: a Hipótese do Descompasso. Ou seja: o nosso cérebro relativamente primitivo, que nos capacita a viver em tribos pequenas e igualitárias, acha difícil lidar com as enormes estruturas corporativas e urbanas do século XXI. Podemos ser o funcionário consciente na corporação sem rosto e o cidadão zeloso da metrópole, mas um número incrivelmente alto de pessoas anseia por mais intimidade na interação com colegas de trabalho, patrões e líderes cívicos. Por causa desse descompasso psicológico, o nosso cérebro ainda está equipado para procurar líderes que apresentam traços físicos e comportamentais que os nossos ancestrais teriam valorizado nas savanas (o que explica por que apreciamos os líderes altos e de queixo forte).

Nossa teoria também é científica no sentido de detalhar uma profusão de evidências empíricas, conduzidas em grande parte por um dos autores e publicadas nas principais publicações científicas revisadas por pares (mas, para simplificar, usamos no livro todo o pronome "nós" ao nos referir aos dois autores, mesmo ao falar de pesquisas feitas no laboratório de Mark). A revisão por pares, que é a prática de outros cientistas decidirem se o seu trabalho merece ser publicado, é uma forma valorizada de controle de qualidade nos círculos acadêmicos. O fato da sua pesquisa aparecer numa boa revista científica significa que ela foi examinada por vários especialistas, que acham que ela satisfaz padrões mínimos de precisão e integridade. É um selo de garantia de que o estudo ou projeto foi planejado de forma tal que os resultados podem ser considerados confiáveis e reproduzíveis. Isso significa que muito do que você vai ler não se equilibra precariamente sobre um monte de anedotas e parábolas, mas que foi construída sobre um alicerce sólido de observações rigorosas e dados experimentais. Embora tenhamos nos esforçado para tornar *Naturalmente Selecionados* acessível a todos, esperamos que o seu rigor intelectual permaneça intacto (você encontrará referências técnicas e populares relativas a cada capítulo e ao Prólogo no final do livro).

Mas *Naturalmente Selecionados* não pretende ser árido nem destituído de humor — esperamos que você o considere uma viagem esclarecedora e agradável de autodescoberta. Isso porque a teoria evolucionista da liderança é uma forma de entender quem somos e por que nos comportamos da maneira como nos comportamos. Ela pretende nos fornecer um relato do comportamento humano que reconhecemos em nós mesmos e nos que estão à nossa volta. Em resumo, ela se destina a qualquer um que seja humano. Por exemplo, culturas e sociedades no mundo todo têm ideias notavelmente parecidas das qualidades desejáveis num líder, o que sugere a existência de um conceito de liderança profundamente gravado na psique humana, juntamente com outras capacidades humanas, tais como a linguagem. Por que ninguém encontra uma boa palavra para dizer a respeito de gerentes médios? Será que é porque as tribos ancestrais nunca praticaram a gerência média e, assim, não temos ideia de como reagir a uma pessoa espremida entre o poder e a servidão? Por que gostamos quando o patrão nos pergunta sobre nossos filhos ou se lembra do nosso aniversário? Será que é porque, durante boa parte da história evolucionista, vivemos em grupos coesos de 100 a 150 pessoas, cada uma das quais nos conhecia pessoalmente e aos nossos filhos? Por que admiramos os políticos altos e desprezamos os baixos? Será que essa preferência é remanescente de um tempo em que os conflitos eram resolvidos muito mais pela força e pela intimidação do que pela negociação, quando a presença física realmente importava? E por que quase todo mundo acha que executivos do sexo masculino que trabalham muito são pessoas de grande capacidade e ambição, mas que as CEOs do sexo feminino são megeras? Será que é porque, em algum lugar daquela psique primitiva, pensamos secretamente que as mulheres devem se limitar à servidão doméstica e maternal, seguindo o padrão há muito estabelecido das nossas ancestrais? Esta última pergunta nos conduz a uma importante declaração de limitação de responsabilidade: nosso objetivo é explicar, não desculpar. Levando em conta esses preconceitos primitivos — não há palavra melhor para descrever algumas de nossas convicções instintivas — podemos navegar em torno deles para apontar pessoas mais competentes no topo, sejam elas negras, mulheres ou com um metro e meio de altura (ou as três coisas ao mesmo tempo).

Nos próximos capítulos, faremos um grande *tour* pela paisagem da liderança, primeiro levando em consideração o que nos diz a literatura existente e, depois, em termos do que revela a teoria evolucionista da liderança. Vamos preparar o cenário no Capítulo 1 propondo uma definição de liderança e revisitando aquilo que já sabemos sobre os que estão no topo — como a tendência a serem altamente inteligentes e ambiciosos — e como aparecem em todas as áreas. Nós deparamos com liderança principalmente no ambiente de trabalho e na vida política, mas também em outros cenários sociais, entre amigos e em família, em gangues e religiões. E vamos examinar brevemente algumas das teorias mais importantes da literatura sobre liderança.

No Capítulo 2, vamos mergulhar no reino animal para descobrir como a liderança e a seguidança evoluíram entre formigas, abelhas, peixes e primatas não humanos. Tentaremos também responder à questão básica de por que temos líderes e seguidores afinal. É aí que a ciência realmente começa, com a teoria dos jogos, uma abordagem matemática que permite aos cientistas estabelecer um modelo do comportamento de indivíduos como agentes interagindo entre si durante um determinado período de tempo. Surge daí um padrão claro: um líder em conjunto com um seguidor obtém em geral resultados melhores. Ter dois líderes é tão ineficaz quanto ter dois cozinheiros concorrentes brigando: um não aceita a receita do outro e nenhum dos dois se alimenta; dois seguidores formam uma situação inutilmente passiva (embora talvez mais polida) em que, mais uma vez, nada é realizado. Faremos também um pequeno desvio para o mundo de Charles Darwin, cujos *insights* das pressões da evolução deram forma à teoria evolucionista da liderança.

Se a liderança é o reduto de poucos, descobriremos no Capítulo 3 que a seguidança é a escolha de muitos. De fato, há muitas evidências apontando para um *default* "siga" no cérebro humano (lembre-se da última vez em que você ouviu um alarme de incêndio: há uma boa chance da sua decisão de ignorá-lo ou aceitá-lo ter se baseado no que você viu outras pessoas fazerem). Somos de fato preparados para seguir a multidão, o que explica o fenômeno do *Twitter*, das tendências estranhas da moda e das quebras de bolsas de valores. Esse instinto de acompanhar a correnteza pode nos trair se a nossa multidão for uma gangue, um culto ou uma organização terrorista. Examinamos diferentes graus de seguidança, do espectador desinteressado ao fanático suicida, e examinaremos também as suas motivações.

No Capítulo 4 vamos nos juntar aos etnógrafos e antropólogos que estudam comunidades caçadoras-coletoras existentes hoje em dia ou no século passado. Talvez essas sociedades sejam a janela mais exata para a vida que teriam levado os nossos ancestrais. Nesse capítulo vamos conhecer o Grande Homem, um membro capaz e importante da tribo, que usava o seu alto *status* com leveza. E vamos comparar a relativa uniformidade dessas sociedades humanas de pequena escala com as hierarquias de dominância de outros primatas. Em algum ponto do tempo evolutivo, nós nos afastamos de uma herança primata despótica para nos transformar num macaco democrático (ou quase). Passamos a aceitar uma sociedade com líderes e seguidores porque uma sociedade bem liderada traz benefícios tangíveis (tais como excedente de alimentos e comércio lucrativo), mas nunca quisemos ser dominados. Introduzimos as estratégias usadas por nossos ancestrais — da fofoca ao assassinato — para manter os líderes opressores no seu lugar.

Essa abordagem bastante igualitária à vida comunal, o Capítulo 5 explica, funcionou muito bem até uns 13 mil anos atrás, quando chegou a agricultura e, com ela, uma vida de abundância. Pela primeira vez na história humana, as pessoas ficaram ligadas à sua terra, tanto para cultivá-la quanto para proteger os frutos do seu trabalho. Nômades se tornaram colonizadores e as sociedades se expandiram para incluir não parentes. Essa coalescência social desencadeou a necessidade de uma governança mais formal. As colônias passaram a ter chefes cuja capacidade recém-descoberta para controlar a vida dos subordinados era uma receita para a corrupção e o nepotismo. Em outras palavras, a vida agrária de abundância resultou numa grande safra de líderes seriamente ruins, incluindo chefes militares, déspotas e tiranos.

Depois de nosso rápido passeio pelas sociedades humanas ao longo da história evolucionista, o Capítulo 6 nos traz de volta ao século XXI, introduzindo a Hipótese do Descompasso.[4] O seu ponto principal é que o nosso ambiente se modernizou muito mais depressa do que o nosso cérebro. Com a industrialização, trabalhamos agora em grandes corporações sem rosto dirigidas por figuras remotas que controlam tudo. Compare isso a uma tribo em que uma pessoa se tornava líder só em empreendimentos em que se destacava, como a caça ou o herbalismo, em benefício de um grupo em que todos se conheciam. Esses líderes tribais eram escolhidos por seus pares e não por um painel de entrevistadores. Será esse o motivo do fracasso de tantos executivos-chefes lançados de paraquedas por comitês de gestão?

Colhemos evidências de que os eleitores valorizam características como altura, físico, estrutura facial, capacidade de oratória — e um cromossoma Y. Tais características fazem pouco sentido do ponto de vista de um teórico político, já que nenhuma delas (com exceção do poder de oratória, que é associado à inteligência) tem uma ligação óbvia com a capacidade de governar bem. No entanto, elas se encaixam perfeitamente no que esperamos da teoria evolucionista da liderança. Mostramos que a nossa preferência ancestral por homens altos de queixo quadrado, parecidos com "um de nós", exclui muitas vezes candidatos mais qualificados. Buscamos também informações pessoais sobre líderes em potencial — na ausência de currículos e avaliações de desempenho, era assim que os nossos ancestrais aferiam a qualidade dos líderes em potencial na sua tribo.

O Capítulo 7, finalmente, mostra que o nosso cérebro antiquado pode ser acomodado alegremente nos atuais impérios corporativos de vidro e concreto. Sem saber, algumas empresas estão atendendo ao chamado da savana e redescobrindo a arte da liderança e da seguidança ancestrais. Seus CEOs, que chamamos de Líderes Naturais (um termo escolhido para enfatizar um estilo gerencial nascido de nossa história natural evolucionista e para destacar o contraste com Líderes Artificiais) não deixam que as unidades da empresa cresçam demais e pedem aos juniores que indiquem os executivos. Elas têm sido recompensadas com uma força de trabalho mais feliz e lucros mais saudáveis. Podemos considerar John Mackey, que se aposentou do império Whole Foods Market em dezembro de 2009, como um Líder Natural. Fornecemos uma lista de dez regras nascidas da teoria evolucionista da liderança.

Apresentamos, num apêndice, um conjunto de papéis de liderança que teriam sido cruciais para a sobrevivência ancestral, uma categorização ampla que, supomos, continua a valer hoje em dia, e acrescentamos um questionário para medir esses papéis.[5] Não vamos estragar a diversão revelando mais coisas no Prólogo — esperamos que você responda ao nosso questionário, descubra o seu tipo de liderança e até entre na Internet para fazer parte do nosso projeto de pesquisa.

1
A natureza da liderança

Fica claro que, quando é feita a pergunta: "Quem deve mandar?" é difícil evitar uma resposta do tipo "o melhor", "o mais sábio" ou "o legislador nato". Mas uma resposta assim, por mais convincente que pareça — pois quem defenderia o governo "do pior", "do mais louco" ou "do escravo nato"? —, é totalmente inútil.

Kark Popper, *The Open Society and its Enemies*

Cyril Richard Rescorla viveu a vida de acordo com o princípio dos sete Ps: "Planejamento prévio e preparação perfeita previnem uma *performance* pobre." Nascido na Cornualha, Inglaterra, e cidadão norte-americano naturalizado, aprendeu no Exército essa máxima, que lhe foi de grande utilidade durante o serviço ativo, primeiro no Exército Britânico em Chipre e depois comandando soldados da sua pátria adotiva no Vietnã. As duas missões renderam medalhas de bravura ao soldado, que era conhecido como Falcão da Cornualha.

Mas Rescorla, que preferia ser chamado de Rick, não ganhou o seu lugar na história pela bravura no campo de batalha. Foi mais tarde na vida, como oficial de segurança da Morgan Stanley Dean Witter no World Trade Center, que ele deixaria a sua marca. E isso ocorreu porque ele insistiu — contra a orientação da Autoridade dos Portos de Nova York e New Jersey, que administrava o WTC, que os 2.700 funcionários do seu empregador evacuassem o prédio em 11 de setembro de 2001, quando o primeiro avião atingiu as Torres Gêmeas. Com uma perfeição vinda dos seis meses de treinamento de evacuação realizados por insistência dele, Rescorla assegurou que 2.694 dos funcionários saíssem do edifício antes de o centro ruir totalmente. Numa comovente entrevista dada ao *New Yorker*, em 2002, a viúva de Rescorla, Susan, revelou que a coisa mais difícil de suportar foi saber que ele poderia ter salvo a própria pele e não o fez: "Eu sei que ele não sairia de lá até que todos estivessem em segurança, até que sua missão terminasse. A natureza dele era essa."

O amigo mais próximo de Rescorla, um companheiro do exército chamado Danny Hill, recordou o espírito indomável do vigoroso soldado com quem combateu no Vietnã. "Quando eu o conheci, ele era uma máquina humana de mais de 80 quilos, 1 metro e 85 de altura, que não desistia, não conhecia a derrota, não recuava um centímetro. Em meio à maior batalha do Vietnã, ele cantava para a tropa dizendo 'vamos fazer um buraco novo na bunda deles', quando todos os outros estavam com medo de morrer. Se ele tivesse saído do prédio e alguém tivesse morrido sem que ele tentasse salvá-lo, ele se suicidaria." Em março de 2009, os dois filhos de Rescorla receberam uma medalha, a *Above and Beyond Citizen Medal*, em nome do pai. Essa comenda é a mais alta honra civil dos Estados Unidos, concedida a quem é escolhido pelos ganhadores sobreviventes da Medalha de Honra do Congresso, a mais alta condecoração militar do país.[1]

Rescorla exemplifica, de duas maneiras distintas, o que é ser um líder. Se nos desligarmos emocionalmente, percebemos que ele preenche a definição de líder dos livros escolares, que é mais ou menos assim: um líder é alguém capaz de exercer influência social sobre os outros com o objetivo de realizar um objetivo comum. O veterano do Vietnã conseguiu persuadir aqueles funcionários a deixar as suas mesas, a despeito da recomendação oficial, e marchar em pares, descendo mais de 40 andares. Mas pondo de lado as definições gerais e medindo a sua realização por aquilo que acreditamos de coração que seja a liderança, também descobrimos que ele corresponde às expectativas. Usou o seu considerável conhecimento de segurança para fazer uma avaliação correta (no momento em que o primeiro avião atingiu a torre, telefonou a um amigo dizendo que tinha certeza de que o prédio ia desabar), conduziu calmamente os funcionários para as saídas, cantou canções da Cornualha num megafone para manter o moral elevado nas escadas e, altruisticamente, continuou voltando para ter a certeza de que ninguém ficaria para trás. Não foi só o que Rescorla fez nesse dia que o tornou um líder: foi algo profundo em seu caráter. Muitos diriam que ele era "feito de bom material" e que isso o ajudou a se destacar tanto no campo de batalha quanto no dia 11 de setembro de 2001, na situação terrível em que se viu.

Sempre ouvimos falar de liderança no contexto de atrocidades como o 11/9, de desastres naturais, de batalhas ou de campanhas coletivas, como a campanha contra a segregação racial. Mas, quando você começa a prestar atenção, descobre que a liderança está em toda parte. Ela parece ser um universal humano.[2] A forma mais óbvia de liderança é a política e nacional:

cada nação da terra tem uma única pessoa no leme, seja um político democraticamente eleito, um monarca ou um tirano. Temos líderes corporativos, como os Bill Gates e Jack Welches deste mundo. Mas pessoas que influenciam outras a atingir um objetivo comum — que correspondem de fato à definição de líder dos livros escolares — podem ser encontradas em todas as áreas da existência humana: a criança que parece determinar as atividades no *playground* durante o recreio, o gerente dinâmico que motiva a equipe a bater recordes de venda, o torcedor de futebol que recruta outros para aterrorizar a torcida do time rival, o cliente exasperado na fila do banco que inicia um motim, o amigo gregário que acaba sendo o arquiteto-chefe da nossa vida social, a celebridade comunicativa cuja indignação no Twitter incita 20 mil seguidores a assinar uma petição. Todos eles lideram no sentido de persuadir os outros a ajudar na realização de um objetivo compartilhado. Alguns, como Rescorla e o gerente dinâmico, são feitos de bom material. Lideram os outros para a realização de um objetivo mutuamente benéfico. Mas certos tipos de liderança, como veremos, são exploradores e malignos, e cabe lembrar que é possível liderar sem serem moralmente competentes (como o líder da torcida organizada ou o *bully* da escola).

Em geral, o objetivo compartilhado é o objetivo do líder. Assim, ser líder é uma boa maneira de conseguir seja o que for, da construção de um poço ao apoio para uma ideologia. Não só isso, mas os líderes colhem benefícios financeiros (os altos executivos recebem mais do que os medianos) e sexuais, já que os líderes (geralmente os homens) parecem ter a sua cota de seguidoras. Gozam também de um elevado *status* social. Chamaremos esses privilégios de três Ss,, representando salário, *status* e sexo — e veremos nos capítulos seguintes que esse triunvirato de fatores move a busca pelo poder porque favorece o potencial reprodutivo dos (em geral) homens que o perseguem. Líderes políticos, por exemplo, têm uma longa história ignóbil de poligamia e infidelidade.[3]

De fato, os três Ss têm uma clara relação entre si e com a TEL: o objetivo evolutivo supremo é o sucesso reprodutivo, que é atingido por meio do sexo, o que significa chamar a atenção de parceiras sexuais, o que significa ser um homem de *status*. E como o *status* se manifesta hoje em dia? Pelo salário. E assim, graças à teoria evolucionista da liderança, temos um fio ligando dinheiro, poder e sexo.

Essa pode ser uma explicação para a preponderância de livros sobre liderança: as pessoas os compram na esperança de conseguir uma posição de liderança e os três Ss que a acompanham. Isso poderia sugerir que há centenas de autores que compreendem o que é a liderança. Se isso é verdade, por que ainda temos tantos líderes nas empresas e na política feitos de material ruim? Por que metade dos altos executivos fracassa em suas funções? Por que líderes políticos nos levam a guerras impossíveis de vencer? Por que, quando se trata de liderança, a incompetência e a imoralidade costumam fazer parte do pacote?[4]

Para responder a essas perguntas, faremos uma coisa que outros estudiosos de liderança ainda não fizeram: viajamos de volta no tempo para explorar as origens da liderança humana. *Naturalmente Selecionados* trata de como e por que a liderança evoluiu na nossa espécie. Esse "por que" raramente é abordado: apesar dos trilhões de palavras sobre as diferentes formas que a liderança pode assumir — se as pessoas nascem para liderar ou se podem ser treinadas para a grandeza — poucos pararam para se perguntar por que afinal nos importamos com os líderes. Por que quase qualquer agrupamento social — de países a empresas, de conselhos a cultos — têm uma figura de destaque à frente? Por que os indivíduos não largam a multidão e seguem por conta própria? Essa lacuna tem que ser preenchida para que se consiga entender realmente o instinto humano de liderar e o instinto de seguir, que o acompanha.

Naturalmente Selecionados é o tampão intelectual para essa lacuna — recuando na história humana até as sociedades habitadas pelos nossos ancestrais, podemos chegar a uma compreensão mais profunda, mais completa e mais agradavelmente concisa de como os fenômenos gêmeos de liderança e seguidança evoluíram na nossa espécie e em outras. Isso nos permite identificar os ingredientes da boa liderança ("boa" em termos de competência e moral; como vemos no concorrido mundo financeiro, a liderança é muitas vezes amoral, até mesmo imoral, e incompetente) — e compreender por que a má liderança floresce. A teoria evolucionista da liderança propõe uma nova estrutura conceitual para responder ao "por que": argumenta que, como os humanos são evolutivamente adaptados a viver em grupos e como os grupos com líder se saem muito melhor do que os grupos sem líder, a liderança e a seguidança acabaram sendo pré-requisitos para o sucesso reprodutivo (que é o único tipo de sucesso que importa quando se trata de evolução). Os grupos sem um líder eficaz simplesmente acabaram. Todos nós que vivemos hoje trazemos o legado psicológico dos nossos antepassados: somos programados para viver em grupo — e para ser membros obedientes do grupo na maioria das vezes. Precisamos sentir que pertencemos e, quando não sentimos isso dentro da família, buscamos outros grupos, como cultos ou gangues, que nos deem esse sentimento. Queremos ser considerados membros de equipe e não proscritos; queremos estar do lado de dentro e não tremendo nas margens. Como observou John Donne, nenhum homem é uma ilha. Somos programados para seguir e, quando o ambiente permite, a buscar papéis de liderança.

A partir da simplicidade dessa perspectiva evolucionista, descobertas surpreendentes e variadas se encaixam no lugar certo. Buscamos nos líderes maturidade em tempos de incerteza, juventude e vibração quando queremos uma mudança na sociedade. Queremos líderes que estejam de acordo com um determinado estereótipo físico — que aperta um botão subconsciente no nosso cérebro, que nem sabemos que temos. Os psicólogos conhecem há muito tempo esses botões subconscientes, ou instintos: o do "medo" é acionado sempre que vemos uma grande aranha negra ou tateamos desesperadamente no escuro à procura das velas que jogamos numa gaveta.[5] Podemos ser animais sofisticados na hierarquia primata mas, como qualquer outro animal com que compartilhamos este planeta, percorremos um longo e extenuante caminho evolutivo para chegar aqui e a nossa mente está cheia de *souvenirs* psicológicos da viagem. Quando o chefe o deprecia na frente dos colegas, ou você descobre que o político para quem fez campanha está traindo a mulher, o sentimento de ser enganado por alguém que admirava penetra num poço antigo e profundo de emoções já sentidas pelos nossos ancestrais.

A outra explicação para a ubiquidade de livros sobre liderança é a importância inegável de uma boa liderança. A liderança tem sido mais estudada no contexto das forças armadas (liderança militar), das nações (liderança política) e dos negócios (liderança corporativa) por uma boa razão. A boa liderança — queremos dizer com isso competente e moral, já que um líder pode ser competente mas moralmente falido — nesses domínios pode vencer guerras, derrotar o mal e gerar prosperidade, estabilidade e felicidade duradouras. Como esses resultados são desejáveis, é natural o esforço para compreender e imitar a liderança eficaz. Mas tentar captar a essência da liderança numa única teoria tem sido até agora uma tarefa ingrata. O fenômeno parece ser diverso demais, com variáveis demais (personalidade, ambiente familiar, cultura, instrução) para se juntar num quadro coerente do que torna um líder eficaz. Há muitos tipos de líder: autocratas, tiranos, militares, democratas e reis (e, raramente, rainhas). Há líderes benevolentes e líderes gananciosos, líderes relutantes, a quem a grandeza foi impingida, e os determinados a impingir aos outros a grandeza que se atribuem. Temos líderes encantadores e líderes maquiavélicos (muitas vezes, os encantadores acabam se revelando maquiavélicos, sendo desconcertante quando a verdade vaza).

A teoria evolucionista da liderança pode descobrir um nicho para cada caso: por exemplo, os homens com personalidade maquiavélica teriam mais filhos do que os bonzinhos (embora às vezes os bonzinhos acabem cuidando da prole dos maquiavélicos). O clichê acaba sendo verdade: os caras maus ficam com todas as garotas (e quando estão no período fértil do mês, as mulheres são ainda mais atraídas pelos caras maus, segundo a pesquisa). Os tiranos têm um poder reprodutivo semelhante.[6] É por isso que essas personalidades persistem no *pool* genético e continuam até hoje a nos fazer de bobos. É importante lembrar, mais uma vez, que a evolução não distingue entre comportamentos moralmente bons ou maus: o que importa (se é que se pode dizer que alguma coisa "importa" para a evolução) é o organismo viver o suficiente para se reproduzir. (Veremos, no entanto, que a evolução instilou em nós um bem desenvolvido senso de certo e errado, que usamos para recompensar os "bons" membros do grupo e punir os desleais ou egoístas, favorecendo assim a unidade grupal.)

A ampla variedade de ambientes em que a liderança é encontrada — locais de trabalho, grupos sociais, religiões — levou também a várias ideias sobre o que torna um líder eficaz. Temos teorias muito diversas, como teoria dos traços, teoria situacional, liderança transacional, liderança transformacional.[7] Alguns desses nomes se referem a teorias que pretendem explicar a capacidade de liderar: outros são simplesmente descrições de estilos de liderança. Parece que temos especial fascínio por líderes carismáticos — John F. Kennedy, Jack Welch, Oprah Winfrey — mas a falta de carisma não é impedimento para o poder (George W. Bush, Bill Gates). E, além disso, cada um de nós abriga uma ideia instintiva de "líder", alguém que consideramos digno de ser seguido e talvez imitado, como o nosso herói do 11/9, Rick Rescorla. Não é de admirar que James MacGregor Burns, autor de *Leadership*, livro que ganhou o prêmio Pulitzer em 1978, diz que a liderança "é um dos fenômenos mais observados e menos compreendidos da terra".[8] Trinta anos depois, esse assunto continua obscuro, cheio de conjecturas e especulações, anedotas e boatos, de onde parece impossível puxar um fio unificador.

Naturalmente Selecionados muda tudo isso ao introduzir uma nova teoria de liderança sob cujo guarda-chuva todas as teorias existentes podem ser dispostas. A nossa teoria evolucionista argumenta que liderança e seguidança foram cruciais para a sobrevivência dos humanos ancestrais, e que os modelos psicológicos de liderança e seguidança surgiram e evoluíram ao longo de cerca de 2 milhões de anos de evolução humana. Alguns aspectos dessa psicologia são ainda mais antigos, de antes do gênero *Homo* (que inclui o *Homo sapiens*) entrar em cena. Sabemos que a liderança e a seguidança são anteriores à nossa espécie porque são encontradas em outros animais sociais, como as formigas, as abelhas, os peixes e os babuínos. É difícil datar o surgimento desses comportamentos mas, como compartilhamos um ancestral com cada uma dessas espécies, podemos ter a certeza de que se originaram há muitos milhões de anos.

Nos próximos capítulos, mostraremos que as adaptações psicológicas que geram liderança e seguidança são agora parte do nosso equipamento neurológico — essas adaptações são, em essência, mudanças físicas permanentes no cérebro humano. Os comportamentos que induzem — liderança e, mais comumente, seguidança — se tornaram instintivos e universais, mais ou menos como a linguagem. Todas as sociedades humanas que já foram observadas contêm uma minoria que lidera e uma maioria que segue, indicando que essa maneira consagrada de organizar a sociedade humana é movida por um antigo imperativo. Como escreve Arnold M. Ludwig em *King of the Mountain*, uma análise completa e cativante de todos os governantes dos países do século XX (os itálicos são dele): "Como resultado dos meus estudos, cheguei à conclusão de que a razão de as pessoas quererem governar é a mesma que leva todas as sociedades a quererem um governante: *É a ordem natural das coisas...* A forte necessidade de um líder, de *qualquer* líder, é a única explicação para muitos dos governantes que surgiram no século passado... não há uma regra dizendo que um líder vai desempenhar bem ou sabiamente o seu papel: ele simplesmente precisa fazê-lo."[9] A observação de Ludwig pode ser formulada de outra maneira: a liderança e a seguidança se tornaram parte da natureza humana. Se é esse o caso, de onde veio essa natureza, e por quê?

A força de uma abordagem evolucionista é nos permitir começar do início e voltar aos primeiros princípios. Deixando de lado as ideias atuais sobre liderança para percorrer os caminhos nômades dos nossos ancestrais e, através dos olhos deles, ver o mundo como era antes da agricultura e da urbanização, todos os dados contraditórios e confusos sobre liderança começam a se combinar. Para sobreviver na savana, os nossos ancestrais tinham que ficar juntos. Essa estratégia de sobrevivência — a vida em grupo — nos tem sido inculcada ao longo da evolução. Teorizamos que a liderança e a seguidança evoluíram para ajudar os nossos ancestrais a resolver problemas de coordenação social trazidos pela vida em grupo, como coletar alimentos e encontrar um lugar seguro para dormir. E a partir dessa premissa simples, muito pode ser explicado. Todos os tipos de líder que conhecemos no âmbito da política e da administração — os pomposos, os inescrupulosos, os gananciosos, os magnânimos — têm a sua participação no roteiro da teoria evolucionista da liderança. O que conecta esses tipos é o desejo básico de liderar. E, o que é mais importante, o que une seus subordinados é o desejo básico de serem liderados.

A premissa básica da TEL é a seguinte: no alvorecer da história humana, há mais de 2 milhões de anos, no ambiente hostil da savana africana, a vida em grupo trazia mais segurança (*"safety in numbers"*).* Os indivíduos com capacidade cognitiva para seguir alguém prosperavam mais do que os que não a tinham. Aqui, "capacidade cognitiva" se refere a um conjunto de regras "se-então" inatas que nos levavam a seguir uma pessoa ou um grupo quando necessário. Esse cérebro propenso à seguidança permitiu que nossos ancestrais tomassem rápidas decisões automáticas a respeito de quem seguir em certas situações — por exemplo, "se estou com fome, então sigo o melhor caçador" ou "se meu grupo está sendo atacado, então sigo a pessoa mais forte". Os que tinham esse "cérebro de seguidor" — que entendiam instintivamente que estavam mais seguros com o grupo do que agindo sozinhos — tinham mais probabilidade de sobreviver até que pudessem se reproduzir e, assim, produziam mais filhos do que os que partiam para viver por conta própria. Se fizermos a conjectura razoável de que comportamento e personalidade são parcialmente herdados, então os pais com cérebro equipado para a seguidança tinham mais filhos com cérebro similarmente equipado. Assim, o cérebro de seguidor se espalhou pelas gerações, à medida que desapareciam os indivíduos que evitavam o rebanho. E o modelo cognitivo da seguidança acabou se tornando um traço comum do cérebro humano. Mas não há mercado para seguidança numa sociedade sem líder: tem que haver alguém para seguir. Assim, o surgimento da seguidança criou a demanda por líderes que atuassem como pontos focais para o grupo se juntar em volta: o resultado é que a evolução "selecionou" uma sociedade humana de líderes e seguidores.

Com efeito, a evolução fixou a capacidade de seguir — e o reconhecimento do potencial para liderar — na nossa massa cinzenta. Basta um

---

* *Safety in numbers* é um conceito usado muitas vezes em inglês e quer dizer que viver em grupo é mais seguro do que viver por conta própria. (N. dos Trads.)

mínimo de esforço para detectar esses recursos: descobrimos que, diante de uma tarefa estipulada, um grupo de pessoas leva cerca de 25 segundos para indicar um líder e se alinhar atrás dele. O escolhido tem em geral alguma habilidade que pode ajudar o grupo, o que o torna um ponto focal apropriado para a seguidança (ou é o que fala mais alto: veremos depois por que os bons faladores podem conseguir posições de liderança). A naturalidade com que as relações líder-seguidor emergem espontaneamente num grupo sugere que se trata de uma adaptação. Em outras palavras, é um comportamento que se tornou instintivo ao longo da evolução humana graças ao imenso benefício reprodutivo que proporcionava aos nossos ancestrais. Sem a capacidade de escolher um bom líder, viver em grupo não era uma garantia de sobrevivência. É por isso que, como descobriremos no Capítulo 6, desenvolvemos ideias instintivas firmes e constantes de como "deve" ser a aparência dos nossos líderes.

Alguns leitores reconhecerão que isso é seleção natural aplicada a seres humanos: a teoria da seleção natural, formulada pela primeira vez por Charles Darwin no século XIX, argumenta que certos indivíduos se dão melhor do que outros no seu ambiente.[10] Esses indivíduos "mais aptos" se reproduzem mais do que seus compatriotas menos aptos. Observando a nossa espécie, esse processo de afinação genética produziu um primata bípede sofisticado, não apenas com linguagem e cultura, mas com o instinto de seguir e, às vezes, liderar.

Voltaremos a essa linha de pensamento no Capítulo 2, que discute os argumentos evolucionistas sobre o surgimento da liderança e da seguidança. Mas vamos rever o assunto deste capítulo: antes que possamos revelar a nossa nova estrutura conceitual, temos que nos familiarizar com o que já se sabe ou se infere sobre liderança. Embora haja por aí muitos volumes sobre liderança e até mesmo publicações dedicadas ao seu estudo e análise, não há uma teoria básica sobre como tudo isso funciona. Não existe uma fórmula da psicologia de um líder e nem uma concordância universal sobre o melhor estilo de liderança a ser adotado numa dada situação. Trata-se de um fenômeno que não é fácil definir. O verbete da Wikipédia sobre liderança nos dá uma boa ideia do conhecimento coletivo contemporâneo sobre o assunto. O segundo parágrafo observa: "A liderança continua sendo um dos aspectos mais relevantes do contexto organizacional. No entanto, definir liderança é um desafio e as definições podem variar dependendo da situação." Neste livro, usaremos uma definição ampla de liderança como processo de influência social para atingir metas compartilhadas. E como tais objetivos só podem ser atingidos com a cooperação dos seguidores, *Naturalmente Selecionados* investigará, no segundo e no terceiro capítulos, o fenômeno agregado da seguidança, igualmente complexo e em geral ignorado. Veremos que os seres humanos são mestres da seguidança, o que inclui a capacidade de subverter e até mesmo derrubar os líderes se necessário. A revolta de acionistas — e a consequente remoção de altos executivos — é um exemplo atual de por que o poder dos seguidores não deve ser subestimado.

Então, precisamos de uma definição funcional de liderança, mas a literatura da psicologia não fornece uma estrutura conceitual unificadora para explicar todas as diferentes formas em que ela se apresenta. Nos próximos capítulos, vamos argumentar que a teoria evolucionista da liderança fornece essa estrutura conceitual unificadora. Mas antes de começar a unificação no Capítulo 2, vamos recuar um pouco e dar uma olhada nas várias teorias de liderança e descrições de estilos de liderança que podem ser encontradas na literatura.

Quando se trata de analisar a liderança, há várias maneiras de cortar o bolo. Você pode se concentrar nas qualidades da pessoa que está no comando, na sua maneira de se comportar, na situação em que se encontra, na relação entre líder e seguidores. A grosso modo, essas diferentes perspectivas originam cerca de dez teorias distintas de liderança, cujos aspectos podem ser combinados para descrever um determinado líder (não são mutuamente excludentes). Essas dez teorias são: a teoria do Grande Homem (defende que o líder nasce feito, um conceito próximo da ideia de que algumas pessoas, como Rick Rescorla, são feitas de bom material); a teoria dos traços (derivada da teoria do Grande Homem, postula que os líderes se distinguem por seus traços ou atributos, como integridade e probidade); teoria psicanalítica (a ideia de Freud, de que todos os grupos sociais são representados pela família); a liderança carismática (segundo ela, o líder atrai seguidores apenas com base na personalidade); teoria comportamental (a liderança efetiva resulta de certos comportamentos); a teoria situacional (a maneira pela qual a liderança é executada depende da situação); a teoria da contingência (uma expansão da teoria situacional que, além da situação, leva em conta variáveis como o tipo de tarefa que requer a liderança e quanto poder tem o líder); teoria da liderança transformacional *versus* transacional (contrapõe um estilo de liderança convencional a um estilo mais visionário e inspirador); teoria da liderança distribuída (troca a hierarquia estrita por um modelo mais fluido, em que os papéis de liderança são compartilhados naturalmente em vez de serem formalmente atribuídos); e a teoria da liderança como serviço, em que a liderança é exercida apenas em benefício do grupo, muitas vezes à custa do próprio líder.

Uma observação antes de começar o livro: dependendo da fonte, o número de teorias da liderança varia. A mesa do bufê está repleta de pratos de liderança que competem entre si e, para evitar uma indigestão cognitiva, é melhor explicar o pensamento que está por trás da nossa seleção. Poderíamos, por exemplo, ter incorporado a teoria do Grande Homem à teoria dos traços, assim como alguns analistas agregam numa só a teoria situacional e a da contingência. Mas preferimos manter a separação entre conceitos que parecem semelhantes porque, primeiro, há diferenças sutis entre eles e, segundo, você já pode ter lido sobre eles em outro lugar e não queremos que pense que nós os ignoramos. Do mesmo modo, a liderança carismática e a transformacional parecem ser os dois lados da mesma moeda: na verdade, os líderes transformacionais querem inspirar os seguidores a efetuar uma mudança ou transformação numa organização, enquanto os líderes carismáticos não querem necessariamente mudar alguma coisa. O foco tende a ser neles e não no grupo e eles lideram mais pelo charme e pela força da personalidade do que pelo *know-how* Dito isso, o carisma é um traço compartilhado por líderes em várias culturas (pense em JFK, Nelson Mandela e Richard Branson) e, embora seja fácil de identificar, continua sendo difícil de definir. Aliás, se você acha que o carisma tem um papel importante na teoria evolucionista da liderança, vai gostar de saber que o seu instinto (ancestral) está correto: como veremos no Capítulo 6, os líderes carismáticos ocupam um lugar sagrado na nossa estrutura conceitual. Os líderes carismáticos, mesmo os que têm pouco mais a oferecer além da própria personalidade cintilante, continuam a nos encantar porque conseguem penetrar naquele poço profundo das emoções que trazemos conosco como herança psicológica ancestral.

O estudo do carisma se sobrepõe em parte à teoria dos traços porque o carisma é visto por alguns pesquisadores como característica inata (a palavra vem de *kharis*, uma palavra grega que significa favor, indicando que a qualidade é divinamente concedida).

Você vai perceber que há uma cronologia nessas teorias, e as últimas tendem a substituir as anteriores. Não se trata, no entanto, de uma linha do tempo exata, já que fragmentos e partes de várias teorias ainda circulam entre os pensadores atuais e algumas ideias mais antigas, como a teoria dos traços, voltaram à tona com vigor renovado à luz da ciência moderna (estudos mostram que alguns traços associados à liderança, como inteligência e extroversão, podem ser genéticos). A abordagem cronológica revela que os estudos mais antigos sobre liderança tendem a se concentrar em figuras políticas e militares, enquanto o surgimento da cultura corporativa no século XX muda o foco das teorias mais recentes para a liderança no local de trabalho (a chamada psicologia organizacional, gerencial ou empresarial). Na esfera corporativa, "líderes" e "seguidores" se tornam "gerentes" e "funcionários" ou "subordinados".

Cabe enfatizar também que, apesar das ideias a seguir terem ampla circulação hoje em dia, nenhuma delas explica a questão básica de por que existem líderes (ou seguidores) afinal de contas. Elas servem apenas como explicações "tangenciais", descrevendo apenas como a liderança se manifesta e que formas pode assumir. Mas não podemos ignorá-las, já que qualquer estrutura teórica que pretenda ser uma explicação definitiva de liderança — como é o caso da nossa teoria evolucionista — precisa abordá-las. Vamos indicar brevemente também o quanto essas ideias díspares mas duradouras são compatíveis com a TEL.

A teoria do Grande Homem

A espinha dorsal dessa teoria, que predominou até o século passado, é que os líderes realmente grandes nascem feitos. A liderança não é um fenômeno por si só: ela emana, como nuvens de gelo seco, de seres superiores abençoados com um grau excepcional de inteligência, energia e capacidade moral (ou "virtude", como diz Aristóteles). Segundo seus adeptos, os poucos escolhidos sobem ao palco do mundo para orquestrar algum acontecimento que muda o curso da história (nós o desafiamos a não pensar em Winston Churchill ou Alexandre, o Grande). Essa teoria deve muito a Thomas Carlyle, o historiador e pensador escocês do século XIX, cujas palestras de 1840 foram depois transcritas em *On Heroes, Hero Worship and the Heroic in History*. Na primeira palestra, Carlyle anuncia: "A História do que os homens realizaram neste mundo é no fundo a História dos Grandes Homens que trabalharam aqui."[11]

Ele não foi o primeiro a defender um foco biográfico para compreender a liderança: Plutarco, um estudioso grego que viveu no século II, foi um biógrafo prolífico de figuras proeminentes, na maioria imperadores, que procurou entender a essência da grandeza. A obra mais celebrada de Plutarco, *Vidas Paralelas*, que compara as biografias de gregos e romanos famosos, procurou estabelecer um fio que unisse cada par de protagonistas.[12] Não que Plutarco aceitasse necessariamente a ideologia do Grande Homem: ele acreditava que as virtudes associadas aos bons líderes podem ser refinadas pela instrução (considerava uma instrução liberal mais importante para a formação do caráter do que a nobreza ou a fortuna) e ensinadas aos outros.

A teoria do Grande Homem da liderança — de que um indivíduo extraordinário pode surgir numa época de crise e levar uma nação à vitória, ou resgatar uma empresa da falência — resiste até hoje. Por exemplo, na sua resenha de *Judgment: How Winning Leaders Make Great Calls*, Stephen Plotkin descreve o livro, de Noel M. Tichy e Warren G. Bennis, como "uma carta de amor ao líder-salvador, especialmente o CEO que tudo decide".[13] O livro retrata Jack Welch, o ex-CEO da General Electric, como um líder assim. Welch, um ex-engenheiro que se casou três vezes, foi muito aplaudido pelo tempo que ficou no comando da GE: foi nomeado Administrador do Século pela revista *Fortune* e personifica muito bem a ideia de herói corporativo.[14] Alguns estudiosos observam também que líderes religiosos como Jesus Cristo, Maomé ou Buda, se encaixam na teoria do Grande Homem. Como veremos no Capítulo 4, a teoria mostra similaridades com o conceito do Grande Homem das tribos caçadoras-coletoras. Os Grandes Homens são as primeiras estrelas da teoria evolucionista da liderança e, como veremos, a sua presença no palco persiste até hoje.[15]

A falha da teoria do Grande Homem é que alguns Grandes Homens acabam sendo bastante comuns na maior parte da vida (Churchill foi um herói nacional durante a Segunda Grande Guerra, mas um político relativamente apagado nos anos que a precederam). Alguns mostram grandeza apenas sob certas condições: essa ideia, de que os acontecimentos fazem o homem e não o contrário, é o centro da teoria situacional (que discutiremos mais adiante). E, como parece mostrar a pesquisa dos anos 1940 e 1950, a grandeza pode ser associada a uma constelação de traços de caráter, como integridade, inteligência e autoconfiança. Qualquer um com o número necessário desses traços pode se tornar um líder, e não apenas alguns poucos predestinados. Isso levou à ideia da teoria dos traços.

Teoria dos traços

A crítica a seguir, sobre a teoria do Grande Homem, feita em 1950 pelo professor Edwin Boring, resume o espírito da época: "Embora a teoria do

Grande Homem não possa estar errada, já que fica claro que os homens morrem tendo diferido uns dos outros em efetividade social e portanto em grandeza, tem havido, no entanto, há mais de um século, uma suspeita crescente de que a teoria diz muito pouco, já que não especifica nem os atributos e nem as condições da grandeza."[16]

Assim, por essa época, os pesquisadores começaram a especificar os atributos que parecem distinguir os líderes da multidão, como inteligência, extroversão e ambição. Só que o número desses traços foi crescendo à medida que crescia o número de estudos feitos para identificá-los: e logo transpirou que a falta de alguns traços não exclui automaticamente as pessoas de posições de liderança. Além disso, alguns desses atributos não eram traços natos, mas podiam ser aprendidos, sendo assim mais correto defini-los como habilidades ou competências.

Uma análise sistemática de traços e habilidades, feita nos anos 1970, reduziu o número de traços "de liderança" a uma série básica que inclui atributos como assertividade, dominância, energia, autoconfiança, persistência, atenção e ambição.[17] Ao listar as competências que a liderança exige, Ralph Stodgill fala de inteligência, criatividade, fluência oral, diplomacia, capacidade de persuasão e habilidades sociais (pesquisas científicas mais atuais sugerem que algumas dessas competências, como fluência e inteligência, devem ser devolvidas à caixa dos "traços").[18]

Até mesmo esse foco mais estreito, no entanto, acabou se revelando frustrante para os psicólogos porque a teoria dos traços é baseada na premissa de que a mesma constelação de traços é necessária a todos os tipos de líder. Para que a teoria dos traços seja digna de crédito, um general do exército e uma diretora de escola têm que ser feitos do mesmo bom material. Embora algumas diretoras particularmente assertivas pareçam mesmo se inspirar no exército, nem todas as diretoras de sucesso se comportam como comandantes de tropa. Assim, a teoria dos traços acabou sendo substituída por uma análise do comportamento dos líderes, deixando um pouco de lado a personalidade e o temperamento. A TEL argumenta que os líderes ancestrais eram dominantes em muitas áreas específicas, como manter a paz ou descobrir novos recursos, e é provável que diferentes áreas de competência fossem ocupadas por membros da tribo com traços diferentes.

Cabe observar aqui que os testes de personalidade mostram repetidamente que os líderes são em geral muito inteligentes, ambiciosos e expansivos e que lideram em áreas diversas (então, uma representante de classe será também capitã da equipe de *cross-country* e poderá ser uma empreendedora mais tarde na vida; um exemplo moderno seria Meg Whitman, a ex-CEO do eBay que concorreu para o cargo de governadora da Califórnia nas eleições de novembro de 2010). Sabemos que esses traços são altamente genéticos porque gêmeos idênticos, que compartilham 100% dos genes, mostram mais similaridade nesses traços do que gêmeos não idênticos, que compartilham 50%.[19] Isso está de acordo com a teoria evolucionista da liderança porque sugere que liderança e seguidança são comportamentos específicos com um componente genético. Se certos comportamentos são genéticos, então é provável que tenham uma base evolutiva. Falando cruamente, a TEL sugere que só os seres humanos com capacidade de liderança e/ou seguidança sobreviveram o suficiente para ter filhos, e que cada geração sucessiva — incluindo a nossa — carrega a marca psicológica, finamente polida, dos seus predecessores.

Teoria psicanalítica

Freud, um darwinista declarado, acreditava que um grupo é comparável a uma família: o líder assume o papel de pai do "clã primitivo" e se torna o centro da identidade do grupo.[20] Ele acreditava que a experiência da infância e a dinâmica familiar determinam o comportamento de liderança; alguns líderes, pensava, desejam imitar o pai marcante, outros buscam a grandeza para compensar o pai ausente. Suas ideias foram adotadas por outros psicanalistas, segundo os quais o carisma de um líder vem do forte vínculo emocional de amor e medo que liga seguidor e líder, espelhando o vínculo entre pai e filho. Como Darwin, Freud acreditava que as relações da família são importantes para a sobrevivência e o crescimento das crianças. O investimento dos pais é também um fator-chave, que ajuda a determinar se a pessoa será um líder, de acordo com a teoria evolucionista da liderança.

O tema da paternidade aparece com força no atual pensamento sobre liderança, sendo que alguns especialistas teorizam que o sucesso fabuloso vem da luta pela aprovação paterna. Muito se discutiu sobre o fato de Barack Obama mal ter conhecido o pai. Larry Ellison, o CEO da Oracle, que conhecemos como Lawrence no Prólogo, não sabe quem foi o seu pai biológico: foi só aos 12 anos que ele descobriu que era adotado. Mais adiante, discutiremos o que a TEL tem a dizer sobre o papel do pai no desenvolvimento da liderança.

Teoria da liderança carismática

A ideia de Freud de que a conexão emocional entre um líder e os seus seguidores está no cerne da liderança incentivaria outros acadêmicos a estudar a questão do carisma. Essa qualidade é muito difícil de definir, mas você a reconhece assim que a vê. Esse tipo de liderança é observado com mais frequência em grupos que seguem uma ideologia do que em grupos que se formam para fazer alguma coisa (como uma empresa que fabrica e vende carros).[21] Ludwig sugere que é por isso que os políticos contam com a personalidade e o poder de persuasão para serem eleitos (ou indicados): "Como os políticos não têm em geral um produto do próprio trabalho que seja identificável e atribuído exclusivamente a eles, além da capacidade de fazer com que os outros concordem com os seus desejos, a reação que provocam depende mais de inclinações, convicções e interesses do que de qualquer avaliação crítica ou corpo de trabalho específico.... É por isso que carisma, oratória, manipulação e intimidação são em geral mais importantes do que sabedoria, conhecimento especial e experiência administrativa."

Assim, um líder carismático ascende a uma posição de poder não pelo que faz, mas pelo que é, e sua ascensão se dá por uma inabalável crença em si mesmo (e às vezes narcisismo). É um ímã humano: as pessoas se sentem atraídas por ele por causa da sua personalidade e da retórica incitante. De fato, tão fortemente emaranhada fica a identidade do grupo com a dele que, sem ele, o grupo provavelmente se desintegraria. Em análises acadêmicas, David Trumbull e Patrick McNamara observam que, entre os nossos ancestrais, a capacidade de oratória seria um bom indicador de inteligência geral e potencial de liderança. Os que tinham o dom da linguagem conseguiam transmitir informações significativas de maneira persuasiva, o que teria relevância para a sobrevivência do grupo. O argumento deles, que se encaixa naturalmente na TEL, é que a evolução nos equipou com uma espécie de detector de erudição: vemos instintivamente os bons faladores como bons líderes. Isso, sugerem, explica por que os oradores talentosos, mesmo que tenham pouca experiência, continuam a se sair bem na política. Evidências sustentam essa ideia: os líderes tendem a ter um alto QI verbal e o *babble effect* (efeito blá-blá-blá) — quando a pessoa mais faladora de um grupo é vista informalmente como o líder desse grupo — demonstra também a ligação entre loquacidade e a percepção de potencial de liderança (mesmo que a informação transmitida não seja útil e nem relevante!).[22]

É claro que a história revela que o carisma nem sempre é uma força do bem. Parece haver alguma correlação entre carisma e maquiavelismo (uma forma engenhosa e astuta de busca pelo poder). Como veremos no Capítulo 6, a teoria evolucionista da liderança reivindica um nicho especial para os líderes carismáticos, que parecem ser peritos em unir emocionalmente grandes grupos de estranhos. A personalidade deles atua como uma espécie de cola social que preserva a unidade do grupo em tempos difíceis.

Teoria comportamental

Em meados do século XX, como era difícil discernir os segredos da liderança por meio da observação de como eram os líderes, a chave do sucesso parecia ser a observação do que efetivamente faziam. Essa ideia determinaria o rumo das pesquisas nos anos 1960 e 1970 e moldaria a paisagem corporativa. Os manuais gerenciais ficaram na moda: defendiam diferentes estilos de comportamento dependendo do que havia para ser feito. Uma das abordagens mais conhecidas é o Grid Gerencial criado por Robert Blake e Jane Mouton. Um dos eixos registra "foco nos funcionários" e o outro "foco na tarefa". O melhor líder, teorizavam, era o que tivesse uma alta pontuação nos dois.

Outro conceito comportamental era a abordagem Teoria X/Teoria Y, que fazia suposições (não muito elogiosas) sobre a natureza dos funcionários.[23] Os gerentes da Teoria X acreditam que os subordinados são preguiçosos e avessos à responsabilidade, sendo necessário coagi-los à ação; são gerentes que praticam a liderança autocrática. Os gerentes da Teoria Y têm uma visão muito mais generosa, acreditando que os funcionários têm potencial para o trabalho, criatividade e ampla responsabilidade. Essa análise implica o pressuposto de que os gerentes da Teoria Y eram os reis do local de trabalho, conquistando a lealdade dos funcionários e atingindo melhores margens de lucro.

A ideia de que liderança é uma questão de estilo e não uma capacidade natural era um prato cheio para os consultores gerenciais, já que sugeria que a liderança pode ser ensinada. Mas essa abordagem logo revelaria suas falhas: os pesquisadores se esforçavam para mostrar que o sucesso depende do estilo de liderança. Mas parecia que diferentes estilos de liderança serviam para diferentes situações, o que levou ao surgimento da teoria situacional. No Capítulo 5, veremos como a teoria evolucionista da liderança acomoda o estilo autocrático e o participativo, que surgem sob diferentes condições. O estilo autocrático é reminiscente das hierarquias de dominância de certos primatas mas, ao contrário do que ocorre com os primatas não humanos, a autocracia pode beneficiar o grupo como um todo em certas situações. O que pode parecer autocracia em tempos de paz parece determinação quando um país está sitiado.

Teoria situacional

Essa abordagem se baseia no pressuposto de que o tipo de liderança exigido depende da situação. Então, embora um estilo participativo, que inclui os subordinados nas tomadas de decisões, seja produtivo em determinados cenários, num ambiente que exige rapidez, como um pronto-socorro ou um campo de batalha, esse estilo já não é adequado. Uma pessoa que consegue lidar com uma crise pode não servir para liderar num período mais calmo.[24]

A teoria evolucionista da liderança prevê que os estilos preferidos de liderança variam de acordo com a situação, refletindo a gama de problemas que os nossos ancestrais enfrentavam na savana. Esse vaticínio é sustentando por experimentos, que vamos discutir com detalhes mais adiante (um exemplo tosco: os secretários da defesa nacional são quase sempre homens, enquanto as funções diplomáticas e pacificadoras são muitas vezes exercidas por mulheres, como Madeleine Albright e agora Hillary Clinton. As corporações mostram em geral essa mesma divisão, com funções mais "agressivas", como diretor financeiro, sendo exercidas por homens e as funções mais "suaves", como gerente de recursos humanos, sendo exercidas por mulheres). Vale observar que isso nos afasta do conceito de protótipo de líder universal, uma figura suprema ou Grande Homem, que pode saltar de paraquedas em qualquer situação e assumir o leme.

A teoria situacional seria depois expandida para a teoria da contingência.

Teoria da contingência

Como o nome sugere, essa abordagem sustenta que não há um único estilo bem-sucedido de liderança; a liderança eficaz é contingente a vários fatores diferentes, como o tipo de organização envolvido e a meta a ser atingida. Um pioneiro dessa maneira de pensar foi Fred Fiedler. Para ele, três fatores são cruciais para se decidir que tipo de liderança é adequado a uma determinada tarefa: a relação entre líder e seguidores; o tipo de tarefa a ser realizada (ou seja, se é rotineira e estruturada ou vaga e mal definida); e quanto poder o líder exerce sobre os subordinados.[25] Não só isso, mas ele divide os líderes em dois grupos: os que priorizam a tarefa (aqueles cuja preocupação principal é realizar o trabalho) e os que priorizam as relações (que se preocupam mais com os colegas e clientes do que com, digamos, aumentar as vendas). Um líder do primeiro grupo prosperaria gerenciando uma tarefa altamente estruturada, como uma linha de montagem de automóveis, mas esse tipo de administração prescritiva fracassaria num ambiente desestruturado, como um departamento de pesquisa de uma universidade.

O modelo de Fiedler era visto como um guia muito esquemático de estilo gerencial: em geral, um líder se preocupa tanto com o trabalho que faz quanto com os colegas subordinados a ele. Assim, Hersey e Blanchard apresentaram um *continuum* de comportamentos de liderança, em que a maioria dos líderes ocupa a zona mediana entre a gestão autocrática e a gestão democrática. Expandiram as categorias de liderança para quatro tipos: comando (o estilo autocrático), venda (explica as decisões e inspira entusiasmo pela tarefa), participação (discute as decisões) e delegação (passa aos subordinados o processo de tomada de decisões e funciona como árbitro e não como autoridade). Outros pesquisadores foram ainda mais longe, expandindo as quatro categorias para sete níveis: à medida que a liberdade dos seguidores diminui, a autoridade do líder aumenta (e vice-versa). Veremos novamente que a teoria evolucionista da liderança nos permite entender como diferentes estilos de liderança surgiram em diferentes pontos da nossa história evolucionista, como reação a problemas adaptativos distintos e recorrentes enfrentados por nossos ancestrais, como manter a paz e encontrar alimento.

Liderança transacional *versus* liderança transformacional

A maioria dos trabalhadores de escritório reconhecerá o primeiro, um estilo bastante funcional de liderança, descrito (juntamente com a liderança transformadora) por James Macgregor Brunes em 1978: é muito semelhante ao estilo "comando" definido na seção anterior. A atitude de um líder transacional é a seguinte: "Eu sou o chefe, você é meu subordinado e é pago para fazer o que eu mando. Você é totalmente responsável pelo resultado. Vamos concluir esse trabalho." Há uma cadeia transparente de comando e há recompensas para o sucesso (salário, bônus, elogio, revisões) e punição para o fracasso (nenhum bônus, má classificação de desempenho). Se a empresa para a qual você trabalha tem esquemas para manter um horário rígido de trabalho e para disciplinar os funcionários que erram, então ela pratica a liderança transacional. Essa é uma abordagem de curto prazo, rigidamente estruturada, que se concentra nos resultados. É uma troca instrumental, contratual, em que cada parte sabe em que pé está. O trabalho é feito, os funcionários são pagos — e pronto.

A liderança transacional prioriza o lado prático e a sua imagem no espelho, a liderança transformadora, prioriza corações e mentes. Se o que a maioria conhece são os líderes transacionais comuns, o que a maioria quer são os líderes transformadores extraordinários. Estes são agentes da mudança e da capacitação, que apelam a um instinto superior. Nas palavras de Burns, "a liderança transformadora converte seguidores em líderes e pode converter líderes em agentes morais". Há um fluxo de ideias e ideais entre líder e seguidor, para o benefício de ambos.

Esse conceito foi depois expandido por Bernard Bass, transformando-se em "liderança transformacional", em que o líder inspira e de algum modo eleva os seguidores. Enquanto Burns via a dinâmica líder-seguidor como uma rua de duas mãos, Bass considerava que o líder transforma o seguidor, tornando-o melhor.

Esse estilo de liderança poderia ser chamado de estilo Martin Luther King, já que oferece visão moral, dinamismo, originalidade e esperança. No seu livro de 1994, Bass e Avolio alegam que "a liderança transformacional é mais próxima [do que a liderança transacional] do protótipo de liderança que as pessoas têm em mente quando descrevem o líder ideal, e tem mais probabilidade de fornecer um modelo com que os subordinados possam se identificar".[26]

Achamos que os líderes transformacionais, e provavelmente carismáticos, teriam sido eficazes para manter unidos os grupos ancestrais e especialmente para persuadir os seguidores a fazerem o impossível para o bem do grupo. Isso porque os líderes transformacionais não têm com os seguidores uma relação mercenária, como é o caso dos líderes transacionais (que precisam ficar recompensando os seguidores para segurá-los).

A teoria evolucionista da liderança antecipa que a nossa psique da Idade da Pedra acha os líderes transformacionais mais atraentes do que os transacionais; na savana, não havia pagamento e uma pessoa conquistava o direito de liderarmediante o seu poder de persuasão.

Liderança distribuída (ou dispersa/emergente)

Essa teoria, relativamente atual, sugere que a liderança é mais eficaz quando não é concentrada nas mãos de uma só pessoa mas distribuída, permitindo que pessoas de todas as posições assumam papéis de liderança desde que tenham o conhecimento necessário. Pode-se dizer que essa é uma liderança sem líder: aqui, os seguidores detêm o poder. Algumas companhias permitem até que os gerentes sejam indicados pelos funcionários. Esse tipo de liderança, com uma forte contribuição dos seguidores, é semelhante à que proliferou durante o longo decorrer da evolução humana. Os Grandes Homens das sociedades tribais — que são as mais próximas das sociedades formadas por nossos ancestrais — não exercem muito poder. A pouca influência que têm é conferida pelos seguidores. Nas companhias que praticam liderança dispersa ou emergente, qualquer hierarquia que possa existir é mais branda e mais flexível do que a maioria das hierarquias corporativas. Evidências sugerem que esse tipo de liderança igualitária resulta em funcionários mais felizes e lucros mais saudáveis. A teoria evolucionista da liderança argumenta que esse estilo, em que o poder repousa em muitas mãos expertas, ecoa a liderança vista entre os nossos antepassados.[27]

Liderança como serviço

Essa filosofia, articulada pela primeira vez nos anos 1970, ressurgiu nos últimos anos como reação ao aumento aparente de líderes gananciosos, egoístas e exploradores. Esse estilo de liderança é caracterizado por humildade, empatia, senso de comunidade, respeito pela ética e manejo responsável dos recursos do grupo. Os líderes assumem os seus papéis em detrimento de si mesmos para servir ao grupo.[28] Não é surpresa que esse estilo seja bem visto dentro da Igreja: Jesus é considerado um modelo de líder servidor.

Em resposta ao crescente interesse corporativo, os psicólogos estão desenvolvendo um teste psicométrico capaz de separar o líder humilde e modesto dos seus ávidos concorrentes: o setor financeiro reconhece que os indivíduos altruístas que têm no coração os interesses de longo prazo das companhias e da sociedade têm menos propensão a correr riscos da maneira temerária que levou à presente recessão. Num estudo recente, descobrimos que esses líderes altruístas surgem em situações anônimas em que um indivíduo ajuda o grupo a atingir uma meta, com algum custo pessoal.

Antigos textos chineses e indianos parecem descrever esse tipo de liderança, mas a prática é anterior à nossa espécie. Quando um suricato põe a cabeça para fora para sondar a presença de predadores, de modo que o grupo possa sair em busca de alimento, ele está praticando o mesmo princípio. Está se arriscando pelo bem geral do grupo. A TEL sugere que esse estilo pode ter prevalecido nas sociedades ancestrais porque a liderança teria evoluído inicialmente como um artifício para promover a sobrevivência do grupo (já que sem a sobrevivência do grupo não existe sobrevivência do indivíduo). Isso exigia indivíduos dispostos a se arriscarem, mesmo que isso lhes trouxesse desvantagens. O exemplo mais extremo desse tipo de liderança é o líder-mártir, capaz de morrer pelos companheiros. As ações de Rick Rescorla no campo de batalha e como agente de segurança no 11/9 lhe garantem um lugar nessa categoria.

Este livro mostra que há diferentes espécies de líder e diferentes teorias de liderança e se propõe a explicá-las e a indicar como cada uma delas se encaixa sob a égide da teoria evolucionista da liderança. Existem visionários brilhantes, *bullies*, autocratas e democratas. Temos clãs que nasceram para governar — por qual outra razão alguns países toleram a monarquia? Há líderes carismáticos, alguns com uma alta moral e outros armados de motivos mais baixos e tendências maquiavélicas. Há líderes amados que inspiram afeição e líderes desprezados que inspiram medo. Não há dúvidas de que existem todos esses diferentes tipos de líder (sabemos por experiência própria que eles abundam!) e que essas figuras parecem obter as suas posições por meio de uma interação de genes, personalidade e ambiente. Hoje, o nosso desafio é tentar encaixá-los no contexto da teoria evolucionista da liderança — e, se possível, descobrir os tipos de líder que ajudam empresas e países a florescer no longo prazo.

Capítulo a capítulo, vamos apresentar descobertas e conceitos relacionados a tipos e estilos de liderança que já conhecemos. Vamos descobrir que circunstâncias diferentes ao longo da história humana geraram diferentes tipos de líder e que, para o bem ou para o mal, esses tipos de liderança continuam conosco, saltando da paisagem para responder às necessidades percebidas dos seguidores. Não que gostemos igualmente de todos os tipos de líder — ao que tudo indica, temos uma ideia instintiva de como deve ser um líder, que parece ser uma fusão do tipo transformacional e do tipo servidor, que já conhecemos. Gostamos desse tipo composto por ser sábio e inspirador e por não se colocar muito acima de nós (esse elemento ecoa o modelo de liderança emergente ou dispersa). Ele é acessível, assim como eram os indivíduos preferidos nos tempos ancestrais, que conquistavam *status* melhorando o bem-estar do grupo. E sua principal preocupação é o bem-estar do grupo e não ele mesmo.

Lembre-se: vários milhões de anos de evolução formaram nos humanos a preferência pela vida em grupos bem coordenados porque isso favorece a sobrevivência do grupo e a reprodução. Somos, então, uma espécie complexa, enganadora e até mesmo hipócrita: como espécie primata que somos, aspiramos a posições de poder, *status* e dominância por causa dos privilégios que trazem, na forma de salário, *status* e sexo, melhorando as nossas chances reprodutivas relativamente a outros membros do grupo. Veremos que a teoria evolucionista da liderança pode lançar luz de imediato sobre essa aparente contradição entre como gostamos de liderar (de maneira dominante) e como queremos ser liderados (de maneira benevolente e igualitária): ambas as estratégias maximizam as nossas chances de reprodução, uma no nível individual e a outra no nível do grupo. A liderança igualitária tem os interesses do grupo no coração: os homens não alfa têm permissão para ter filhos, garantindo que muitos homens, e não apenas os alfa, tenham interesse genético na sobrevivência do grupo. Os líderes dominantes têm uma atitude "eu, eu, eu": monopolizam as mulheres, têm uma prole enorme e dirigem o grupo como um feudo pessoal. Quando viajarmos pelo mundo nos Capítulos 4 e 5, veremos que ambos os tipos de líder — o tirano que adora um harém e o democrata que preserva o direito de todos — têm o seu lugar na história humana. Não existe ainda um consenso entre os cientistas se somos primatas primeiro e caçadores-coletores igualitários depois, ou vice-versa. Na nossa visão, somos basicamente igualitários e quando o equilíbrio de uma sociedade civilizada entra em colapso (durante a guerra ou depois de um desastre natural), revertemos às nossas tendências egoístas de primatas para dar aos nossos a melhor chance de sobrevivência.

Mas antes temos que fazer a pergunta fundamental que até agora continua sem resposta na literatura sobre liderança: por que temos liderança e seguidança, afinal? Por que nos juntamos num grupo liderado? Por que cada um de nós não busca sozinho o próprio bem-estar? O Capítulo 2 tentará responder a essa pergunta, inicialmente mergulhando no mundo animal, depois procurando a companhia de Charles Darwin e, finalmente, jogando alguns jogos matemáticos.

2
Tudo não passa de um jogo

A teoria dos jogos repetidos consegue explicar fenômenos como altruísmo, cooperação, confiança, lealdade, vingança e ameaças — fenômenos que à primeira vista parecem irracionais — em termos de utilidade "egoísta" — maximizando o paradigma da teoria dos jogos e da economia neoclássica. O fato de ela "explicar" tais fenômenos não significa que as pessoas escolhem deliberadamente se vingar, ou agir generosamente, a partir de motivos racionais, conscientemente egoístas. Mas, ao longo dos milênios, as pessoas desenvolveram normas de comportamento que são, no geral, bem-sucedidas, ótimas na verdade.

Robert Aumann, teórico do jogo e ganhador do Prêmio Nobel de Economia de 2005, no seu discurso de agradecimento.

O mistério tinha mais de um século, e já tinha confundido apicultores dos mais capazes. Quando uma abelha volta para a colmeia depois de colher o néctar, por que ela realiza uma dança diante de seus pares? Diante de um público extasiado, a abelha faz um movimento caótico em forma de oito, requebrando enquanto isso. Será que essa dança do requebrado faz com que se propague um cheiro que os outros membros da colmeia podem seguir?

Foi só em 2005 que veio a resposta: a dançarina indica, por meio dos movimentos elegantes, a localização de um banquete de néctar. Está, na verdade, agindo como líder. A direção para onde a abelha se volta é a direção da fonte de alimento com relação ao sol; a duração do requebrado representa a que distância está o banquete. Cientistas empreendedores provaram esse fato criando fontes artificiais de alimento e monitorando o comportamento das abelhas que escrutinavam a dança do requebrado (vamos chamá-las de abelhas seguidoras). Quando a colmeia era deslocada por 250 metros, as seguidoras voavam para um local que ficava a 250 metros da fonte artificial, provando que estavam seguindo instruções de navegação codificadas na dança do requebrado e não em um cheiro. Isso comprovou uma teoria apresentada pela primeira vez nos anos 1960 pelo zoólogo ganhador do prêmio

Nobel Karl von Frisch — e mostrou também que as abelhas são muito mais espertas do que todos imaginavam, com a exceção de von Frisch.[1]

As abelhas "batedoras" que exploram recursos — as que voltam e fazem a dança do requebrado — são essencialmente líderes. As melhores dançarinas recrutam o maior número de seguidoras — abelhas operárias que seguem as batedoras até a área identificada — e isso produz um sistema de coleta muito eficiente.

A dança do requebrado é uma das muitas demonstrações de liderança e seguidança que ocorrem no mundo animal, dos padrões de migração de espécies relativamente sem inteligência, como peixes e pássaros, às negociações de guerra e paz entre os nossos primos primatas, os chimpanzés.[2] Neste capítulo, vamos examinar por que o fenômeno de liderança e seguidança pode ter surgido em várias espécies, e que formas assume. Charles Darwin aparece como convidado especial: vamos descobrir como a evolução criou líderes e seguidores mediante regras da seleção natural, e examinar como esses argumentos evolucionistas se aplicam aos nossos ancestrais. Isso, descobriremos, é a espinha dorsal da teoria evolucionista da liderança.

A nossa estrutura conceitual repousa sobre o pressuposto de que a nossa é uma espécie social adaptada para a vida em grupo, e que a evolução favoreceu grupos compostos de líderes e seguidores e não multidões descoordenadas. Para esse fim, introduzimos o conceito de teoria dos jogos, que descreve o que acontece quando dois ou mais agentes se comportam de acordo com simples regras matemáticas. A teoria dos jogos revela que quando um par de agentes inclui um líder e um seguidor, e não dois líderes ou dois seguidores, a prosperidade prevalece.[3]

A liderança não é exclusiva da nossa espécie: um simples olhar para um bando de pássaros ou um cardume de peixes mostra que ela se manifesta em outras também. Parece haver duas condições necessárias para a evolução da liderança e da seguidança numa espécie: primeiro, um imperativo para que os organismos façam alguma coisa, como comer, dormir ou migrar; segundo, um incentivo para realizar essas ações em conjunto com outros membros da espécie. Em outras palavras, a liderança surge sempre que há uma necessidade de coordenação social.

Às vezes, a liderança é puramente acidental. Alguns peixes nadam juntos em cardumes porque o grupo proporciona mais proteção contra predadores, mais oportunidades de encontrar alimento e, finalmente, um lugar ideal para encontrar um par. À medida que o cardume dança pelo oceano, qualquer indivíduo pode ir parar na frente, sendo assim tecnicamente o líder. Tais cardumes, no entanto, ficam juntos não por meio de uma liderança centralizada, mas de lideranças e seguidanças locais. O movimento de um indivíduo é determinado pelo que faz o seu vizinho imediato (e o movimento do vizinho é determinado pelo que faz o seu vizinho). Assim, a regra "faça o que o peixe ao seu lado faz, mas não colida com ele" pode produzir liderança local em forma de um grupo altamente coeso movendo-se de maneira belamente sincronizada. É claro que seguir uma regra simples como "faça o que faz o seu vizinho" não exige muito poder cerebral.[4]

Uma forma mais impressionante de liderança é exibida pelas formigas Temnothorax, num processo conhecido como corrida em tandem. Esse processo envolve duas formigas percorrendo um caminho até uma fonte de alimento, com uma delas liderando e a outra seguindo. É como um *pas de deux* de formigas, em que cada uma ajusta a sua velocidade de corrida com a da outra. A formiga líder desacelera para permitir que a sua companheira de corrida se familiarize com pontos de referência ao longo do caminho. Quando já sabe o que tem que saber sobre aquele trecho da jornada, a seguidora bate nas pernas traseiras e no abdômen da líder, sinalizando que a corrida pode continuar.

Essa foi uma descoberta espantosa, feita por Nigel Franks na Universidade de Bristol da Inglaterra, porque parece constituir a primeira evidência de ensinamento formal em espécies não humanas.[5] Só podemos dizer que um ensinamento realmente ocorre quando o instrutor (a formiga líder) modifica o seu comportamento na presença do pupilo e paga por esse esforço. Este é na verdade o caso: a formiga líder leva quatro vezes mais tempo para chegar ao alimento ao correr em tandem do que quando faz uma excursão solo. A retribuição é que as seguidoras a) aprendem onde o alimento pode ser encontrado e b) tornam-se elas também líderes tandem, o que leva a uma eficiente difusão de informações através da colônia. Assim, os ganhos de longo prazo da liderança e da seguidança em formigas superam o incômodo de curto prazo, o que nos fornece uma explicação de por que a formação de pares líder-seguidor é uma medida inteligente no reino animal.[6]

Às vezes, um padrão líder-seguidor mais estável surge em espécies sociais por causa de diferenças individuais de temperamento, personalidade ou motivação. Em colaboração com primatologistas, descobrimos que algumas espécies exibem um espectro de personalidades, como é o caso dos seres humanos. Por exemplo, os chamados Cinco Grandes Fatores (extraversão*, amabilidade, neuroticismo, conscienciosidade e abertura à experiência), que descrevem as dimensões centrais da personalidade nas pessoas, funcionam também para chimpanzés, cavalos e cachorros (como chimpanzés, cavalos e cachorros não podem preencher os próprios questionários, deduzimos isso a partir de observações de seus cuidadores). Você pode descobrir até mesmo uma série de tipos de personalidade nos peixes, que influenciam quem lidera e quem segue.[7]

O peixe arco-íris é um conhecido peixe de aquário muito usado em experimentos de biologia porque é um grande procriador. Alguns são corajosos e outros tímidos (a timidez e a coragem são determinadas pela velocidade com que nadam até uma porção de alimento colocada na outra extremidade do tanque). Num experimento recente na Cambridge University, os pesquisadores puseram um peixe arco-íris corajoso no tanque com um tímido. Como era de se prever, o peixe mais corajoso tomou a liderança na caça pelo alimento e o tímido o seguiu. Depois de várias tentativas, surgiu um padrão estável de liderança como resultado dessa diferença de personalidade. O que é mais importante, quando um corajoso e um tímido formavam um par, eles chegavam mais rápido ao local do alimento do que quando dois tímidos ou dois corajosos eram postos juntos. Isso mostra que o caminho mais rápido para uma refeição, para ambos os peixes, passa pela formação de um par líder-seguidor.[8] (O corajoso liderar o tímido é algo que acontece também entre os seres humanos, como é exemplificado no *babble effect* mencionado anteriormente — ser falador é um sinal de extraversão e, dos Cinco Grandes traços de personalidade, é a extraversão que se associa mais fortemente ao fato de alguém ser percebido como líder. A extraversão provavelmente se iguala à coragem em espécies sem linguagem.)[9]

Assim, a nossa incursão no reino animal mostra que a liderança pode surgir em espécies muito primitivas — a que não se atribui muita inteligência — em situações em que a coordenação funciona. O que acontece com o fenômeno de liderança e seguidança quando introduzimos um pouco mais de complexidade?

Suponha que, ao contrário das formigas, os indivíduos de uma espécie consigam se reconhecer uns aos outros individualmente. Por exemplo, répteis como os lagartos se reconhecem uns aos outros pelo cheiro enquanto os pinguins-imperador se reconhecem pelas vocalizações. Em muitos mamí-

---

* Mantivemos a grafia acadêmica "extraversão" ao discutir a pesquisa sobre personalidade, mas usamos as palavras "extrovertido" e "extroversão" em contextos cotidianos.

feros (incluindo os primatas humanos e não humanos), o reconhecimento individual se baseia no rosto, que irradia indícios confiáveis sobre o sexo, a idade, o parentesco e até o *status* social do indivíduo (por isso, expressões como "traços aristocráticos" funcionam como descrições abreviadas). Isso abre novas oportunidades para a liderança porque os membros do grupo podem agora identificar os indivíduos que querem seguir. Dessa forma, alguns indivíduos acabam exercendo mais influência do que outros nas decisões do grupo: podemos dizer que exercem mais liderança.

Por exemplo, quando os elefantes se deslocam para encontrar água na savana africana, eles tendem a seguir uma fêmea mais velha (os elefantes têm uma estrutura social matriarcal). A idade indica experiência: uma matriarca com uma longa memória consegue conduzir a manada para uma fonte de água há muito tempo esquecida, que ainda não secou. Os estudos sobre liderança entre as pessoas (incluindo a nossa pesquisa) mostram também que a idade é valorizada em certas situações. Em profissões que dependem muito de conhecimento especializado, como dar aulas na universidade, a idade tende a se associar positivamente a *status* e a qualidades percebidas de liderança. Essa correlação entre idade e liderança não é encontrada em funções que exigem muita energia e força física, como é o caso de um oficial do exército.[10] Vamos voltar a isso depois.

Até agora, supomos que todos os indivíduos de uma determinada espécie querem fazer a mesma coisa ao mesmo tempo, como migrar para o sul para fugir do inverno ou transformar o néctar num delicioso mel. Mas nem sempre a natureza é tão agradável: os conflitos surgem com frequência. Podem ser dois machos brigando por uma fêmea desejável ou competindo por dominância sobre o grupo. Ou o conflito pode vir de uma diferença de opinião, como qual é a melhor fonte de água. Como os grupos resolvem esses conflitos e onde entra a liderança? É hora de voltar ao zoológico.[11]

Muitas espécies de animais, incluindo os chimpanzés, se organizam em hierarquias de dominância, em que a posição de cada indivíduo é determinada por sua capacidade de ferir e coagir os outros. Quanto mais alta é a posição de um animal, mais livre é o seu acesso a recursos reprodutivos valiosos, como alimento e pares. Essa hierarquia de dominância é às vezes chamada de "ordem do poleiro" porque uma das primeiras vezes que se observou uma hierarquia de dominância foi num estudo sobre galinhas, em que a posição é determinada por quem bica quem.[12] A galinha alfa, por assim dizer, pode bicar qualquer outra galinha; as galinhas na segunda posição podem bicar as que estão abaixo delas, mas não a alfa; e assim por diante.

Às vezes, o indivíduo dominante num grupo assume algo muito parecido com um papel de liderança (dominância e liderança não são a mesma coisa para biólogos e psicólogos). Isso parece acontecer particularmente quando o grupo está sob ameaça. O primatologista holandês Frans de Waal estudou o comportamento de chimpanzés em cativeiros como o Arnhem Zoo nos Países Baixos, onde observou o seguinte incidente:

Uma discussão entre Mama e Spin saiu do controle e terminou em luta e mordidas. Vários outros macacos acorreram ao local onde as duas fêmeas lutavam e entraram na briga. Um enorme amontoado de macacos lutando e gritando rolou pela areia até que Luit [o macho alfa] saltou para o meio deles e os separou à força. Ele não tomou partido no conflito, como os outros: golpeava qualquer um que continuasse a brigar.[13]

Assim, o indivíduo dominante (o macho alfa na maioria dos primatas) age como pacificador, acabando com brigas e protegendo os fracos dos rivais mais fortes. Suas ações garantem que o grupo não se desfaça. Os alfas lideram também os movimentos do grupo e protegem o bando de ameaças externas, como predadores ou grupos rivais. Suas ações garantem que o grupo não se desintegre. O primatologista norte-americano Christopher Bohem descreve um ato de liderança num grupo de chimpanzés selvagens no parque nacional de Gombe, na Tanzânia:

Goblin [o alfa] avança rapidamente até um ponto de observação para perscrutar o vale e Mustard agora o imita. Enquanto Goblin (número um), Satan (número dois) e Evered (número três) esquadrinham o vale, eles se interrompem várias vezes para trocar rápidos olhares. Depois de uns 60 segundos, Goblin parece se decidir e começa a vocalizar e a fazer gestos. O grupo inteiro, incluindo os adolescentes Freud e Beethoven, rapidamente os imita e o resultado é o de sempre: os dois grupos vocalizam ferozmente e fazem gestos e depois voltam lentamente para a área onde vivem.[14]

Nessas espécies, a liderança parece ser um trabalho duro, sem reconhecimento. Por que um alfa assume o papel de liderança se poderia ficar muito bem sem fazer nada? Uma possibilidade é o interesse genético pelo bem-estar do grupo. Entre os gorilas da montanha, o acasalamento cabe só ao alfa. Ao proteger o grupo, ele está protegendo a própria descendência, garantindo assim a sobrevivência do seu polo genético. Para manter a coesão do grupo, ele governa como déspota, apartando as brigas e determinando para onde o grupo vai.

Por outro lado, um animal dominante que veste o manto de líder pode estar apenas tomando uma decisão pragmática: "Serei o líder porque para mim é menos custoso liderar o grupo do que para qualquer outro." Como são fisicamente formidáveis, os alfas podem apartar uma briga ou se esquivar de uma cobra sem correr muito risco. O importante é que interessa também aos outros machos respeitar esse arranjo: seguindo o alfa, permanecem na sua sombra protetora. Assim, uma hierarquia em que os animais conhecem o seu lugar é um arranjo relativamente estável, que a todos beneficia.

Desse ponto de vista, a liderança baseada em dominância parece ser uma receita para o sucesso. Estudos de situações animais e humanas mostram, no entanto, que depender sempre do mesmo indivíduo para decidir o destino de todos tem um custo para o grupo (basta olhar para a nossa própria espécie: alguns poucos líderes, incluindo o presidente norte-americano e o presidente russo, podem autorizar um ataque nuclear que varrerá a vida da terra, um estado de coisas que pode não ser confortável para todo mundo). O problema mais óbvio de se ter um único líder ocorre quando o grupo tem que tomar uma decisão coletiva sobre aonde ir para encontrar comida, água ou um lugar seguro, nos casos em que a informação é ambígua ou incompleta. Pode-se confiar no macho alfa (como entre os primatas) ou no animal mais experiente (como a matriarca dos elefantes) para mostrar o caminho. Mas como o grupo pode ter certeza de que o líder escolherá o caminho certo entre as muitas possibilidades disponíveis, quando tanta coisa depende disso? Acabar chegando numa aguada seca no deserto namibiano significa morte certa para o grupo todo.

Modelos matemáticos revelam que, quando reina a incerteza e a complexidade, a liderança distribuída costuma funcionar melhor do que a liderança ditatorial (quando um indivíduo decide pelo grupo todo). Nesse quadro, a informação vem de muitos membros do grupo e depois a decisão é tomada pela média, ou consenso da maioria. Aqui, "liderança distribuída" significa democracia. Algo que lembra a democracia foi observado em espécies sociais como abelhas, pássaros, búfalos e babuínos quando chega o momento de decidir para onde migrar.[15] Cheiro (via feromônios), vocalizações ou indícios visuais são empregados para "votar" na direção preferida. Os búfalos literalmente votam com os pés ao decidir para onde ir.

Um exemplo engenhoso de liderança democrática ou distribuída é mostrado pelos babuínos hamádrias que vivem na savana da Etiópia. Eles dormem nos penhascos em grandes grupos e procuram comida em grupos pequenos, em áreas abertas, durante o dia. O primatologista alemão Hans Kummer descreveu um exemplo de democracia. De manhã, o bando começa o complexo processo de decidir onde procurar comida: um indivíduo avança alguns metros e então para, de frente para a direção que prefere. Às vezes, alguns poucos o seguem e, então, o grupo inteiro avança naquela direção. Às vezes, no entanto, ninguém o segue: neste caso, o indivíduo é forçado a recuar e o processo de escolha começa de novo, com um ou mais babuínos disputando a liderança.[16]

Outro exemplo de liderança distribuída ocorre entre as zebras. Quando o grupo vai a uma aguada, é o reprodutor que lidera mas, quando o grupo se afasta da aguada, é a fêmea dominante que assume a liderança, com o reprodutor guardando a retaguarda. Esse exemplo de liderança compartilhada garante que o reprodutor esteja sempre entre o grupo e a aguada, a área preferida pelos predadores, favorecendo assim a sobrevivência do grupo.

Então, a nossa viagem ao mundo animal mostra que a liderança e a seguidança são amplamente difundidas, e não apenas na forma do macho alfa ocupando o topo da hierarquia de dominância. A sua versão sofisticada — a liderança democrática — é encontrada em outros primatas além dos seres humanos. Isso sugere uma possibilidade intrigante: a liderança e a seguidança seriam fenômenos antigos, anteriores ao surgimento da nossa espécie. A estruturação de grupos em líderes e liderados, sugerimos, é um produto da evolução e aconteceu porque esses grupos mostraram uma vantagem reprodutiva sobre grupos sem líder. Para explorar esse conceito, precisamos entrar no mundo notável de Charles Darwin, que divisou a teoria inovadora da evolução por seleção natural.

Charles Darwin, na viagem que fez no século XIX a bordo do *Beagle* até as Ilhas Galápagos, observou que as diferentes espécies são belamente adaptadas ao seu ambiente. Depois de muito estudo, ele chegou à conclusão herege de que as diferentes espécies não foram criadas por uma mão divina, segundo uma receita imutável, mas que surgiram em consequência do ambiente. Observou que os membros de uma espécie com certas características — digamos, uma girafa de pescoço comprido — florescem no ambiente melhor do que os membros menos equipados (ou seja, melhor do que uma girafa de pescoço curto). Uma girafa de pescoço comprido teria acesso a mais alimento (folhas nas copas das árvores) e essa vantagem daria aos membros de pescoço comprido uma vantagem de sobrevivência (alguns estudiosos teorizaram recentemente que as girafas de pescoço mais comprido podem dominar seus pares de pescoço mais curto, reforçando assim a pressão da seleção por esse traço). Isso resultaria em reprodução diferencial: as de pescoço comprido se reproduziriam mais do que as de pescoço curto e, com o tempo, o pescoço comprido se tornaria uma característica universal das girafas. Isso, raciocinou Darwin, explicaria por que as diversas criaturas parecem tão perfeitamente adequadas aos seus nichos ecológicos.

A seleção natural, postulou Darwin, opera de acordo com três regras muito simples: (1) há variação de características entre indivíduos da mesma espécie; (2) algumas dessas variações são genéticas (e por isso os filhos lembram os pais); (3) algumas dessas variações de características dão aos indivíduos uma vantagem na competição por recursos. No geral, essas três regras levam à "descendência com modificação", como Darwin a definiu. Elas formam a espinha dorsal da teoria evolucionista. As ideias de Darwin se mostraram corretas tantas vezes que a teoria evolucionista não é mais tratada como uma possibilidade hipotética, mas como explicação de uma lei da natureza.[17]

Podemos ver a seleção natural agindo bem na frente dos nossos olhos, no nosso próprio quintal. Pegue, por exemplo, a mariposa sarapintada. Essas mariposas repousam sobre a casca das árvores e a sua cor amarronzada as protege dos pássaros. Ocasionalmente, nascem mariposas mutantes — de uma cor levemente diferente — mas são apanhadas pelos pássaros famintos. Ao longo do século passado, a casca das árvores escureceu por causa da poluição, permitindo que uma variedade mais escura da mariposa sarapintada surgisse e se espalhasse pela população, em detrimento de suas compatriotas mais claras (as mais claras são agora visíveis para os predadores e se tornaram o prato do dia, desaparecendo assim da população). Mas graças às severas sanções ambientais, a casca das árvores está clareando de novo e a mariposa sarapintada da cor original está começando a voltar. Ao contrário de Darwin, sabemos agora que os traços são transmitidos de uma geração para a outra pelos genes (herdamos 50% dos genes da nossa mãe e 50% do nosso pai, mas quais genes nos cabem é uma questão de sorte).

O que a seleção natural tem a ver com liderança? Darwin reconheceu que a seleção natural age sobre os organismos em sua inteireza, dos traços anatômicos até comportamentos e traços mentais. Reconheceu também (embora tenha mantido isso em segredo por algum tempo) que a seleção natural age nos seres humanos assim como nos outros animais. Há pouca controvérsia sobre o fato e que os nossos traços anatômicos sejam moldados pela evolução por meio da seleção natural. Pegue por exemplo a nossa capacidade de andar sobre duas pernas, o que é quase único entre os primatas (os chimpanzés conseguem, mas por curtos períodos). Essa adaptação surgiu quando os nossos ancestrais passaram de animais da floresta a habitantes da savana: andar eretos lhes dava uma vantagem na travessia de grandes distâncias. Essa adaptação, por sua vez, liberou as nossas mãos, o que nos transformou em fazedores de ferramentas. E liberou a nossa garganta, que podíamos usar agora para a linguagem (tente falar andando de quatro).

Na opinião dos psicólogos evolucionistas, o que se aplica ao corpo se aplica também à mente (e embora este livro não se aprofunde na psicologia evolucionista, usa a disciplina como trampolim). Assim como as adaptações físicas, mostramos adaptações psicológicas especializadas que se tornaram inerentes ao longo da evolução para resolver problemas colocados pelo ambiente (aqui, ambiente é um termo amplo que reflete o mundo natural e, talvez ainda mais importante para a nossa espécie, o mundo social). A ideia de que a nossa mente foi afiada pela evolução tem sido objeto de controvérsias — mas, se aceitarmos que o cérebro faz parte do corpo, é logicamente inconsistente argumentar que o corpo humano foi moldado pela evolução mas o cérebro não. A evolução não "para no pescoço", como Anne Campbell, uma psicóloga evolucionista, diz com sagacidade.[18]

E, então, é predominante entre os psicólogos a noção de que a desajeitada biomassa que chamamos de cérebro humano — junto com a mente que abriga — passou pelo moinho da seleção natural, como o nosso corpo.

O que implica o cérebro estar sujeito às mesmas forças evolutivas a que está sujeito o corpo? O cérebro orquestra, por intermédio da psicologia, o comportamento da pessoa. Pessoas com certos traços psicológicos prosperam mais do que outras e essa vantagem de sobrevivência se traduziu numa vantagem reprodutiva. A teoria evolucionista da liderança sugere que, em grupos liderados, os indivíduos se reproduzem mais do que os membros de outros grupos — a ponto de os grupos sem líder terem desaparecido da população. A evolução selecionou, por assim dizer, mecanismos psicológicos especializados que permitem a liderança e a seguidança. Resumindo, liderança e seguidança são estratégias surgidas para solucionar problemas humanos que exigiam coordenação, como decisões em grupo, migração coletiva e defesa do grupo. O processo de seleção transformou a população humana no que vemos hoje: uma sociedade em que a liderança e a seguidança são ubíquas.

Cabe notar aqui outro fato: o nosso cérebro cresceu ao longo dos últimos 2 milhões de anos. Comparados a outros mamíferos, os seres humanos têm o cérebro grande com relação ao peso corporal. O cérebro constitui a décima quinta parte do nosso peso corporal, mas consome um quinto das calorias que ingerimos. Em termos biológicos, é um órgão caro para sustentar. É pouco provável que tenha se tornado maior sem razão: a acentuada expansão cerebral deve ter sido movida por uma necessidade.[19]

A explicação mais provável é que ele cresceu para acomodar a complexidade do nosso ambiente social. Enquanto os grupos de chimpanzés têm cerca de 50 indivíduos, estima-se que os primeiros humanos tivessem círculos sociais em torno de 150. Esse número é conhecido hoje como Número de Dunbar: Robin Dunbar é um psicólogo evolucionista inglês que acredita que, apesar de sites de relacionamento como o Facebook, o círculo social médio de uma pessoa na vida real ainda não passa de 150 (incluindo parentes e amigos). Cérebros maiores permitiram que os seres humanos vivessem nesses grupos maiores, colhendo os benefícios da cooperação com colaboradores e evitando o custo da competição com rivais. A criação de alianças cooperativas com outros indivíduos para explorar recursos reprodutivos e a necessidade de sobrepujar os rivais na busca por esses mesmos recursos selecionou indivíduos espertos que percebiam em quem podiam confiar. Além disso, manter amizades e relações monogâmicas por um longo período de tempo e viver ao mesmo num grupo grande exigia provavelmente muita capacidade cerebral (os nossos ancestrais precisavam lembrar quem era confiável, quem devia ser evitado e quem era melhor banir). Na verdade, a cooperação, a manipulação, a astúcia e a falsidade se tornaram cada vez mais necessárias para sobreviver nesse ambiente complexo, e é por isso que a inteligência humana é muitas vezes chamada de inteligência maquiavélica.

De acordo com a psicologia evolucionista, o nosso cérebro precisava ser especialmente apto a resolver problemas importantes de sobrevivência e reprodução no ambiente dos grupos ancestrais. Como muitos desses problemas eram de natureza social, o nosso cérebro tinha que refletir essas prioridades cognitivas. Tínhamos que ser peritos em coisas como encontrar um par (por isso somos obcecados por amor e sexo); manter uma relação exclusiva (o que explica a força do ciúme romântico); e cuidar dos filhos (em geral amamos incondicionalmente os nossos filhos). Tínhamos que ter habilidade para nos proteger e proteger a nossa família contra pessoas dispostas a nos explorar (daí a suspeita contra estranhos e pessoas diferentes de nós); para formar relações cooperativas (daí o valor que atribuímos a amizades e alianças); e para negociar hierarquias de *status* no grupo (por isso nós nos comparamos continuamente aos nossos pares). Além disso, tínhamos que ser peritos em coordenar as nossas atividades com as dos outros e em manter a unidade do grupo diante de ameaças externas — é por isso que nos agrupamos em torno de um líder quando a nossa nação está sendo atacada. O nosso cérebro parece ter sido esculpido para lidar com as dinâmicas de grupo.[20]

Os cientistas evolucionistas costumam fazer quatro perguntas cruciais quando analisam um determinado fenômeno, como liderança e seguidança do ponto de vista da evolução. Primeiro, por que o fenômeno evoluiu? Por que a liderança surgiu nos seres humanos e em outras espécies? Provavelmente porque a coordenação trazia benefícios importantes, como encontrar segurança e novos recursos alimentares, e porque a liderança era a melhor maneira de controlar e orquestrar a coordenação. A importância da liderança é demonstrada pelo fato de ter evoluído separadamente em muitas espécies sociais, embora às vezes por razões diferentes.[21]

Então, há duas perguntas envolvendo a palavra "quando". Uma é sobre a filogenia da liderança: quando esse traço emergiu numa determinada espécie, e há paralelos em outras espécies? Este capítulo já mostrou que existe liderança em espécies relativamente simples, sugerindo que a linha do tempo da liderança começou há milhões de anos. A outra é sobre a ontogenia da liderança: ou seja, quando essa capacidade aparece no tempo de vida de um indivíduo e como se desenvolve? No próximo capítulo, veremos que a seguidança surge praticamente no nascimento e ocorre de maneira automática e espontânea nas situações corretas, o que sugere uma reação ou adaptação evolutiva. Além disso, a hereditariedade dos traços associados à liderança sugere que, até certo ponto, ela é uma diferença individual estável, o que explica por que muitas pessoas têm posições de liderança em diferentes esferas ao longo da vida.

A quarta pergunta é "como": como a capacidade de liderar ou seguir se manifesta nos organismos? Esse tem sido o reduto de psicólogos sociais e da personalidade, assim como de psicólogos empresariais e organizacionais. Aqui, perguntamos quem dá um bom líder ou seguidor e que traços de personalidade fazem a distinção entre bons e maus líderes ou seguidores. A literatura sobre liderança parece frustrantemente incompleta: enquanto há muitos "comos", o "por que" quase não foi questionado, quanto mais respondido. Essa é a pergunta fundamental que a teoria evolucionista da liderança se propõe a responder.

É possível responder à pergunta "por que" usando uma variedade de ferramentas de pesquisa, como (auto)biografias, avaliações e experimentos comportamentais, estudos etnográficos, transculturais e genéticos, neurociência, estudos de mortalidade/fertilidade, simulações em computador e modelos matemáticos. O truque é combinar essas evidências e informações díspares num todo coerente, algo que a TEL consegue fazer.

Outra técnica muito usada por cientistas evolucionistas para fazer um modelo da evolução de traços sociais como altruísmo, cooperação, conformidade, liderança e seguidança é a teoria dos jogos. A teoria dos jogos foi delineada durante a Segunda Guerra Mundial para analisar interações estratégicas entre combatentes. Os pesquisadores estavam especialmente interessados em se e como a paz pode ser atingida quando dois indivíduos (ou países) estão competindo. Talvez o exemplo mais famoso seja o jogo do Dilema do Prisioneiro, que descreve uma situação em que dois suspeitos de um roubo, digamos Pat e James, são apanhados pela polícia.[22] Eles são interrogados separadamente e podem, em teoria, delatar um ao outro. O jogo se desenrola de forma que o suspeito que afirmar a própria inocência e culpar o parceiro (o cenário de deserção) será solto. Se os dois culparem um ao outro, os dois vão para a cadeia. Se os dois ficarem em silêncio — o cenário de cooperação — então, sob as regras do jogo, ambos receberão uma sentença mais leve.

Se imaginarmos essa parceria como uma aliança, a estratégia que mais preserva a aliança é os dois ficarem em silêncio e passarem um período curto na prisão. O problema é que nenhum dos dois sabe o que o outro vai fazer e a opção mais segura — para evitar o risco de arcar com toda a culpa — é se tornar um dedo-duro. Assim, como dizem os aficionados da teoria dos jogos, a deserção sobrepuja a cooperação entre os suspeitos. A única saída nesse jogo (e da prisão) é os dois fazerem previamente um pacto de silêncio no caso de serem presos, mas a única maneira de cada um obrigar o outro a cumprir a promessa é ameaçá-lo de punição (Pat: "Quando eu sair da prisão vou atrás de você, James!").

Será que podemos fazer um modelo de liderança e seguidança usando a teoria dos jogos? Acreditamos que sim. O nosso pressuposto, como cientistas evolucionistas, é que os comportamentos que levam aos melhores resultados (na teoria dos jogos, os melhores resultados equivalem às pontuações mais altas), se espalham gradualmente e se fixam na população ao longo de tempo evolutivo. É assim que a teoria dos jogos se relaciona à teoria evolucionista da liderança: jogamos uma versão chamada teoria evolucionista do jogo. Ela considera as condições sob as quais vale a pena ser um seguidor ou um líder, e se essas estratégias são fixas (alguém é sempre o líder) ou condicionais (líder em algumas situações, seguidor em outras).

Vamos voltar a Pat e James — mas imaginando que vivem há várias centenas de milhares de anos, como caçadores na savana africana. Eles precisam descansar depois de caçar durante a manhã e encontrar uma aguada, coisa rara naquela área. Como a savana é bem suprida de predadores (mas não de água), eles têm que ficar juntos por uma questão de segurança. Além disso, vamos supor que não podem se comunicar por meio da linguagem (a linguagem deve ter surgido cerca de 50 ou 100 mil anos atrás).[23] Como eles vão decidir para onde vão? Acontece que Pat está com mais sede do que James: ele correu mais atrás do cervo que finalmente caçaram. Nesse caso, Pat se torna o líder e James será o seguidor. Caso Pat esteja sempre com mais sede do que James (porque tem um metabolismo propenso à desidratação), surge então uma relação estável de liderança-seguidança. Essa é a situação mais simples em que a coordenação por meio da liderança beneficia igualmente ambas as partes.

As coisas ficarão um pouco mais complicadas se os dois caçadores tiverem preferências diferentes. Pat prefere a aguada ao norte (porque conhece o território) enquanto James prefere a aguada ao sul (porque a namorada está lá esperando por ele). A cena está pronta para o conflito. Apesar das opiniões opostas, nenhum dos dois pode se dar ao luxo de ir sozinho. Assim, esse cenário exige uma liderança mais estratégica.[24]

O metabolismo sedento de Pat pode levá-lo a fazer o primeiro movimento rumo ao norte, deixando James sem nenhuma opção além de segui-lo. Se isso acontece uma vez, James pode até aceitar mas, se acontece com frequência, James pode exigir que façam cada vez de um jeito. Se Pat não gostar dessa ideia, James pode decidir abandonar a parceria e se juntar a outro caçador. Então, para liderar, Pat tem que "persuadir" James a segui-lo. Se Pat é do tipo persuasivo (de um jeito não verbal, naturalmente) e costuma ter sucesso com essa estratégia de persuasão, então os resultados de Pat serão regularmente melhores do que os de James, criando desigualdade (porque Pat vai à sua aguada preferida enquanto a namorada de James fica morrendo de raiva). Por outro lado, para preservar a parceria, Pat pode mostrar uma forma de liderança com autossacrifício (semelhante à de líderes carismáticos como Mandela e Gandhi) e ceder ao pedido de James, seguindo para o sul de modo que os amantes possam se reunir. Os leitores talvez percebam que isso descreve a evolução da liderança como serviço.

Negociação habilidosa e autossacrifício não são as únicas soluções nesse "jogo". A dominância é outra estratégia. Vamos supor que Pat é muito mais forte e não precisa de James como proteção: Pat pode fazer o que quiser e James terá sempre que segui-lo para ficar em segurança. Esse tipo de liderança ocorre entre gorilas e outros animais com uma clara hierarquia de dominância. No entanto, era rara entre os seres humanos que precisavam uns dos outros para sobreviver na savana. Não é por coincidência que o tamanho físico varia menos entre os seres humanos (especialmente entre os homens, mas também entre homens e mulheres) do que entre primatas que operam de acordo com hierarquias de dominância, como o gorila da montanha.

Se esses jogos de coordenação fossem suficientemente frequentes e importantes para o bem-estar dos nossos ancestrais, seria de esperar que surgissem neles traços de liderança e seguidança. Supondo que essas estratégias comportamentais têm a sua base nos genes (segundo a teoria evolucionista dos jogos, os genes fornecem a ligação biológica com o traço psicológico através da arquitetura do cérebro), então podemos observar os resultados que as diferentes versões desses genes obtêm nesses jogos. Fica claro que um gene que levasse o indivíduo a agir sozinho — para simplificar a questão, já que não acreditamos que um tal traço tenha a sua origem num único gene — não seria transmitido porque se Pat ou James tivessem esse gene, eles não se coordenariam na escolha da aguada e morreriam de sede ou predação. No caso de indivíduos com um gene de liderança cada um (ou um gene de seguidança cada um) jogarem contra indivíduos semelhantes, eles também não se sairiam bem. É provável que dois genes de liderança levem a um resultado pior do que dois genes de seguidança porque os indivíduos com os últimos simplesmente não fariam nada, um esperando pela ação do outro. Dois indivíduos com genes de liderança, ao contrário, provavelmente abandonariam um ao outro e morreriam. Um gene de liderança faria o indivíduo prosperar, mas só quando estivesse interagindo com um gene de seguidança. Então, seria de se esperar que a seleção natural produzisse uma população mista de indivíduos: alguns com genes de liderança e outros com genes de seguidança (resta ver em que proporção). Se uma parte da população carrega genes de liderança, então a teoria do Grande Homem e a teoria dos traços ainda não morreram. Alternativamente, é possível que a seleção natural tenha produzido indivíduos que tenham ao mesmo tempo genes de liderança e de seguidança e que consigam usá-los condicionalmente, dependendo de quem esteja interagindo com eles. Isso estaria de acordo com teorias situacionais e contingenciais da liderança.

É claro que quando falamos de "um gene" da liderança, não queremos dizer que o líder é determinado por um único gene. Estamos nos referindo a uma determinada constelação de traços genéticos que aumentam a probabilidade dos seus portadores se tornarem líderes (traços que são apoiados em genes). Como mostra o exemplo da aguada, qualquer traço que faça um indivíduo tomar uma iniciativa aumenta a propensão a liderar. Quais são esses traços e serão eles genéticos?

Como já foi discutido, os psicólogos usam a escala dos Cinco Grandes traços de personalidade para indicar as cinco principais dimensões da personalidade: amabilidade, extraversão, neuroticismo, conscienciosidade e abertura a experiências. Alguns psicólogos identificaram agora um sexto traço, denominado honestidade/humildade, que pode ser especialmente relevante para a liderança. Estudos de gêmeos mostram que esses traços são parcialmente genéticos: queremos dizer com isso que gêmeos idênticos, que compartilham 100% dos genes, mostram mais similaridade nesses traços do que gêmeos não idênticos (fraternos), que compartilham apenas 50% dos genes, como quaisquer irmãos. A liderança mostra uma correlação mais forte com a extraversão, como seria de esperar com base no *babble effect* (a pessoa mais faladora de um grupo é em geral vista como líder). A liderança tem também uma correlação positiva com a abertura a novas experiências (ou seja, a propensão a ser criativo e aventureiro) e negativa com o neuroticismo — quem gostaria de seguir uma pessoa emocionalmente desequilibrada?[25]

Não há uma relação sistemática entre liderança e amabilidade: ser amável nem sempre nos leva à nossa aguada preferida. Ser ambicioso e dominante (embora não abertamente agressivo) ajuda, assim como a disposição a correr riscos. Muitos homens proeminentes parecem ser inexoravelmente atraídos por riscos estúpidos: Bill Clinton e suas palhaçadas eróticas na Casa Branca saltam à mente.

Como os conflitos de interesse eram comuns nos ambientes ancestrais (assim como hoje), é de se esperar que os líderes tenham qualidades que possam convencer os outros a segui-los, mesmo que isso vá contra os interesses diretos do seguidor. A inteligência é um desses fatores. James quer ir para o sul mas, caso ache que Pat é mais esperto e pode levá-lo a uma aguada melhor, ele pode estar disposto a pôr os próprios desejos de lado.

A inteligência é de fato fortemente associada à liderança — e é fortemente genética. O QI dos presidentes norte-americanos é quase sempre acima da média: Bill Clinton, bolsista da Rhodes, se destaca nesse quesito. Faz sentido, sob a ótica da teoria evolucionista da liderança, que a inteligência seja um pré-requisito de um líder: um líder estúpido — que levasse os seguidores a territórios perigosos ou a aguadas secas — não contribuiria muito para a sobrevivência do grupo. É de esperar que esse atributo seja ampliado ao longo da escala de tempo evolutiva: à medida que o tamanho e a complexidade social dos grupos aumentavam, aumentavam também as exigências cerebrais da liderança.[26]

Entre os componentes do QI, o mais indicativo de liderança é a capacidade verbal. Persuadir as pessoas a segui-lo é mais fácil se você tiver uma grande habilidade de oratória ou, como no caso de Fidel Castro, um modo de falar hipnótico. A capacidade de ler a mente dos outros também ajuda a descobrir o que querem os seguidores. A sensibilidade a indícios não verbais, como expressões faciais e movimentos corporais, ajuda bastante: líderes sagazes escaneiam a multidão para avaliá-la e reagir apropriadamente.

Finalmente, a pesquisa sugere uma distinção importante entre surgimento da liderança e efetividade da liderança. Quem chega a liderar pode não ser o líder mais efetivo no longo prazo — embora seja de esperar que a evolução tenha criado mecanismos para nos proteger de escolher os líderes errados. Parece que as mudanças por que passa a liderança mediante eleições ou rebeliões são úteis nesse sentido. Curiosamente, as pessoas com alta pontuação nos dois primeiros traços da chamada Tríade Negra — maquiavelismo e narcisismo (mas não psicopatia) — surgem muitas vezes como líderes temporários porque atraem seguidores com seu charme e entusiasmo. Mas, no longo prazo, a sua natureza egoísta e exploradora acaba por derrubá-las, assim como ao grupo. (O termo "Tríade Negra" foi cunhado num artigo de 2002 dos psicólogos Delroy Paulhus e Kevin Williams.[27]) Adolf Hitler e Jim Jones, o líder de um culto que provocou um suicídio em massa, são expoentes dessa arte ignóbil.

Assim, fica claro que determinados traços associados à iniciativa e à inteligência levam as pessoas a posições de liderança e que esses traços podem ser genéticos até certo ponto. Isso sugere que as teorias do Grande Homem e a teoria dos traços devem ser levadas a sério: seria fascinante, e possível, comparar o genoma de grandes líderes ao genoma de líderes ruins e meros mortais. No entanto, é também verdade que a evolução favoreceu os "generalistas": indivíduos que basicamente seguem, mas que podem liderar se a situação exigir. Por exemplo, qualquer pai, seja ele corajoso ou tímido, vai conduzir o filho para a segurança caso ele seja atacado por um cachorro. Qualquer pessoa, seja introvertida ou extrovertida, vai dar o alarme caso pegue fogo num cinema. Podemos reconciliar essas posições aparentemente contraditórias: uns podem ter mais propensão à liderança do que outros, mas qualquer um pode galgar a uma posição de posição de liderança quando a situação assim o exige.

Antes de passar à seguidança, vamos examinar os benefícios que cabem aos líderes. Há três vantagens principais: salário, *status* e sexo. Como esse estado de coisas surgiu no nosso ambiente ancestral? Voltando ao exemplo da aguada, vamos supor que Pat tenha conseguido repetidas vezes chegar à sua aguada preferida. Para ele, os benefícios da liderança são óbvios, já que consegue fazer o que quer. Mas podemos imaginar vantagens adicionais. O fato de conhecer a aguada pode dar a Pat prestígio e *status* no grupo. Com isso, pode ser que os caçadores queiram se enturmar com Pat e compartilhar a carne com ele. Finalmente, esse *status* pode atrair parceiras sexuais. O conhecimento num domínio valorizado pode ser um traço altamente desejável porque, para uma potencial parceira, indica acesso a um recurso valioso (a água). Assim, exibir a capacidade de liderar pode funcionar como um "rabo de pavão" capaz de atrair parceiras de alta qualidade. Num estudo recente que conduzimos com Wendy Iredale na Universidade de Kent, descobrimos que os homens exibem mais generosidade em interações com estranhos quando suas ações estão sendo observadas por mulheres. Quanto mais atraente a observadora, mais generoso o sujeito e maior a sua doação caritativa. Por outro lado, a generosidade das mulheres com estranhos não se altera em presença de um membro do sexo oposto, por mais bem apessoado que seja. A generosidade é vista como um traço clássico de liderança e descobrimos, num outro estudo, que as mulheres classificam os homens generosos como sexualmente mais atraentes.[28] Na verdade, você pode ver a carteira de um homem como o seu rabo de pavão.

Além disso, segundo estudos etnográficos sobre os ianomâmis, uma tribo do Amazonas, os guerreiros que lideram o grupo numa batalha adquirem mais *status*: esses guerreiros têm mais parceiras sexuais e geram mais filhos. Na verdade, um antropólogo descobriu uma correlação entre o número de homens mortos pelo guerreiro e a sua cota de parceiras sexuais. Quanto mais sanguinário o lutador, mais filhos ele gera.[29] Eliminar homens "de fora" significa acesso mais fácil às mulheres deixadas para trás — e também ao *status* de protetor do grupo.

Depois do caso com Monica Lewinsky, perguntaram a Bill Clinton por que tinha transgredido e ele respondeu: "Porque eu podia." Estava aludindo a uma coisa que todos nós sabemos que é verdade: os homens no poder têm mais oportunidades sexuais do que os caras comuns. Uma combinação de *status*, sexo e — no lugar de salário — carne extra, pode ter feito com que os nossos ancestrais cobiçassem posições de liderança.[30]

Assim, passeando pelo mundo animal, vimos que a liderança e a seguidança são comuns entre as espécies sociais. E, usando a teoria evolucionista dos jogos, vemos que a evolução desses comportamentos é lógica. Ficamos sabendo quais são as vantagens que os líderes têm e como alguns homens, como o persuasivo Pat, conseguem abrir caminho para posições de liderança. Mas a nossa discussão levanta outra questão interessante — o que cabe aos seguidores? E todos os James deste mundo, que precisam renunciar a um aguardado encontro com a namorada e seguir para o norte? Por que aceitam essa situação? É isso que discutiremos no próximo capítulo.

3
Nascido para seguir

Às vezes é bom ser o carneiro.

Anúncio do ING Direct, um banco *on-line* do Reino Unido, 2009

Este é um experimento para os corajosos. Fique de pé imóvel numa área comercial movimentada, olhando para o céu. Aguente firme que alguém vai acabar parando e seguindo o seu olhar. Logo outros vão interromper o que estão fazendo e olhar para o céu também. Antes que você perceba, terá involuntariamente juntado uma multidão, todo mundo escrutinando as nuvens. Além de ter realizado um experimento clássico em psicologia social, você criou o seu próprio culto de seguidores temporários.[1]

Os seres humanos têm uma capacidade natural de seguir, como sugere a teoria evolucionista da liderança. Podemos dizer que a seguidança é a configuração *default* da psique humana. Volte mentalmente ao instante em que o alarme de incêndio do seu escritório disparou pela última vez: você mesmo decidiu se ficava ou se saía ou imitou os colegas? (Esse mimetismo de inércia pode ter custado muitas vidas no ataque do 11/9 ao World Trade Center em Nova York). Quando as pessoas não sabem que saída usar num teatro, tendem a seguir a multidão. Em tempos de incerteza, recorremos a quem possa ter a resposta. Nós nos tornamos seguidores e, de maneira similarmente automática, esse comportamento transforma em líderes aqueles que admiramos.

Não que se encontre alguma coisa sobre isso nas prateleiras lotadas de livros dedicados à psicologia, à administração e à liderança; é difícil encontrar qualquer informação sobre os que marcham atrás dos que vão na frente. De certa forma, isso não é estranho: os seguidores são muitos e os líderes são poucos, e é da natureza humana se concentrar no que não é comum. Até mesmo a terminologia que descreve líderes e seguidores é tendenciosa: os primeiros são leões e os últimos carneiros. É sempre o animal mais barulhento que atrai mais atenção.

Assim, é natural a tendência a querer imitar e compreender os que estão no topo da pirâmide do poder. Afinal, são os líderes e não os seguidores que atraem *status* e vantagens monetárias e sexuais. Isso explica por que as prateleiras de livros de autoajuda estão cheias de volumes que pretendem revelar os segredos da liderança superior, mas vazias de manuais que proclamem as vantagens de ficar para trás e seguir o rebanho. Com poucas exceções, como o livro de Barbara Kellerman, *Followership*, essa negligência existe também na universidade.[2] Os pesquisadores se concentram em quem está no comando, sem dar muita atenção à massa nas camadas mais amplas e mais baixas da pirâmide, embora esses tipos modestos sejam em número muito maior do que aqueles que estão junto ao ápice. Estatisticamente, é muito mais provável que você, como a maioria das pessoas na maior parte do tempo, caia no curral da seguidança, merecendo assim conhecer a outra metade da história liderança-seguidança. Este é o propósito deste capítulo: definir as diferentes formas de seguidança e explicar como funcionam. Vamos ver também como se encaixam no contexto da teoria evolucionista da liderança.

Dados os benefícios disponíveis para os líderes — os três Ss, salário, *status* e sexo — não há nenhuma confusão a respeito de por que tanta gente quer ficar no topo. No entanto, é difícil imaginar à primeira vista por que alguém quer ser um seguidor. Aparentemente, a evolução deveria eliminar a seguidança, já que os seguidores ficam muito atrás dos líderes quando se trata de espalhar os genes. No capítulo anterior, examinamos alguns cenários que tornam provável a evolução da seguidança. Aqui, nós nos aprofundamos nos benefícios para os seguidores.

Em primeiro lugar, o que queremos dizer com seguidança? Um seguidor é um indivíduo que coordena as suas ações com as de outro indivíduo, o líder. E isso significa pôr de lado as próprias metas e adotar os objetivos do líder.[3]

Há muitas maneiras diferentes de seguir. Você se torna um seguidor temporário quando segue as instruções do seu amigo para ir até o bar mais próximo. Um seguidor estável, ao contrário, é alguém que apoia a monarquia, por exemplo. Você pode seguir com relutância (quando obedece às ordens do asqueroso do seu chefe), ou com paixão (como membro de um culto religioso ou de uma organização terrorista). Você pode ser o primeiro seguidor ou o seguidor de outros seguidores. Os primeiros seguidores são fundamentais porque transformam indivíduos em líderes. A personalidade desses seguidores originais é uma área que estamos pesquisando.

Ser um seguidor, no entanto, nem sempre exige a presença de um líder. Podemos seguir uma ideia, como uma religião ou uma ideologia política (embora tenhamos uma forte inclinação a vincular certas figuras a essas crenças, como Deus, Alá ou Marx), um objeto (um sinal de trânsito) ou um costume (como uma tendência da moda). Seja qual for o contexto específico, um seguidor é alguém que renuncia à autonomia individual por alguém ou por alguma coisa. Essa não é uma questão trivial porque os custos que acompanham a decisão de seguir podem ser enormes. Esses custos têm dois aspectos. Primeiro, a seguidança às vezes exige que você ponha os seus desejos de lado, como James fez no capítulo anterior ao tomar a decisão de seguir o persuasivo Pat e abandonar a namorada. Ou você sai com os amigos disposto a ir a um determinado lugar, mas alguém insiste em experimentar um novo bar que abriu perto dali. Nesse caso, se você for razoavelmente sociável, vai acompanhar os amigos em vez de ficar sozinho diante de um copo de cerveja.

Segundo, há sempre o risco de seguir o indivíduo errado e sofrer por isso. Pense naqueles que seguiram o conselho de Bernard Madoff, responsável pela maior fraude financeira da história. Entre os seus seguidores, havia nomes famosos como Steven Spielberg e o incorporador Mort Zuckerman. Até mesmo para esses tipos ambiciosos, a necessidade de seguir os amigos naquilo que se revelou um esquema em pirâmide foi avassaladora. Para investidores prospectivos, ele parecia um homem de suprema habilidade e convicção: quase como se liderasse um culto financeiro.[4]

Para entender por que seguimos com tanto entusiasmo, temos que revisitar o mundo dos nossos ancestrais. No ambiente hostil da savana africana — um terreno árido e implacável fervilhante de predadores, onde a água e o sustento eram *commodities* preciosas e difíceis de encontrar — compensava estar acompanhado. Quem agia por conta própria ou não dava atenção aos outros corria o risco de ficar isolado do grupo. Em vez de encontrar uma refeição, corria o risco de se transformar em comida, levando sua linhagem genética a um fim terrível. Ao contrário, quem praticava a filosofia *"safety in numbers"* (a segurança da vida em grupo), quem ficava à sombra dos compatriotas na savana, tinha mais chance de sobreviver (e portanto de reproduzir). Ao longo do tempo evolutivo, isso teria favorecido os cérebros e os comportamentos favoráveis à seguidança e a seleção natural teria erradicado os solitários. O interessante é que, nesse cenário, não há uma necessidade explícita de liderança: o único impulsor evolutivo é a necessidade de se agarrar ao grupo (o comportamento de liderança, teorizamos, pode ter surgido depois da seguidança porque os membros dos grupos bem dirigidos se reproduziam mais do que os dos agrupamentos sem líder). Como num cardume de peixes, essa regra simples facilita a ação e o movimento do grupo sem a necessidade de um líder central.[5]

Charles Darwin apresentou um argumento semelhante no livro *A Descendência do Homem*: "Para os animais que foram beneficiados pela vivência numa associação, os indivíduos que auferiam o maior prazer da vida em sociedade teriam sido mais felizardos em escapar de vários perigos, e aqueles que menos cuidavam dos seus companheiros e viviam solitários teriam perecido em maior número."[6] Essa bem enunciada observação de Darwin está de acordo com o profundo desejo humano de criar companheirismo nas situações mais terríveis.

Assim, vemos que as pressões evolutivas do ambiente ancestral prepararam a cena para o surgimento da seguidança nos seres humanos. Mas, antes de continuar, vale parar para pensar como foi que a liderança invadiu a cena.

A explicação da teoria evolucionista da liderança é a seguinte: a necessidade de coordenar as próprias atividades com as de outros indivíduos para escapar dos "vários perigos" de Darwin gerou a capacidade de seguir. Com isso, abriu-se um nicho para indivíduos assumirem papéis de liderança que coreografassem a coordenação do grupo. Isso pode ter acontecido no início por um acidente feliz: surgiu na tribo uma personalidade excepcionalmente inteligente e/ou loquaz e/ou dominante que foi escolhida por seus pares como o foco do grupo. Esses grupos liderados se saíram melhor — sobreviveram por mais tempo e produziram mais descendentes — do que os grupos "sem líder".

Podemos imaginar que a humanidade logo sentiu os benefícios de ser liderada com competência e, com o tempo, começou a oferecer benefícios para atrair ao comando indivíduos competentes. Assim, os traços de liderança beneficiariam ao mesmo tempo o grupo (em termos de sobrevivência e prosperidade) e o líder (privilégios), o que resulta em duas suposições. Primeiro, os membros de um grupo com um líder competente gerariam mais descendentes do que as dos grupos sem líder. Assim, as relações líder-seguidor se tornariam uma característica da sociedade (já que os grupos sem líder acabariam desaparecendo). Segundo, graças aos benefícios, as pessoas começariam a aspirar à posição de líder.

Nessa progressão sutil, a liderança começa como um fenômeno acidental, mas traz vantagens imediatas tão grandes que o acidente evolui para um modelo. É por isso, teorizamos, que observamos liderança sob várias formas em tantas espécies.

Voltando agora ao papel dos seguidores — o que faz um líder exatamente? O que ele põe na mesa que esteja ausente em grupos sem líder e que traga vantagens para os seguidores? Entre a maioria dos primatas não humanos, o líder é o macho dominante do bando, o alfa. Ele age como ponto focal para as atividades do grupo. Nos gorilas, por exemplo, os indivíduos comuns ficam permanentemente sintonizados com as ações do macho de costas prateadas. Quando ele se move, os outros seguem; quando ele vira a cabeça, os outros também viram. O foco no alfa serve para aumentar a coesão do grupo, o que é essencial para a sobrevivência de todos os grupos primatas.

O alfa tem "poder para prender a atenção", mantendo o grupo unido. (Lembre-se do experimento clássico em que as pessoas são persuadidas a olhar para o céu.) O mesmo fenômeno existe entre os seres humanos: a rainha é a figura em torno da qual a maioria dos ingleses se une. Nos comícios políticos, a atenção da multidão se concentra em geral no orador: ele fornece a cola psicológica que mantém coeso o grupo de seguidores. Milhares ficam presos a cada palavra dele e, sem ele, os seguidores se dispersariam. Assim, uma das explicações evolucionistas para o surgimento dos líderes é o fato de manterem a coesão do grupo. Sem essa cola humana, o grupo corre o risco de se desintegrar, pondo em perigo a sobrevivência de todos.[7]

Além disso, seguir um líder pode ter sido uma estratégia eficaz para os nossos ancestrais humanos aprenderem coisas novas em ambientes imprevisíveis. Muitas criaturas relativamente primitivas sobrevivem perfeitamente bem com uma série limitada de instintos. Muitas espécies de aranha, por exemplo, empregam apenas uma técnica para coletar comida: tecem uma teia para pegar pequenos insetos voadores, sendo que a capacidade para fazer a teia é inata. Cada aranha nasce com essa habilidade e não há aprendizado algum. Agora, depender de uma série de capacidades inatas funciona muito bem em ambientes estáveis e previsíveis, onde há sempre moscas para comer e bons lugares para tecer as teias. Mas essa dependência não funciona bem para espécies como a nossa, que habita um mundo imprevisível e mutável, cercado de terrenos variados, como floresta, tundra e savana. Aqui, coletar alimento não é simples: há alimentos de muitos tipos e cada um exige sua própria técnica de coleta. Para comer e sobreviver, vale a pena ser versátil e variado na sua maneira de ir atrás do jantar. E vale a pena aprender.

Uma das maneiras de aprender é por tentativa e erro. Assim, seria possível aprender do zero como matar um coelho ou descobrir que cogumelo é bom para comer. Você consegue identificar o problema óbvio dessa estratégia? Um erro — como confundir um cogumelo tóxico, o morel falso por exemplo, com uma variedade segura — significa fim da linha para o experimentador. Do ponto de vista científico, tentativa e erro é potencialmente uma estratégia de custo muito alto. É o que deve ter acontecido a Christopher McCandless, um jovem cuja história foi contada de forma emocionante por Jon Krakauer em *Into the Wild*.[8] O universitário amante de livros distribuiu todo o seu dinheiro e, em busca da paz interior que às vezes vem pelo isolamento e pela autossuficiência, saiu a pé por uma região selvagem, para viver da terra. Foi encontrado morto aos 24 anos: tinha morrido de fome. Segundo Krakauer, ele pode ter comido sementes revestidas por um fungo venenoso. A observação de Darwin — "aqueles que menos cuidavam dos seus companheiros e viviam solitários teriam perecido em maior número" — parece tragicamente adequada a McCandless, reforçando a ideia de que a evolução tende a favorecer os seguidores, não os solitários.

Em vez de aprender por tentativa e erro, parece ser mais sensato seguir o exemplo dos outros: nisso, somos muito bons. Quando não sabemos o que conjurar para o jantar, assumimos alegremente o papel de seguidor e nos alinhamos atrás do nosso líder preferido, seja ele Nigella Lawson, Jamie Oliver, Martha Stewart ou a velha e boa mamãe. Ficamos tranquilos porque essas figuras já enfrentaram desafios culinários semelhantes, seja fazer um molho béchamel ou salvar um pudim encaroçado.[9]

Há uma terceira razão — que se segue à primeira (coesão do grupo) e à segunda (é mais seguro copiar os outros do que fazer tudo sozinho) — para os seres humanos serem seguidores naturais: seguindo um líder, você pode observar e aprender as qualidades necessárias para um dia liderar. É como um treinamento no dia a dia. Seguir um líder não apenas aumenta as suas chances de sobrevivência num mundo mau, mas é uma aula de liderança que um dia você poderá usar a seu favor. Nem todo mundo segue esse caminho — muita gente evita ativamente posições de liderança ou gerência e cobiça o anonimato da seguidança. Mas diante dos benefícios associados à liderança — salário, *status* e sexo — não é surpresa que ela seja a aspiração de muita gente. E há maneira melhor de aprender do que observar?

O ex-primeiro-ministro britânico, Gordon Brown, se beneficiou desse método na longa aliança com Tony Blair, seu predecessor como primeiro-

-ministro: essa aliança deve ter sido uma das mais próximas na história política britânica. Os dois foram vizinhos em Dowing Street — Blair como primeiro-ministro, Brown como chanceler — por quase uma década. Embora Brown tenha seguido um caminho ideológico mais independente no final do mandato de Blair como primeiro-ministro, o tempo que passou na proximidade do poder reforçou a sua imagem como sucessor natural de Blair. Na verdade, é duvidoso que Brown tivesse conseguido qualquer cargo importante se não fosse próximo a Blair. Quando Steve Ballmer se tornou CEO da Microsoft, já tinha passado duas décadas em posições de confiança na companhia.

Vemos um padrão semelhante entre líderes políticos casados. Embora Hillary Clinton tenha muita competência, a sua carreira política se beneficiou sem dúvida do tempo que passou na Casa Branca como mulher do presidente. Ela teve a oportunidade de aprender com Bill Clinton o que se pode fazer e — talvez principalmente — o que não se poder fazer em alta política.

Então, a vertente do raciocínio evolucionista nos leva a esta conclusão: para os nossos ancestrais, os três principais benefícios da seguidança eram coesão do grupo, conhecimento em tempos de incerteza (não comer o cogumelo venenoso) e a oportunidade de ser preparado para uma posição de liderança. Em combinação, esses três benefícios tornariam extremamente tentador ser o carneiro.

O uso da palavra "tentador" é levemente enganoso: estamos atribuindo aos nossos antepassados uma consciência de ação não comprovada. O nosso ancestral não escolhia necessariamente se tornar um seguidor, assim como não escolhia a cor do seu cabelo: eram traços inatos que o faziam assim. Era um carneiro porque as pressões evolutivas tornaram o seu temperamento semelhante ao do carneiro (seus pais carneiros sobreviveram o suficiente para se reproduzirem, ao contrário dos seus contemporâneos corajosos e independentes) e eliminaram os que se afastavam do rebanho. É provável que os indivíduos solitários tenham tido a vida abreviada e a difusão genética reduzida devido à vontade de viver à parte do grupo. No processo de seleção natural — descendência com modificações — podemos vislumbrar como se formou entre os humanos a ubíqua psicologia da seguidança.

Seguir essa linha de raciocínio nos permite fazer suposições a respeito das circunstâncias propícias à seguidança. Se a nossa psicologia de seguidança surgiu em resposta a desafios ancestrais, é de esperar que as evidências de seguidança sejam especialmente fortes quando indivíduos ou grupos se veem diante de desafios semelhantes aos que os nossos ancestrais enfrentaram, como escassez de recursos ou ameaças por parte de outro grupo. Podemos supor, então, que a tendência a seguir um líder seja maior quando as pessoas (a) acreditam que a unidade do grupo esteja ameaçada, (b) não sabem o que pensar ou fazer e (c) aspiram a uma posição de liderança. Voltaremos a isso ainda neste capítulo.

Mas, primeiro, a teoria evolucionista da liderança supõe que a seguidança seja uma adaptação. Em outras palavras, um traço que se desenvolveu para resolver um problema específico enfrentado por nossos ancestrais. Se for esse o caso, e se a seguidança for instintiva e não aprendida, esse traço deve aparecer cedo na vida e ser um comportamento automático, espontâneo. Qual é a evidência disso? Vamos examinar o que acontece entre a primeira infância e a vida adulta.[10]

O extraordinário apetite humano pela seguidança aparece quando ainda usamos fraldas. A pesquisa demonstra que, logo depois do nascimento, o bebê começa a imitar a expressão facial da mãe (quando a mãe sorri, ele também sorri) e, a partir dos três meses, acompanha o olhar da mãe.[11] A relação mãe-bebê é a primeira forma de liderança-seguidança que encontramos na vida. E quando essa relação não é boa, as cicatrizes emocionais podem ser indeléveis. O psicólogo e psiquiatra inglês John Bowlby argumenta que o vínculo mãe-bebê, reforçado pelo mimetismo, é uma estratégia evolutiva do bebê que aumenta as suas chances de sobrevivência, já que é totalmente dependente na primeira infância.[12]

Mas os bebês não seguem apenas a mãe. Sigmund Freud, um entusiasta do darwinismo, enfatizou o papel do pai no desenvolvimento do comportamento de seguidança. No livro *Moisés e o Monoteísmo*, que escreveu em Londres em 1939, logo antes do início da Segunda Guerra Mundial, ele examina por que as massas adoram e seguem com tanto entusiasmo líderes como Hitler: "De por que o grande homem ascende à significância não temos nenhuma dúvida. Sabemos que a grande maioria das pessoas tem a forte necessidade de uma autoridade que possam admirar, a quem possam se submeter, e que as domina e às vezes até as trata mal. Aprendemos com a psicologia do indivíduo de onde vem essa necessidade das massas. É a saudade do pai, que vive em cada um de nós desde os dias da infância."[13]

É provável que as influências maternas e paternas moldem na primeira infância essa capacidade aparentemente inata de seguidança. O dever principal da mãe é em geral cuidar: tende a caber ao pai demonstrar autoridade. É interessante que tantas crianças — especialmente meninos — que crescem sem pai não tenham as qualidades que fazem os bons seguidores (aqui, "bom" tem conotação moral). Em geral, acabam seguindo dois caminhos radicalmente diferentes: um leva ao desvio e à ruína e o outro, mais raro, ao poder. Abraham Lincoln, Bill Clinton e Barack Obama foram criados basicamente pela mãe, com o pai quase nunca presente. Entretanto, qualquer área socialmente carente — essas áreas tendem a mostrar os mais altos índices de ausência paterna — pode oferecer evidências de desvio de comportamento. Os jovens que crescem sem modelos masculinos ficam em desvantagem no que diz respeito a viver de acordo com as normas sociais. Eles não têm ninguém para seguir. É possível que, tendo sido criados com poucos limites comportamentais, eles se sintam menos incomodados por violar certos códigos de comportamento.

Pode ser que isso explique por que as crianças criadas só pela mãe tendem a ter um desempenho pior — em termos educacionais, financeiros e sociais — do que as crianças criadas por pai e mãe. Um relatório de 2008 da Prince's Trust, uma organização fundada pelo Príncipe de Gales que atende adolescentes carentes, sugeria que os adolescentes entram para as gangues por falta de um modelo paterno.[14] Isso, pensamos, é evidência de um descompasso: o desejo humano de seguir é tão forte que se o pai não está por perto para fornecer liderança, a criança busca outros modelos, menos positivos. Discutiremos a Hipótese do Descompasso no Capítulo 6.

Por outro lado, algumas figuras, como Barack Obama, nos dizem que a falta de pai nem sempre leva ao fracasso. Carlo Strenger e Jacob Burak observam que muitos empreendedores de sucesso foram criados com pouca ou nenhuma atenção paterna: sugerem que, nesses casos, a criança procura se tornar o pai que nunca teve, o que lembra o raciocínio psicanalítico de Freud.[15] Os traços psicológicos que se desenvolvem são os mesmos que são necessários para o sucesso nos negócios. É o que chamamos de efeito Leonardo. O nome vem de Leonardo da Vinci, que não teve contato com o pai nos primeiros cinco anos de vida (o contato foi retomado quando o pai, um nobre florentino, admitiu a paternidade e levou o menino prodigiosamente inteligente para viver em sua casa).

Uma tese semelhante foi apresentada em 1970 por Lucille Iremonger em *The Fiery Chariot*, uma análise dos anos de formação dos primeiros-ministros ingleses ao longo probabilidade do que a população em geral de ter perdido o pai ou a mãe de 130 anos. Segundo ela, eles tinham mais (assim, teriam menos chance de desenvolver o complexo de Édipo).[16] É tentador

70 | Naturalmente Selecionados

especular que uma criança inteligente que nunca aprendeu a arte da seguidança fique menos intimidada para praticar a arte da liderança.

Fora de casa, as crianças também assumem o hábito da seguidança bem cedo, aderindo rapidamente a jogos do tipo "siga o chefe". Percebem que seguir o grupo e ficar juntas é importante, mesmo que não consigam articular por quê. Com isso, estão expressando comportamentos moldados nos ambientes ancestrais, quando pertencer a um grupo aumentava as chances de sobrevivência. A cultura infantil é cheia de personagens que se mantêm juntos nas histórias, como neste verso de Peter Pan, que começa assim:

Estamos seguindo o líder aonde quer que ele vá
Não voltaremos para casa até de manhã, até de manhã,
Não voltaremos para casa até de manhã
Porque ele assim ordenou...

Alguns contos de fadas advertem sobre o que acontece quando alguém sai pelo mundo sozinho, como Chapeuzinho Vermelho ou João e Maria. Tais fábulas passam também a mensagem de que não se deve confiar em estranhos (como não são da tribo, são suspeitos).

Na ausência dos pais, as crianças tendem a seguir umas às outras. No clássico romance *Lord of the Flies [O Senhor das Moscas]*, os garotos presos numa ilha deserta logo se dividem em duas facções, cada uma com a própria estrutura de liderança e seguidança.[17] Com isso, tentam criar alguma estabilidade no caos daquele mundo sem pais. Em seus estudos clássicos sobre acampamentos de verão feitos nos anos 1960, o psicólogo social turco-americano Muzhafar Sherif observou algo semelhante entre os participantes.[18] Uma das primeiras coisas que esses grupos recém-formados faziam era escolher um líder de equipe para organizar as atividades, que incluíam uma competição esportiva. (Há um ponto interessante: são os pré-escolares mais dominantes que lideram as atividades do grupo, mas esses *bullies* perdem *status* ao longo da vida escolar. As crianças do pré-primário já tendem a ignorar o colega abertamente dominante, ou seja, o *bully* que grita mais alto, e seguir a criança mais popular da classe.)[19]

Então, a seguidança surge espontaneamente nas crianças. E quando elas ficam mais velhas? Como a maioria dos pais sabe muito bem, os adolescentes nunca estão dispostos a seguir as suas ordens e às vezes se rebelem abertamente contra elas. Em termos de evolução, isso faz muito sentido já que, à medida que a criança ganha independência, há menos necessidade de ficar perto dos pais para ter segurança. Mas o nosso adolescente não está abandonando a tendência inata a seguir: está só mudando o objeto da sua lealdade. É provável que os pais não possam mais lhe dar informações que o ajudem a progredir na vida — a encontrar um par e a escolher roupas para atraí-lo — por causa da disparidade entre gerações. Esse é o momento em que os seus pares, ou indivíduos levemente mais velhos (que podem ter realizado aspirações semelhantes), se tornam mais influentes como exemplos. Esses personagens se tornam os novos líderes do adolescente, proporcionando inspiração e orientação a respeito de como a vida deve ser vivida. É também nesse ponto que o vácuo de liderança se torna perigoso: a última coisa que os pais querem é ver a sua influência estruturante ser usurpada por gangues violentas ou antissociais.

Você pode achar que os adultos, capazes de pensar por si mesmos, são menos propensos à seguidança cega, já que não são tão dependentes quanto as crianças para a satisfação de necessidades e metas. Isso é só parcialmente verdade. Há muitas situações que nos predispõem a seguir automaticamente, especialmente as que espelham situações ancestrais que induziram à seguidança. Nesses casos, os nossos instintos modificados pela evolução reagem como marionetes às deixas (que são: coesão do grupo ameaçada; incerteza a respeito do que pensar ou fazer; desejo de se tornar um líder algum dia).

Em colaboração com Edward Cartwright e Joris Gillet da Universidade de Kent, realizamos um experimento para avaliar em quanto tempo a liderança e a seguidança surgem espontaneamente entre adultos.[20] Convidamos quatro alunos de graduação que não se conheciam para vir ao laboratório e jogar um jogo de coordenação em que poderiam ganhar dinheiro. Foram levados a diferentes cubículos e só podiam interagir uns com os outros via computador (em geral, esses experimentos proíbem a interação ao vivo porque pessoas bonitas tendem a ter uma influência desproporcionalmente maior sobre o grupo). Nesse jogo de coordenação, cada participante podia escolher entre duas opções, digamos queijo e vinho, e receber uma determinada quantia. Por exemplo: você receberia 7 libras por escolher queijo mas apenas 5 libras por escolher vinho. A menos que realmente odeie queijo, você provavelmente o escolheria por razões financeiras.

Mas e se você percebesse que as opções oferecidas aos outros eram diferentes das suas e que outro participante tinha se saído melhor escolhendo vinho? E se, para acrescentar uma camada de complexidade, descobrisse que escolhendo a mesma coisa, vocês dois ganhariam um bônus? Você não se importaria tanto em desistir do queijo se o bônus pela escolha do vinho fosse suficiente.

Os conceitos de interesse próprio e de escolha conflitante (*trade-off*) podem ser ilustrados da seguinte maneira: imagine que você entra numa loja para comprar um console de jogo e que precisa escolher entre um Wii e um Xbox. Talvez você prefira o Wii porque tem jogos mais legais. Mas e se todos os seus amigos — que também têm tempo livre em abundância — tivessem Xboxes? Nesse caso, comprar um Xbox pode ser vantajoso porque vai lhe permitir fazer permutas. Então, apesar da preferência pelo Wii, você pode tomar a decisão sensata de seguir os amigos — e compra o Xbox. O seu bônus, por assim dizer, é um círculo fortalecido de amigos ociosos dispostos a desperdiçar uma noite na frente da tela do computador com você.

De volta ao nosso experimento, em vez de queijo e vinho, jogamos com Xs e Ys, atribuindo um valor a cada letra, como por exemplo X=5 libras e Y=7 libras. Assim, os nossos porquinhos-da-índia tinham que enfrentar escolhas conflitantes bem definidas. Buscávamos duas coisas: a velocidade com que uma decisão era tomada e a decisão em si (X ou Y). O mais rápido no teclado seria o líder: os que pareciam esperar que alguém escolhesse primeiro foram rotulados de seguidores.

Os resultados mostraram claramente que todos faziam o que era melhor para o próprio bolso. Lideravam o grupo quanto tinham uma forte preferência por X ou Y em cenários em que a coordenação trazia pouco lucro (sendo baixo o incentivo para fazer escolhas iguais às dos outros participantes). Nos casos em que a escolha entre X e Y era ambivalente, o lucro advindo da coordenação era a chave. Com o lucro da coordenação em alta — esse é o bônus que advém quando todo mundo parte para a mesma opção — as pessoas se tornavam seguidores. Olhavam para ver o que os outros porquinhos-da-índia estavam escolhendo e corriam para se alinhar atrás deles e embolsar o bônus. Em outras palavras, seguiam quando seguir era prudente — e lucrativo.

De volta à nossa analogia: se apenas alguns dos seus conhecidos têm um Xbox, talvez você acabe ficando com o Wii. Nesse caso, o rendimento da coordenação — o benefício advindo de fazer a mesma coisa que os outros — é muito pequeno. E assim você acaba escolhendo o console que prefere em vez de seguir o que os outros estão fazendo.

Apesar da complexidade do jogo, levou uma média de 25 segundos para que os grupos atingissem um consenso e chegassem à melhor solução possível em termos de coordenação. Isso significa que todos os membros do grupo maximizaram seus lucros. Esse resultado faz eco a outros estudos em que grupos *ad hoc* se juntam para realizar uma determinada tarefa, como montar um rádio. Mesmo em grupos de estranhos, as pessoas reconhecem rapidamente as habilidades umas das outras e seguem a que tem mais capacidade de lidar com a tarefa em questão. Um grupo de estranhos pode trabalhar em conjunto de maneira instintiva para produzir um resultado que seja benéfico para todos: isso mostra claramente as vantagens da seguidança. Curiosamente, em termos de ganho real, os líderes tendiam a se sair pior do que os seguidores. Isso sugere que a liderança instintiva se inclina para a liderança como serviço.

O instinto de se alinhar atrás dos outros, no entanto, pode nos pôr fora do caminho. O psicólogo Stanley Milgran da Yale University mostrou que a nossa disposição para seguir pode nos levar a um caminho muito diferente daquele que a nossa bússola moral indica.[21] No seu famoso experimento sobre a obediência, conduzido nos anos 1960, os participantes eram convidados a fazer o papel de professor para um aluno. A técnica de ensino incluía dar choques elétricos no aluno que não conseguisse responder corretamente às perguntas. Os participantes eram informados de que o aluno, que ficava em outra sala, tinha feito tratamento para uma doença do coração, mas que o choque era inofensivo. O professor passava então uma tarefa e, cada vez que o aluno respondia erradamente, era instruído a dar um choque. A máquina de choque exibia uma série de alavancas que produziam choques que iam de 15 a 450 volts. O responsável pela experimento, sempre vestido com um jaleco branco de laboratório, dizia ao professor que a intensidade do choque tinha que aumentar a cada erro.

Ficou claro que os participantes estavam divididos entre dois motivos: ganhar a aprovação da figura de autoridade (o experimentador de jaleco branco) *versus* fazer o que era (moralmente) certo e se recusar a acionar as alavancas. Os professores chegaram a implorar que o experimentador interrompesse a tarefa — mas, na hora da verdade, continuavam dispostos a dar os choques. O desejo de seguir as ordens superava o desejo de não infligir sofrimento. Surpreendentemente, 65% dos participantes se mostraram dispostos, ainda que relutantes, a aplicar um choque potencialmente letal de 450 volts. Isso mostra como é forte a nossa tendência à seguidança quando somos incitados por uma figura de autoridade. Com uma facilidade preocupante, os nossos instintos de seguidança superam os nossos valores morais.

Isso é claramente um legado do nosso passado ancestral, quando seguir figuras de autoridade e ganhar a sua aprovação social era importante para a sobrevivência, mesmo que prejudicasse os outros. Na verdade, algumas gangues exigem que os novos membros passem por cerimônias de iniciação em que são obrigados a ferir seriamente, e até matar, membros de gangues rivais. Por meio desse ato extremo, o líder da gangue pode ficar seguro da lealdade do iniciado. É difícil imaginar uma forma mais perigosa de seguidança do que a forjada em sangue.

A regra "siga a autoridade" tem sido explorada por líderes malvados através da história. Nosso passado, de Nero a Mao, sugere que seguidores ardentes de líderes brutais podem ser muito mais perigosos do que pessoas que se põem à parte da sociedade. Essas figuras conseguiram incitar os outros a realizar a sua obra assassina, o que mostra até que ponto estamos dispostos a ir para provar a nossa lealdade.

Esse instinto de seguir a autoridade nos prega peças quando caímos nas mãos de anunciantes espertos. Muitas vezes, para lançar um novo sabão em pó, o anunciante usa um homem grisalho de jaleco branco na tentativa de transmitir credibilidade científica (apesar das revelações de Stanley Milgran sobre a obediência cega à autoridade, os jalecos brancos de laboratório continuam sendo uma sugestão perturbadoramente forte).

Na verdade, a propaganda é uma indústria de 400 bilhões de dólares construída sobre a seguidança.[22] O uso de pessoas atraentes ou bem-sucedidas — geralmente ambas as coisas — para vender produtos apela à nossa mentalidade evolutiva. Nos tempos ancestrais, a beleza e a atratividade facial eram provavelmente sinais de saúde física, que era por sua vez um indicador confiável da capacidade de sobreviver num ambiente hostil. O raciocínio latente é o seguinte: se ele é bonito, vou fazer o que ele está fazendo (o que significa comprar o que ele avaliza). O mesmo ocorre com pessoas bem-sucedidas: se há a mais leve chance de a cueca ou o novo perfume de David Beckham ser o segredo do seu sucesso, compramos alegremente esses artigos na esperança de que nos tragam sucesso também.

Além de evoluir no sentido de seguir a autoridade, desenvolvemos a regra inata "siga a maioria". Na savana, quando alguém não sabia o que fazer, ou recorria a um especialista ou copiava a maioria. Quando a maior parte da tribo prefere seguir para a aguada A, é mais seguro segui-la do que ficar ao lado de uma minoria que segue na direção oposta. Isso faz todo o sentido. A informação vinda de muitos membros do grupo, em contraposição a poucos, leva a uma tomada de decisão melhor (no entanto, quando o grupo está pressionado pelo tempo e sob o comando de um líder forte, ocorre um desastroso processo de tomada de decisões, conhecido como *groupthink — pensamento de grupo*). Além disso, seguir a maioria também faz sentido do ponto de vista da autodefesa porque traz segurança — e a lealdade de todos promove a unidade do grupo, necessária para a sua sobrevivência.[23]

O que acontece quando queremos seguir a maioria mas a opinião do grupo se opõe à nossa? Surpreendentemente, preferimos seguir a multidão, mesmo que esteja errada, do que nos manter à parte, simplesmente porque relutamos em minar a coesão do grupo.

Isso tem sido demonstrado nos chamados experimentos de conformidade. Um dos primeiros foi conduzido por um pouco conhecido psicólogo norte-americano chamado Arthur Jennes, em 1962. Jennes, que dedicou grande parte da sua carreira à pesquisa da hipnose, convidou uma sucessão de pessoas, uma por vez, a entrar numa sala e estimar o número de feijões numa jarra de vidro. Depois, os participantes eram reunidos na sala e convidados a fazer uma estimativa em grupo. Jennes repetia então o experimento original, dando a cada um a oportunidade de modificar a estimativa original para aproximá-la da estimativa do grupo.[24]

No entanto, os mais famosos experimentos de conformidade foram conduzidos nos anos 1950 por Solomon Asch. Seu trabalho lançou luz sobre o fenômeno da seguidança, revelando que a pressão social faz com que as pessoas digam coisas que sabem que não é verdade.[25] Vamos fazer o experimento com Anne, Bronwen, Charles e David, todos estranhos entre si.

O desenho de três linhas de comprimentos diferentes e depois o de uma única linha são mostrados a cada um deles separadamente. A tarefa é apontar a linha do desenho de três linhas que corresponde à linha isolada e anunciar a resposta na frente dos outros participantes. É uma tarefa incrivelmente fácil: todos escolhem a mesma linha, dão a mesma resposta e David se congratula silenciosamente por ter descoberto um modo tão fácil de ganhar dinheiro (quem participa de experimentos de psicologia recebe em geral um pagamento simbólico).

Mas e se Anne, Bronwen e Charles escolherem a linha errada na repetição do experimento? Não só isso, e se escolherem a mesma linha, cometendo os três o mesmo erro? O que David vai fazer? Asch descobriu que a tendência de David — que não sabia que seus três novos amigos eram paus-mandados no estudo — era agir em conformidade com os outros escolhendo também a linha errada. Na verdade, por meio desses testes engenhosos, Asch descobriu que as pessoas querem agir em conformidade: só um quarto dos participantes teve coragem de seguir as próprias convicções e anunciar a resposta correta diante da resposta errada de todos os outros. O desejo de se conformar sobrepuja o desejo de estar correto, o que é um fato espantoso na ciência da seguidança.

Mas Asch descobriu também que os índices de conformidade caíram quando foi introduzido um dissidente. Se Anne e Bronwen escolhessem a linha errada e Charles escolhesse a certa logo depois, seria maior a probabilidade de David dar também a resposta certa. Isso mostra que mesmo uma pequena minoria dissidente pode ter um efeito importante sobre a (des) união do grupo. Basta uma pequena ondulação para virar o barco — assim como alguns seguidores dissidentes ou descontentes podem facilmente desestabilizar um líder. Por isso, as empresas devem ficar alertas às queixas dos funcionários, oferecendo-lhes uma forma de pôr para fora a insatisfação (como uma caixa de sugestões, em que as críticas são apresentadas anonimamente). Vamos examinar esse equilíbrio de poder entre líderes e seguidores num outro capítulo.

A regra "siga a maioria" pode então levar a algumas situações bizarras: podemos pensar nessas situações como descompassos, em que a nossa psicologia (treinada para considerar a regra "siga a maioria" um salva-vida, como fizeram os nossos ancestrais) entra em conflito com a vida moderna. Tome o exemplo da comunidade Heaven's Gate, um culto californiano que fundiu alguns elementos do Cristianismo com uma crença em OVNIS.[26] Eles gastaram vários milhares de dólares num poderoso telescópio por causa de rumores sobre um pequeno objeto que parecia estar seguindo o cometa Hale-Bopp. Alegavam que se tratava de uma espaçonave que estava vindo à Terra para salvá-los antes do planeta ser destruído. Infelizmente, o telescópio não confirmou a existência de tal nave. Então, devolveram o telescópio e se queixaram com o vendedor, que explicou que não havia um tal objeto e que eles tinham baseado sua convicção numa foto ruim de jornal. Nesse ponto, os membros da comunidade poderiam ter se livrado do líder, aborrecidos por terem sido levados a um equívoco. Mas não: incrivelmente, os seguidores continuaram firmes em sua crença. Enquanto isso, os líderes mantinham que havia mesmo uma espaçonave no rasto do cometa e que o telescópio não era sensível o bastante para detectá-la. Assim, os membros do culto fizeram uma última refeição de pudim, vodka e fenobarbital para salvar a alma antes de a Terra chegar a um fim apocalíptico.

Os membros desse culto prezavam a lealdade acima da vida. Ser um opositor não é fácil, mesmo que você saiba que está certo. A pesquisa psicológica social mostra que quem assume a posição de uma minoria é ativamente discriminado. Primeiro, o grupo fará uma campanha de persuasão: se esta cair em ouvidos surdos, o opositor é posto no ostracismo. Nos tempos ancestrais, o ostracismo podia significar a morte; assim, não é de surpreender que os indivíduos façam o possível para se adequar, inclusive quando isso vai contra o seu julgamento (embora aceitar o suicídio em grupo seja, é claro, um exemplo extremo).

A necessidade de seguir a maioria é poderosa, mesmo quando fazer parte da maioria ou da minoria é questão de opinião, como ao escolher um par de sapatos ou um carro. Não existe uma resposta factualmente correta a perguntas do tipo: um tênis Nike de corrida é melhor ou pior do que um tênis Adidas (exceto se você for um executivo da Nike) ou o Cristianismo tem mais validade do que o Islamismo ou o Judaísmo? Do ponto de vista da unidade do grupo, o que importa é acreditar naquilo que o grupo acredita. Quando se trata de um grupo, ou você está dentro ou você está fora. E numa espécie social como a nossa, "fora" é um lugar muito solitário.

Paradoxalmente, quanto mais dispendiosos os rituais associados a um sistema de crenças, mais duradouro ele é. Um estudo sobre comunidades religiosas no século XIX nos Estados Unidos revela que as que fazem mais exigências aos seguidores — renunciar a bens mundanos, manter o celibato, não ter contato com gente de fora, abandonar certos alimentos — são as mais duradouras.[27] Tais sacrifícios garantem que só os adeptos mais leais e dedicados se tornam seguidores. Depois disso, o seguidor fica amarrado ao líder pelo desejo de ser consistente com suas ações anteriores, ditadas pelo grupo.

Até agora, argumentamos que a nossa propensão inata a seguir (mostrada pelos bebês com relação aos pais) é fortalecida sempre que queremos ser um "bom" membro do grupo (como quando David escolheu a linha errada para concordar com os três novos amigos) ou sempre que estamos presos na incerteza (o que explica por que escolhemos uma loção pós-barca anunciada por David Beckham). E o terceiro argumento: ser um seguidor como estratégia para aprender a ser um líder? Há poucas dúvidas de que esse seja um motivo importante para alguns do rebanho, embora não seja necessariamente uma estratégia consciente. Para se tornar um líder um dia, vale a pensa seguir primeiro. Nos tempos ancestrais, quando um indivíduo tinha a aspiração de se tornar um bom caçador, o treinamento ideal era seguir o melhor caçador do grupo e observar de perto as suas ações. O mesmo se aplica a qualquer forma de profissionalismo, incluindo técnicas de liderança. Por exemplo, ficando perto de um líder, você tem a oportunidade de observar como ele usa a capacidade verbal e não verbal para convencer as pessoas, como mediar conflitos e como lidar com rivais hostis.

Mas há um quiproquó não enunciado: em troca do aprendizado ao pé do mestre, o discípulo tem que mostrar uma submissão respeitosa. Só assim um líder se dispõe a compartilhar a sabedoria duramente conquistada. Afinal, ter seguidores é bom para a imagem do líder. Como lembra a teoria evolucionista da liderança, a aquisição de um papel de liderança é um símbolo de *status* e um sinal de prestígio, trazendo um benefício ainda maior: o sucesso reprodutivo. Nas sociedades caçadoras-coletoras, os indivíduos de prestígio, como o melhor caçador ou o melhor guerreiro, são muito festejados. Assim, podem escolher os melhores parceiros sexuais da vizinhança.

Uma manifestação moderna desse sistema movido a prestígio é a atual cultura de celebridades. Pense em alguém famoso — um astro do rock, um político ou um jogador de futebol: ele tem uma multidão de seguidores que o usam como modelo e querem ser como ele (ou, no caos de fãs mulheres, querem se casar e ter filhos com ele). Com isso, essas pessoas talentosas ganham prestígio, o que traz muitas vantagens. Algumas celebridades sempre conseguem as melhores mesas em restaurantes da moda e não precisam ficar na fila do aeroporto; são mais ricas do que os seguidores (além de ganhar dinheiro com o seu trabalho principal, lucram com patrocínios e com canais de mídia dispostos a negociar a exclusividade na cobertura de casamentos e nascimentos) e têm acesso a parceiros reprodutivos de alta qualidade (ou ao menos bonitos). Os seguidores (ou fãs, como em geral os chamamos) farão quase qualquer coisa para chegar perto dos seus heróis: essa proximidade aumenta a oportunidade de copiá-los. Assim, leem tudo sobre eles (é por isso que revistas como *OK!* e *Hello!* vendem tão bem), caçam autógrafos (para provar que chegaram perto deles), querem usar as mesmas roupas e ter a mesma aparência. Muitos se dispõem a revirar as latas de lixo do ídolo em busca de alguma lembrança. (Lembramos que os fãs podem não ter consciência da razão evolutiva desse comportamento: a evolução já pensou por eles e os fãs têm consciência apenas do desejo de imitar.)

Os políticos sabem disso. Quando fazem um discurso, querem a maior audiência possível. Sabem que uma grande multidão vai atrair mais seguidores. Os escritores e os editores também sabem que muita gente compra um livro só porque ele está na lista de *best-sellers*. O raciocínio do aficionado da leitura é mais ou menos assim: esse livro é um *best-seller* porque foi comprado por muitas pessoas, que não podem estar todas erradas. Deve haver alguma coisa nele: então vamos comprá-lo.

Às vezes, no entanto, essa regra "siga a maioria" é um tiro que sai pela culatra; acabamos seguindo indivíduos que não têm qualidades redentoras (ou nenhuma qualidade a que se aspire). A sua única qualificação para a notoriedade é a ubiquidade na mídia, o que nos dá a falsa impressão de que vale a pena seguir tal pessoa. Isso, argumentamos, nos trouxe a um ponto interessante da história humana, em que as pessoas são famosas por serem famosas.

Big Brother é um *reality show* em que pessoas comuns são observadas dia e noite durante semanas, enquanto realizam tarefas divertidas, inúteis ou humilhantes para o benefício dos espectadores. Todos os anos, a produção do programa é inundada por um mar de candidatos; essas pessoas esperançosas sabem que esse é um caminho para a fama instantânea graças à intensa exposição na mídia. Esse bombardeio da mídia atinge um ponto fraco psicológico. O nosso cérebro da Idade da Pedra é levado a acreditar que o indivíduo que recebe muita atenção deve ter alguma qualidade ou talento, merecendo assim ser seguido. Mas, olhando melhor, percebemos que alguns que se banham à luz dos refletores não merecem ter saído das sombras. Esse é um exemplo perfeito de descompasso (um conceito que exploramos no Capítulo 6). Fizemos recentemente um experimento em que mostramos vários líderes na tela de um computador, cercados alguns por poucos e outros por muitas pessoas. Além disso, manipulamos o olhar dessas pessoas de modo a olharem para o líder em algumas imagens e para o outro lado em outras. Então, pedimos que os participantes classificassem as qualidades de liderança do líder. Os resultados ainda não estão disponíveis, mas achamos que os participantes atribuíram mais qualidades de liderança às pessoas cercadas por muitas outras, especialmente se estas estiveram olhando para ela.

Um exemplo cômico dessa propensão a "seguir o líder, qualquer líder" foi imaginado pelo comediante britânico Danny Wallace. Em 2002, ele criou um culto internacional de seguidores por meio da campanha "Join me" (junte-se a mim) (HTTP://www.join-me.co.uk/). Viajou pelo mundo arrebanhando seguidores como líder de uma "coletividade", embora fosse deliberadamente obtuso a respeito do propósito do movimento "Join me". Isso não impediu que milhares de pessoas do mundo todo aderissem. Com um mínimo de esforço, Wallace se tornou de fato um líder. [28]

É claro que precisamos levar em conta que os seguidores não são todos iguais: têm as próprias preferências, valores e personalidade. Há cristãos de todos os tipos: do devoto ao que não pratica mais. A seguidança vem em muitos sabores: relutante, entusiasta, incondicional, crítica, submissa, obsessiva. Há pouca pesquisa sobre esses diferentes estilos por causa do foco na liderança. Mas sugerimos que as perguntas feitas tradicionalmente a respeito da liderança — quais são os estilos, como esses estilos surgem, qual a sua eficácia em diferentes contextos — devem ser feitas a respeito da seguidança.

Alguns teóricos tentaram responder a essas perguntas: fazem distinção, por exemplo, entre seguidores dependentes e independentes. Os primeiros simplesmente seguem as ordens do líder, enquanto os últimos têm uma abordagem mais crítica e inquisitiva. Outra distinção pode ser feita entre seguidores passivos e ativos. Os seguidores ativos têm iniciativa (sob esse aspecto, são um pouco como líderes), mas os passivos não. Eles esperam para ver.

Alguns psicólogos, como Ira Chaleff, acreditam que o caráter distintivo da seguidança reside no grau de disposição do seguidor para desafiar a figura no comando. Certamente, vale a pena estudar um seguidor disposto a questionar um líder incompetente ou perigoso — o seguidor corajoso, como Chaleff o denominou. Precisamos compreender os seguidores corajosos que ousam enfrentar a liderança imoral, como as pessoas que tentaram resgatar os judeus na Europa nazista ou as que conseguiram derrubar a Enron com as suas denúncias.[29]

Mas, do ponto de vista evolucionista, a distinção mais importante é aquela entre bons e maus seguidores. Não estamos falando no sentido moral: aqui, um bom seguidor é o que está equipado para atingir o resultado desejado pelo líder. Os bons seguidores são os que conseguem se coordenar eficientemente com o líder no esforço para o sucesso — por exemplo, chegar à aguada preferida sem comprometer a unidade do grupo. Os maus seguidores são os difíceis — fazem as coisas do próprio jeito, falam quando não é a sua vez e não ligam muito para o caminho que o líder abriu para eles. Em termos morais, o fato de a seguidança ser moralmente boa ou má depende dos objetivos do líder. Assim, os nazistas que seguiam cegamente as ordens de Hitler eram bons seguidores, mas moralmente corruptos. Os oficiais nazistas que tramaram contra Hitler eram maus seguidores, mas seus motivos eram moralmente sólidos. Em geral, um bom seguidor de um líder moralmente mau amplifica a infelicidade criada pelo líder, enquanto o bom seguidor de um líder moralmente bom amplifica a felicidade criada pelo líder.

Nem todos os seguidores são igualmente comprometidos com as metas do líder, como demonstrou Barbara Kellerman. No livro *Followership*, ela os classifica em termos de comprometimento com os objetivos do líder (embora não faça distinção entre duas classes diferentes de seguidores: os que agem de acordo com o líder e os que agem contra ele).

A taxonomia de Kellerman, com base no comprometimento, contém cinco categorias. Primeiro, os isolados. São a extremidade apática do espectro e compreendem, por exemplo, as pessoas que não se dão ao trabalho de votar. Podem ser postos de lado pelo líder, já que a apatia entre os seguidores levanta questões sobre a sua legitimidade. Pode não haver diferença constitucional ou legal entre um presidente que conquista 51% dos votos do país e um que conquista 80%, mas o instinto nos diz que o candidato que tem 80% terá um mandato melhor pela frente.[30]

Na segunda categoria estão os que são apenas espectadores: mostram pouco ou nenhum interesse pelo líder, seja ele quem for. Enquanto um isolado pratica a apatia, o espectador se especializa na ambivalência, assumindo uma posição neutra.

O terceiro grupo, que pratica um comprometimento medíocre, é formado pelos chamados participantes. Os exemplos incluem funcionários razoavelmente satisfeitos dispostos a fazer horas extras quando a tarefa exige.

Vem então a quarta categoria: os ativistas. Os ativistas são mais engajados do que os participantes e estão sempre dispostos a trabalhar, seja para apoiar ou para derrubar o líder.

Mas nenhuma categoria é mais comprometida do que os fanáticos dispostos a dar a vida pelo líder ou pela causa. Os fanáticos mostram uma dedicação devastadora, que define tudo o que são e tudo o que fazem. Os terroristas, cuja vida é totalmente moldada por uma ideologia, ocupam essa extremidade do espectro. Os homens-bomba são, é claro, os fanáticos supremos.

Se você é um líder, vale a pena saber como deslocar os seguidores pelo espectro do comprometimento. Você precisa de técnicas psicológicas de vendas, capazes de transformar espectadores em participantes e ativistas em fanáticos. A mais importante delas, segundo Robert Cialdini, um psicólogo que estuda influência, é a técnica "um pé na porta", em que o líder começa fazendo pequenos pedidos e depois vem com exigências mais severas. Neste *modus operandi*, preferido por organizações terroristas e cultos religiosos, o *dial* do comprometimento é girado gradualmente; pequenas atividades como distribuir panfletos evoluem lentamente para ações mais extremas, como renunciar aos amigos e à família. O seguidor concorda mais para manter a coerência com ações anteriores do que por qualquer desejo profundo de fazer o sacrifício pedido.[31]

Até uma corporação pode começar a se comportar como um culto. A revelação mais surpreendente do *The Devil's Casino*, um relato de 2008 sobre a queda do Lehman Brothers, foi a lealdade própria de um culto exigida dos principais executivos do banco e de suas esposas. Estas tinham que se vestir de determinada maneira, apoiar as mesmas obras de caridade, ir às viagens de férias da companhia e manter silêncio sobre problemas conjugais. A cultura nunca era questionada, mesmo quando uma esposa era pressionada a deixar o filho doente para ir a um passeio da companhia. O gigante dos serviços financeiros tornou-se depois um dos maiores casos de falência da história norte-americana.[32]

Outra maneira de mudar o nível de comprometimento é fazer com que um seguidor concorde com uma determinada tarefa — como comparecer a uma reunião política — e depois mudar os termos do acordo (por exemplo: "para participar dessa reunião, você tem que se tornar membro do partido"). Uma terceira maneira é pela tentação: por exemplo, dizer aos seguidores que serão pagos para distribuir panfletos numa manifestação política. Uma vez comprometidos... você consegue adivinhar. Não há dinheiro suficiente para pagar todo mundo: você não trabalharia como voluntário? Finalmente, a lisonja é incrivelmente eficaz: um líder esperto descreve os seguidores em termos entusiasmados — "vocês são funcionários fantásticos, compreensivos" — e então, depois de exibir suas técnicas de adulação, pede que aceitem um corte no salário. E por que a maioria cai nesse truque? Porque ninguém quer parecer um mau funcionário.

Mas há lacunas nessas análises da seguidança. Elas indicam que os seguidores mostram diferentes níveis de comprometimento com uma causa — mas negligenciam o fato de que a natureza do que está sendo seguido varia. O que os seguidores estão tentando conseguir? Quais são os seus motivos? O que diferencia os primeiros seguidores daqueles que entram em cena depois? Será que estão tentando ser bons membros do grupo (para favorecer a coesão)? Ou estão seguindo porque, na ausência da capacidade de liderar, não lhes resta outra opção além de seguir?

Como já vimos neste capítulo, a teoria evolucionista da liderança apresenta três razões para a seguidança: coesão do grupo, incerteza (não saber qual é o cogumelo venenoso) e possibilidade de emulação. Isso oferece justificativas adaptativas para a seguidança (nessas situações, a seguidança aumenta a probabilidade de a pessoa procriar). Assim, o modo de seguidança depende não apenas do nível de comprometimento, mas também da natureza do problema adaptativo que leva ao comportamento de seguidança.

Propomos uma nova toxonomia da seguidança com base na teoria evolucionista da liderança. Ela contém cinco categorias de seguidor: aprendiz, discípulo, lealista, admirador e subordinado.

Se um seguidor pretende ser um líder algum dia, ele é um aprendiz (um dos programas de televisão de mais sucesso nos últimos anos é *The Apprentice**, um *reality show* em que uns quinze jovens determinados competem por um emprego lucrativo com um magnata sabidamente rico e exigente. No Reino Unido, o magnata é o empresário Sir Alan Sugar; nos Estados Unidos é Donald Trump). Esse tipo de seguidor está cumprindo o imperativo evolutivo de emular.

Se um seguidor busca sabedoria ou orientação moral sobre como viver, ele é um discípulo (como os discípulos de Jesus Cristo) e está executando o imperativo evolutivo de combater a incerteza. Se você devora avidamente os livros de "gurus" dos negócios, como Tom Peters, Peter Drucker e Michael Porter, pode se considerar um discípulo.

Quem segue um líder porque valoriza a coesão do grupo, à qual a evolução também atribui um alto valor, é um lealista (como senadores ou primeiros-ministros que põem de lado objeções pessoais para votar com seus partidos; ou torcedores de futebol; ou funcionários que visam às recompensas pelo longo tempo de serviço). Quando a devoção do seguidor vem de uma atração pessoal pelo líder, ele é um admirador (pense em David Beckham ou Brad Pitt); é aí que entra o carisma, uma qualidade que ajuda a reunir fãs em torno de uma única figura.

Finalmente, quem é um seguidor simplesmente porque alguém mais acima na hierarquia assim o quer, é um subordinado (como a maioria dos funcionários). Pode ser que o subordinado siga a motivação evolutiva de ficar com o rebanho porque a perspectiva de liderança não aparece no seu radar, devido à falta de aspiração e capacidade.

A distinção entre aprendizes, discípulos, lealistas, admiradores e subordinados é útil porque a compreensão dos motivos de um seguidor — além de compreender o seu comprometimento, à La Kellerman — ajuda os

---

* *O Aprendiz*, apresentado atualmente no Brasil por João Doria Jr. — ex-secretário de turismo da cidade de São Paulo e presidente da Embratur. Preside o Grupo Doria, grupo de Comunicação e Marketing. —, exibido pela Rede Record de Televisão.

líderes e a recrutar e a reter os que estão abaixo deles e a se reconectar com eles. Por exemplo, um CEO carismático que defende os seus funcionários e é generoso com o próprio conhecimento, além de gerar lucros que são divididos entre os funcionários, vai atrair seguidores de todos os tipos. Ele será um professor para seus aprendizes, uma fonte de inspiração para os discípulos, um defensor para os lealistas, um "testa de ferro" para os admiradores e um provedor para os subordinados. Trata-se de uma tarefa formidável — e, como veremos no próximo capítulo, é preciso um Grande Homem para manter todos os seguidores felizes.

4
A busca de *status* na savana: o macaco democrático

As pessoas podem preferir ignorar a sua herança animal ao interpretar o seu comportamento como divinamente inspirado, socialmente significativo ou até mesmo de autosserviço, coisas atribuídas ao ser humano; mas elas mastigam, defecam, se masturbam, fornicam e procriam como os chimpanzés e outros macacos, de modo que não têm motivo para se aborrecerem ao saber que agem como outros primatas também quando agitam politicamente, debatem, abdicam, apaziguam e administram.

Arnold Ludwig, *King of the Mountain*

Na maior parte das organizações, podemos adivinhar quem está no comando. No mundo dos negócios, é a pessoa que ocupa a sala maior, que usa o terno mais caro e dirige o maior carro da companhia (ou tem um motorista). Nas forças armadas, o cara com mais medalhas no peito é uma boa aposta. No mundo da ciência e da educação, é quem tem a mais longa fileira de títulos presa ao nome (professor, doutor, mestre em ciências, mestre honorário etc.) e, na política, quem se senta à cabeceira da mesa de reuniões.

Tais sinais de *status* podem estar ocultos, mas nós os percebemos. Eles fazem sentido em grandes organizações porque comunicam sutilmente a classificação da pessoa: a quem se submete e quem deve se submeter a ela. Além disso, os privilégios visíveis associados à posição (como a sala maior) motivam os funcionários que ocupam cargos mais baixos a aspirar cargos mais altos. Esses sinais de *status* transmitem informações além das paredes da companhia. Se, por exemplo, você chegar para uma reunião de negócios com outra empresa e descobrir que o CEO é aquele cara esmolambado que chegou num carro velho, pode concluir que a empresa não vai bem e decidir não aceitar a parceria comercial. Pode até ser contraintuitivo, mas muitos funcionários ficam felizes pelo fato de o chefe ganhar mais do que eles e usar um carro da empresa. Os símbolos de *status* refletem sobre a empresa e, por extensão, sobre eles.

Numa era em que a categoria integra as descrições de cargo (gerente assistente, líder de equipe, vice-diretor de escola, executivo chefe), é fácil

86 | Naturalmente Selecionados

esquecer que nem sempre o *status* foi um traço conspícuo da vida humana. O *status* era importante, mas quando há poucas opções em termos de bens materiais, a ostentação tem um limite para qualquer um da tribo.

Tomando as atuais sociedades caçadoras-coletoras nômades como modelo de como viviam os nossos ancestrais há milhões de anos, vemos que o quadro é muito menos estratificado do que o da vida corporativa contemporânea.[1] Neste capítulo, vamos viajar de volta no tempo na companhia dos missionários e etnógrafos que estudaram as tribos primitivas para descobrir como eram uniformes as sociedades primitivas. Vamos acompanhar também os primatologistas nas visitas aos grupos de gorilas e colônias de chimpanzés movidas pela rivalidade, nos quais as hierarquias de dominância geram um tipo muito diferente de sociedade primata, e teorizar sobre como a evolução nos afastou do despotismo dos nossos primos primatas para nos aproximar de uma sociedade de (relativamente) iguais, sob a proteção dos líderes sábios e benevolentes previstos pela teoria evolucionista da liderança. Ao longo do caminho, vamos considerar como o compartilhamento dos alimentos pode ter semeado o início da política, já que ensinou chimpanzés e seres humanos a forjar alianças e coalizões; vamos descobrir como equilibramos a necessidade de liderança (pondo o poder nas mãos de alguns poucos) com o desejo de não ser dominados (desenvolvendo esquemas para afastá-la); e veremos como a nossa espécie aperfeiçoou a arte de desafiar o poder, o que permitiu que nossos ancestrais refreassem os aspirantes a déspotas, usando estratégias que iam de lascivas a assassinas.

A nossa primeira parada é a Terra do Fogo, na extremidade mais ao sul da América do Sul. Temos por companhia o missionário Esteban Lucas Bridges, filho de outro missionário, que cresceu entre os Ona, um bando de coletores nômades. Em 1948, Bridges escreveu um aclamado relato do seu tempo com os Ona, os Yaghan (outra tribo indígena) e os colonizadores brancos. Aqui, ele se maravilha com a flexível abordagem dos Ona à liderança:

> Os Ona não tinham chefes hereditários ou eleitos, mas homens de capacidade notável quase sempre se tornavam líderes não reconhecidos dos seus grupos. Mas um homem podia ser o líder hoje e outro amanhã, de acordo com quem estivesse desejoso de embarcar num determinado empreendimento. Um certo cientista visitou a nossa parte do mundo e, em resposta às suas perguntas sobre essa questão, eu lhe disse que os Ona não tinham chefes como compreendemos a palavra. Vendo que ele não estava acreditando, mandei chamar Kankoat, que nessa época falava um pouco de espanhol. Quando o visitante repetiu a per-

gunta, Kankoat, polido demais para dar uma resposta negativa, disse: "Sim, senhor, nós, os Ona, temos muitos chefes. Os homens são todos capitães e todas as mulheres são marinheiras."[2]

Além do *status*, os Ona não tinham nem mesmo um conceito de propriedade pessoal. Quando as áreas de caça dos Ona foram devastadas pelos ocidentais com suas fazendas de carneiros, o choque das culturas acabou sendo desastroso. Os Ona roubavam rotineiramente os animais. Os fazendeiros empregavam pistoleiros profissionais, oferecendo recompensas pela cabeça dos ladrões Ona. A tribo está hoje extinta: o último membro parece ter morrido nos anos 1970.

A mensagem predominante vinda do estudo de sociedades primitivas como os Ona, os !Kung San do deserto Kalahari, os ianomans da Bacia Amazônica, os Inuit da costa ártica e os aborígenes do norte da Austrália é que elas não têm líderes tribais designados nem hierarquias formais. Se você encontrasse um membro da tribo e lhe pedisse para "levá-lo ao líder", ele ficaria confuso com esse pedido. No entanto, a evidência etnográfica mostra que alguns indivíduos tinham mais influência do que outros, com base na personalidade, no temperamento, na inteligência ou na habilidade. Mas essa influência era confinada a áreas de conhecimento estreitamente prescritas; o melhor caçador, por exemplo, tinha a palavra final na escolha dos territórios de caça, o guerreiro mais formidável, nas decisões de combate e o principal herbalista da tribo, na maneira de tratar os doentes. Se esses indivíduos reclamassem alguma autoridade além dessa ou tentassem dominar o grupo, seriam culpados de uma séria violação da etiqueta social.

Os acadêmicos que estudaram essas sociedades acreditam que é assim que a humanidade viveu durante a maior parte da sua história evolutiva (a nossa espécie, *Homo sapiens*, surgiu há cerca de 200 mil anos). Como diz o antropólogo Bruce Knauft na sua análise dos bandos: "Até cerca de 12 mil anos atrás, os seres humanos eram basicamente igualitários. Viviam no que pode ser chamado de sociedades de iguais com um mínimo de centralização política e sem classes sociais. Todos participavam das decisões do grupo e fora da família não havia dominadores."[3]

Então, o que mudou? A evidência histórica sugere que, em determinados lugares do mundo, os bandos se transformaram em sociedades tribais maiores — talvez para trocar informações, bens e noivas — formadas por clãs diferentes mas totalmente igualitários. Essa coalescência social pode ter semeado o início de uma configuração mais hierárquica, já que as sociedades maiores criaram oportunidades para diversas ocupações. As pessoas que tinham mais sucesso na sua ocupação — a agricultura, como vamos ver no próximo capítulo, ofereceu a oportunidade perfeita para as primeiras vendas — teriam acumulado mais recursos do que as outras. Essa riqueza lhes teria dado mais influência na esfera pública graças à admiração que a sua habilidade econômica causava nos outros: eram os Grandes Homens.

Os Grandes Homens surgiram primeiro em lugares como a Polinésia e Papua-Nova Guiné, no Pacífico Norte e em partes da África subsaariana; em algumas regiões, o Grande Homem ainda existe. Segundo o antropólogo Marshall Sahlins, cujos estudos de relatos etnográficos de tribos em lugares como Papua-Nova Guiné ajudaram a desenvolver a ideia de Grande Homem, essa figura "lembra o livre-empreendedor durão da nossa própria herança. Ele combina o aparente interesse pelo bem-estar geral a uma medida mais profunda de maquinação econômica astuciosa em interesse próprio".[4] Graças em grande parte a Sahlins, a expressão Grande Homem entrou para a antropologia; ele observa que ela equivale a uma tradução livre para "líder" em muitas línguas locais. Vale observar que a expressão ainda é usada elasticamente, e alguns estudiosos atribuem esse título apenas a chefes de tribos individuais e não a agrupamentos de tribos. Vamos ser magnânimos em nossa definição e empregá-la para descrever um homem benevolente que exerce influência sobre uma tribo ou sobre um pequeno grupo de tribos (veremos no próximo capítulo que as tribos cresceram em tamanho à medida que a coleta dava lugar à agricultura).

Como as sociedades tribais governadas pelos Homens Grandes eram basicamente uniformes, a sua influência era muito limitada. Qualquer diferença em aquisição de riqueza, por exemplo, só era tolerada se toda a comunidade se beneficiasse. Esperava-se que o Grande Homem redistribuísse a sua riqueza entre a sua família estendida, por meio de presentes e favores generosos. Algumas sociedades primitivas chegaram a introduzir o jogo para distribuir a riqueza mais igualmente: o Grande Homem jogava até perder tudo. O antropólogo William Mitchell escreveu sobre os Wape, uma sociedade tribal que habita a oeste do Rio Sepik, em Papua-Nova Guiné: "Um homem não deve tolerar uma situação em que o vizinho tenha mais do que ele. Um homem não deve possuir nem bens nem poder em prejuízo de outros." Mitchell escreveu depois um artigo intitulado "A derrota da hierarquia: o jogo como troca numa sociedade Sepik" sobre essa maneira incomum de aplainar as diferenças financeiras.[5]

A busca de *status* na savana: o macaco democrático | 89

Em culturas nativas do Noroeste do Pacífico, como as de Haida e Tlingit, a redistribuição da riqueza assumia a forma de uma cerimônia chamada *potlatch*, em que o Grande Homem de um vilarejo tribal distribuía presentes e bens valiosos, como canoas, aos habitantes dos vilarejos vizinhos.[6] Exibindo tal riqueza e generosidade, geralmente em ocasiões especiais como um nascimento ou a primeira menstruação de uma filha, ele podia fortalecer a sua posição política na tribo e formar alianças com outros Homens Grandes. Às vezes, os Homens Grandes simplesmente queimavam bens valiosos, como canoas e cobertores, como sinal de riqueza. As cerimônias *potlatch* foram proibidas pelo governo canadense em 1885 por causa do desperdício. No entanto, essa proibição, criticada por sua insensibilidade cultural, foi revogada em meados do século XX.

Num estudo recente, criamos um *potlatch* no laboratório.[7] Os participantes receberam uma quantia em dinheiro que podiam depositar num fundo privado ou num fundo público. Estabelecemos então dois cenários diferentes: num deles, os doadores permaneciam anônimos e, no outro, eram nomeados. Criamos depois uma situação em que o fundo público já estava cheio com as contribuições dos outros jogadores. Assim, qualquer doação seria desperdiçada. No entanto, quando as pessoas eram publicamente identificáveis, desperdiçavam o dinheiro fazendo uma doação desnecessária para o bem público. É importante observar que os que faziam essa doação recebiam *status* dos outros jogadores, como o Grande Homem queimando os seus bens para exibir sua riqueza. Interpretamos esse comportamento conspícuo como um dispendioso sinal usado para atrair colaboradores e parceiros sexuais ("olhem como sou rico, posso gastar dinheiro em coisas inúteis como um anel de diamante ou um fim de semana exótico"). Isso realmente acontece: algumas associações que prestam ajuda em grandes desastres, como o terremoto do Haiti, relatam que as doações continuam a chegar mesmo depois que os pedidos cessam. Podemos supor que os doadores fazem isso pela própria reputação, além dos motivos filantrópicos.

Na superfície, o *potlatch* parece ser o epítome do comportamento igualitário, mas é na verdade uma exibição de *status*. Sabemos que o *status* é um motivador poderoso do comportamento humano porque vem com o próprio repertório de emoções. Isso explica por que nos sentimos cheios de felicidade e orgulho quando conseguimos uma promoção ou um título importante; e os sentimentos de desapontamento e humilhação diante de uma derrota ou de um rebaixamento. O *potlatch* é uma representação de altruísmo competitivo, uma forma aberta de generosidade que é, no fundo, motivada pelo

90 | Naturalmente Selecionados

desejo de *status* (um trampolim para o sexo, o principal incentivo da evolução para estimular a reprodução). Dessa forma, com o *potlatch* servindo como um símbolo de *status* benigno, os Homens Grandes podiam manter a ilusão de igualitarismo e exibir ao mesmo tempo sua elevada posição na comunidade. A nossa pesquisa mostra que o altruísmo competitivo é um impulso muito poderoso que explica provavelmente grande parte do comportamento caridoso e filantrópico (por que outra razão os doares querem que teatros, escolas e hospitais recebam o seu nome?). Isso explica a ubiquidade das listas tipo "Maiores Filantropos" compiladas por publicações como *Business Week*, *Slate* e *Sunday Times*. Se ficamos interessados na quantidade de dinheiro que as pessoas ganham, parece que a quantidade que distribuem nos cativa ainda mais. E, a julgar pelos nossos experimentos de laboratório, mostrar o lado generoso é uma garantia de elevar o *status* entre os nossos iguais.

Nos nossos experimentos, os jogadores eram aleatoriamente distribuídos por equipes de três pessoas e identificados só pelo número. Cada jogador recebia uma libra, podendo investir qualquer parte desse dinheiro num fundo privado ou num fundo do grupo. No final de cada rodada, a quantia depositada no fundo do grupo seria duplicada e compartilhada igualmente entre os membros da equipe. Assim, a contribuição para o fundo do grupo era um ato de caridade porque os jogadores não tinham certeza do retorno.

Quando as pessoas jogavam anonimamente, o fundo do grupo não atraía muitas doações. Mas quando o número do jogador e a sua doação eram divulgados, o fundo do grupo inchava. Na verdade, quando pedimos uma opinião, os jogadores disseram que respeitavam mais os benfeitores generosos e queriam elegê-los líderes do grupo. Em outro estudo, descobrimos que atribuir aleatoriamente a uma pessoa a posição de líder do grupo aumentava sua generosidade pública e melhorava o seu humor.

Esse experimento mostra que, mesmo hoje, as pessoas gostam de ser vistas como benevolentes e justas, como os Grandes Homens, e não gostam de ser vistas como egoístas, motivadas apenas pelos próprios interesses. A filantropia moderna é um sucessor direto do *potlatch*: surgiu como forma de adquirir *status* por meio da benevolência. Mas de onde vem esse veio benevolente?

Podemos tentar datá-lo observando os primatas geneticamente mais próximos a nós. Compartilhamos um ancestral comum com o gorila — as nossas linhagens se separaram há cerca de 8 milhões de anos — e o líder gorila é um déspota. Na verdade, quase todas as espécies de macacos têm uma clara hierarquia de dominância, em que o macho alfa é um ditador e

A busca de *status* na savana: o macaco democrático | 91

a desigualdade política é a norma. Entre os gorilas, por exemplo, o macho de costas prateadas chefia o grupo e detém o poder político. Ele açambarca os recursos do grupo e tem o monopólio sexual das fêmeas receptivas. Se o seu chefe fosse um gorila, ele chegaria na sua casa sem avisar, comeria a sua comida, mataria os seus filhos e depois iria para a cama com a sua mulher. Os machos de posição mais baixa na hierarquia só podem ficar olhando desamparados; em geral, deixam o grupo para amadurecer e voltam para derrubar o de costas prateadas quando a idade começa a enfraquecê-lo.

Como (esperamos) os seres humanos não se comportam como gorilas, vamos escalar alguns galhos da árvore familiar e observar nossos parentes mais próximos. Os chimpanzés, que compartilham conosco um ancestral mais recente, também estão na extremidade despótica do espectro político. No entanto, os chimpanzés têm uma característica que falta aos gorilas, que pode ter sido crucial na evolução do comportamento igualitário: a capacidade de formar coalizões. Os seres humanos fazem isso com muita eficácia (sem isso, a política seria ainda mais confusa do que já é). Essa habilidade de formar coalizões pode ter se desenvolvido separadamente em ambas as espécies, mas é mais provável que já estivesse presente em grau rudimentar no ancestral comum de humanos e chimpanzés, que viveu entre 4 e 7 milhões de anos atrás.[8]

A capacidade de cooperação permite que as hierarquias de dominância sejam mantidas sob controle. Por quê? Porque dois (ou mais) subordinados podem se juntar contra um agressor dominador. Graças ao trabalho pioneiro do primatologista holandês Frans de Waal no Arnhem Zoo, sabemos que os chimpanzés são políticos astutos, que estão sempre farejando oportunidades de formar coalizões que os ajudem a subir na hierarquia (e subvertê-la). Na verdade, Frans de Waal, que está agora na Universidade de Emory em Atlanta, deu a um dos seus livros o título de *Chimpanzee Politics*. Newt Gingrich, ex-membro da Câmara dos Deputados dos Estados Unidos, incluiu esse livro numa lista de leituras para políticos novatos, em 1994.[9]

Em um episódio notório observado por de Wall, três chimpanzés machos da colônia de Arnhem — Yeroen, Nikkie e Luit — competiam para ser o líder do grupo. Inicialmente, Yeroen era o alfa e governava a colônia com o apoio das fêmeas (sem o apoio das fêmeas, o alfa é impotente). Luit espreitava na periferia da colônia, tendo sido expulso por Yeroen. Quando Nikkie já estava suficientemente maduro, formou uma aliança com Luit e, juntos, começaram a bater nas fêmeas só para mostrar que Yeroen era inca-

92 | Naturalmente Selecionados

paz de defendê-las. Depois de uns quatro meses, as fêmeas se aliaram a Luit, certamente para evitar outras surras. Luit era agora o líder.

Ele adotou então uma política inteligente. Na frente das fêmeas, agia como o pacificador do grupo, o que fortaleceu o apoio das fêmeas ao seu *status*. Quando se tratava dos machos, no entanto, intervinha nas brigas para apoiar o perdedor. Assim, embora sua ascensão à liderança tivesse tido a ajuda de Nikkie, que era agora o segundo macho mais poderoso da colônia, Luit se aliava rotineiramente aos oponentes de Nikkie.

Taticamente, isso fazia sentido. Se vencesse, Nikkie poderia juntar coragem para roubar a coroa de Luit. Além disso, o oponente de Nikkie se sentia em dívida com Luit e o apoiava em conflitos futuros.

O poder dessa história repousa na sua fantástica semelhança com a política humana, fortalecendo o nosso argumento de que a liderança é um comportamento que a evolução formou. Na política atual, é fundamental tomar partido, formar coalizões, forjar alianças e enfraquecer os rivais. O fato de Barack Obama nomear Hillary Clinton — que concorreu com ele para ser a candidata democrata nas eleições presidenciais — para Secretária de Estado, foi uma manobra deliberada para ampliar a sua base de coalizão e transformar em aliada alguém que de outra forma seria uma crítica poderosa. Essa nomeação pareceu elegante, mas foi também em interesse próprio. A eleição britânica de maio de 2010 resultou, no momento em que este livro está sendo escrito, numa coalizão entre os Conservadores e os Liberais Democratas. A aliança improvável ocorreu porque os Conservadores, embora tivessem ganho mais cadeiras do que qualquer outro partido, não garantiram o suficiente para governar sozinhos. O fato de partidos com visões ideológicas tão diferentes conseguirem se juntar comprova a nossa capacidade de manter a unidade do grupo (especialmente diante de um inimigo comum, o Partido Trabalhista). O interessante é que tanto David Cameron quanto Nick Clegg, o seu oposto liberal democrata, declararam publicamente que cediam pelo bem do país. Conscientemente ou não, os dois queriam ser líderes servidores.

Esses casos ilustram que a política humana espelha a política chimpanzé e que a teoria evolucionista da liderança pode lançar luz sobre ambas. Nas duas espécies, os líderes lutam para manter a paz e evitar divisões partidárias (que podem ser exploradas pelos inimigos). Além disso, tratam duramente possíveis rivais, firmando alianças e pactos com quem possa substituí-los. Quanto ao papel das mulheres, cortejar o voto feminino é visto como uma estratégia sagaz, tanto na política humana quanto na chimpanzé. Essas similaridades indicam que a capacidade de formar alianças pode ter uma origem comum às duas espécies, o que sugere que deve ter sido impulsionada por uma forte necessidade. E que necessidade é mais forte do que encher a barriga quando se trata de sobreviver?

Os cientistas evolucionistas acreditam que a capacidade de formar alianças se desenvolveu nos seres humanos e nos chimpanzés devido à necessidade de compartilhar alimentos. Se você tem a sorte de juntar mais comida do que precisa para o dia, compensa compartilhar o excesso com os menos afortunados (sem um *freezer*, não tem muito sentido guardar o bocado extra). Com essa gentileza, você pode ganhar alguma coisa quando a sua cesta estiver vazia. Isso é chamado de altruísmo recíproco, uma das pedras fundamentais da sociabilidade humana e primata.[10]

Isso não se limita aos primatas. Os morcegos-vampiro compartilham refeições de sangue com os seus vizinhos na caverna. Isso funciona porque (a) os morcegos-vampiro sempre voltam ao mesmo ponto da caverna e têm, portanto, sempre os mesmos vizinhos e (b) nem todos os morcegos-vampiro têm a sorte de conseguir sangue todas as noites. Essas duas condições levam à evolução do altruísmo recíproco na espécie.

Com o tempo, a prática de compartilhar comida pode ter se transformado num comportamento de troca mais complexo em espécies mais inteligentes, em que uma moeda era trocada por outra. Os chimpanzés, por exemplo, são conhecidos por trocar carne por sexo; um macho que saiu para caçar pode compartilhar parte da caça com uma fêmea para acasalar com ela. Os chimpanzés e os babuínos formam relações duradouras quando a iniciativa de embelezar os outros (catar pulgas e fazer uma massagem calmante, fortalecedora da amizade) é retribuída. Da mesma forma, a tendência a tomar partido em brigas com o macho dominante pode ter surgido do princípio de reciprocidade — "vou te dar retaguarda se você fizer o mesmo".

A reciprocidade é associada à justiça e quase todo mundo tem um alto senso de justiça no local de trabalho. Um colega que costuma roubar as suas ideias ou um gerente que fica com o crédito do seu trabalho desperta instintos intensamente antagônicos que em geral azedam a chance de uma aliança produtiva. Você não está sendo sensível demais: aquele sentimento que se agita nas suas vísceras vem sendo aperfeiçoado há milhões de anos e é compartilhado pelos macacos caiararas que se sentem tratados do mesmo jeito.

Isso foi demonstrado num maravilhoso experimento planejado por Sarah Brosnan e Frans de Waal, que pegaram pares de macacos para realizar tarefas.[11] Os animais eram recompensados com uma uva ou uma fatia de pepino. Chegados num doce, os macacos veem a uva como um prêmio melhor do que a fatia de pepino. Primeiro, os pesquisadores deram a cada macaco a mesma recompensa por fazer a mesma tarefa (devolver um objeto para um pesquisador). Então as coisas mudaram: depois de realizar a mesma tarefa, um dos macacos ganhava sempre o pepino e o outro a uva. O macaco que recebia o pepino — e observava o colega recebendo uma recompensa melhor todas as vezes — se mostrava relutante para continuar e, se a iniquidade continuasse, ele simplesmente se amotinava, ou se recusando a realizar a tarefa ou recusando o pepino. A recusa de alimento é altamente incomum num animal e não ocorreu quando os dois macacos ganhavam pepinos: só quando a recompensa era diferente. Os macacos caiararas sabiam quando estavam levando a pior. Isso mostra que os macacos mostram "aversão à iniquidade", assim como os seres humanos. Brosnan e de Waal concluíram que esses animais compreendem o conceito de justiça, o que sugere mais uma vez que essa capacidade não é exclusiva dos seres humanos, sendo provavelmente anterior à nossa linhagem.

No comportamento do macaco que prefere a uva, vislumbramos as origens ocultas do impulso humano ao igualitarismo e à sociedade justa. Para recapitular, não gostamos de indivíduos motivados apenas pelos próprios interesses e achamos que eles não devem se aproveitar dos outros. Não nos sentimos à vontade com diferenças muito grandes de poder e formamos coalizões para manter os dominadores sob controle — mas tendemos naturalmente a atribuir mais *status* aos que demonstram pôr o bem-estar do grupo acima dos próprios interesses (como no caso do *status* de liderança atribuído aos jogadores que contribuíram mais com os fundos do grupo). Esses instintos — de reciprocidade, justiça e hierarquia baseada na generosidade — estão alojados na nossa psique: quando damos um presente de aniversário a um amigo, esperamos ser presenteados no nosso aniversário. Quando vamos com os colegas a um bar, esperamos que todos paguem uma rodada: senão, "esquecemos" de convidar de novo quem não paga. Quando ajudamos um candidato político a se eleger, fazendo doações para o seu fundo de campanha, esperamos alguma vantagem em troca: quanto maior a doação, maior a expectativa. A reciprocidade está tão fortemente arraigada na nossa psique que desenvolvemos uma série de emoções para regulá-la: raiva quando alguém deixa de retribuir um favor e culpa quando deixamos de retribuir. Assim, a raiva e a culpa têm a função de manter a reciprocidade nos relacionamentos e não devem ser motivo de vergonha. Na verdade, você não gostaria de ficar perto de alguém que não sente nem culpa nem raiva depois de uma transgressão: os psicólogos chamam essas pessoas de psicopatas. Já foi sugerido que, em vez de *Homo economicus*, a pessoa friamente racional que toma decisões econômicas baseadas apenas nos próprios interesses, seria mais exato nos chamar de *Homo reciprocans*, refletindo o valor que atribuímos à reciprocidade (especialmente a punição que impomos aos que não retribuem, mesmo que isso tenha custo para nós). [12]

Vamos voltar às coalizões: os indivíduos compartilhavam alimento em bases mais ou menos igualitárias, de modo que as duas partes ficavam de barriga cheia e ninguém se sentia prejudicado. Desenvolvemos então a capacidade de construir alianças e coalizões mais sofisticadas. É comum que dois indivíduos mais fracos decidam se juntar contra o macho alfa, mas por que o fraco não se alia ao dominante e nem fica sozinho? A teoria dos jogos de coalizão pode nos ajudar a elucidar esse ponto. Suponha que haja três jogadores, A, B e C, que diferem em força. A tem uma força de 4, B de 3 e C de 2. Para facilitar, vamos supor que sejam partidos políticos e que sua força é igual ao número de votos. O partido ou coalizão de partidos com o maior número de votos vai formar o governo. Vamos também estipular que nenhum desses três partidos pode formar um governo sozinho, de modo que precisam uns dos outros.

O partido A prefere se juntar ao C — assim como Luit quis se juntar a Nikkie — porque A será então o partido mais forte da coalizão e terá mais poder com relação ao C (com B, o diferencial de poder não seria tão favorável). Mas, precisamente por essa razão, C não quer se juntar a A e prefere ficar com B (isso reflete a aliança entre os dois machos mais fracos, Nikkie e Yeroen). Como B também prefere C, uma coalizão entre B e C é o resultado mais provável. B e C formam então uma coalizão minoritária, com o mínimo de votos necessários. Paradoxalmente, o partido mais poderoso, A (Luit, o alfa), fica excluído da coalizão, o que é chamado de paradoxo da inversão de poder. As coalizões, portanto, são um modo surpreendentemente eficaz de diluir poder.[13] Aliás, depois do resultado inconclusivo das eleições de maio de 2010, os Liberais Democratas (C) foram criticados por terem negociado com os trabalhistas (B). Se os Liberais Democratas tivessem formado uma coalizão com os trabalhistas, teriam sido acusados de favorecer um partido que o público tinha tirado do poder. É por isso que os Liberais Democratas juntaram forças com os Conservadores (A).

Quando esse cenário é recriado em laboratório, as pessoas formam em geral coalizões minoritárias. Estudos sobre as eleições nacionais na Europa também mostram esse resultado (embora em muitos países o partido maior seja o primeiro a formar uma coalizão para evitar a possibilidade de um governo fraco). As grandes coalizões — quando A, B e C se juntam — são relativamente raras e praticamente só ocorrem quando há uma ameaça externa. A Grande Depressão de 1929 levou à formação de uma grande coalizão na Grã-Bretanha; o país formou também uma frente unida, na forma de um Governo Nacional, em reposta às duas guerras mundiais. Vale observar que, quando testamos a teoria dos jogos de coalizão em laboratório, descobrimos que as grandes coalizões se formavam sob duas circunstâncias: primeiro, quando os jogadores de um grupo ficavam sabendo que o grupo rival estava no laboratório (a simples presença do outro grupo era suficiente para despertar uma reação defensiva) e, segundo, quando as mulheres e os homens fisicamente mais fracos (avaliados pela força da mão) estavam participando.[14] Curiosamente, um estudo recente revelou que tanto os homens fortes quanto as mulheres bonitas são negociadores mais duros em transações de negócios. Por terem teoricamente um alto valor como parceiros sexuais, podem sentir que têm direito a uma parte maior do bolo — então, formar relações de coalizão com essas pessoas tem um custo.

As coalizões podem limitar o poder de qualquer indivíduo, certamente com mais eficácia do que um fracote agindo sozinho. Elas têm sido uma força importante na evolução de sociedades igualitárias e democráticas entre os seres humanos. Avançando rapidamente até o mundo moderno, vemos que os governos e os líderes políticos fazem, com relutância, concessões em direção à democracia e ao compartilhamento de poder quando o seu regime está ameaçado. Pense na luta pelo poder entre o Rei Charles I e o parlamento inglês chefiado por Oliver Cromwell, que enfraqueceu severamente o poder supremo da monarquia. No Nepal, a luta recente entre a monarquia e o governo rebelde maoísta fez com que, para sobreviver, a monarquia renunciasse a um poder considerável.

Depois da formação de coalizões, uma segunda condição-chave na evolução do igualitarismo e da democracia é a ameaça de evasão de subordinados. Quando se veem diante dessa perspectiva, os dominantes tendem a jogar a toalha. Os chimpanzés (pelo menos os machos) podem formar coalizões, mas não podem deixar o bando, o que os torna dependentes do alfa. Os nossos ancestrais humanos, no entanto, eram caçadores-coletores nômades que viviam na savana em áreas com baixa densidade populacional. Tinham sempre a opção de ir embora com outros indivíduos prejudicados,

A busca de *status* na savana: o macaco democrático | 97

deixando o *bully* para trás. Veremos brevemente que a perspectiva de deserção era uma estratégia potente para manter líderes opressores sob controle.

Como um rei sem um reino não chega a ser um governante, a perspectiva de ser desertado — especialmente por um seguidor influente, cujas ações podem provocar um êxodo — deve ter temperado as tendências dominadoras. Um aspirante a líder precisaria manter os subordinados felizes e lhes oferecer proteção para induzi-los a ficar. O igualitarismo e a democracia, sugerimos, teriam sido o resultado. Podemos ver essa linha de raciocínio em ação na sequência de acontecimentos que levaram ao colapso do regime comunista na Europa Oriental. Quando um país comunista, a Hungria, abriu a fronteira com a Áustria no dia 19 de agosto de 1989 — para o simbólico Piquenique Pan-europeu, organizado por dissidentes húngaros para dar aos compatriotas uma amostra de uma Europa sem fronteiras — a abertura na Cortina de Ferro atraiu mais do que os esperados participantes do piquenique. Um grupo de 700 a 1.000 alemães orientais, cujo desejo de ir embora tinha sido podado pela presença do Muro viram aí uma oportunidade de fugir.[15] A brecha se escancarou, o gotejamento humano virou uma inundação e logo a Hungria decidiu abrir a fronteira de vez. Trens de carga cheios de alemães orientais afluíam para a Hungria e atravessavam a fronteira para a Áustria, a caminho da Alemanha Ocidental. Num só dia de 1989, nada menos do que 14 mil pessoas fizeram a viagem do Oriente para o Ocidente. Esse acontecimento acabou contribuindo para o colapso do comunismo e para a propagação da democracia na Europa Oriental. Na linguagem dos experimentos de psicologia, a brecha na Cortina de Ferro representou uma "opção de saída": veremos adiante como a disponibilidade de opções de saída tempera as tendências ditatoriais dos líderes.

Então, a passagem do despotismo à democracia dos nossos primeiros ancestrais humanos resultou provavelmente da interação de duas forças: a capacidade de formar alianças e o surgimento de oportunidades de saída. O laboratório, descobrimos, fornece o local de testes ideal para essa hipótese da "origem da democracia". Os participantes formam pares para jogar um jogo em que podem ganhar dinheiro dividindo, digamos, 10 libras. A um deles é atribuído o papel de líder e ao outro o papel de seguidor. Numa versão, conhecida como jogo do *ultimatum*, o líder propõe uma divisão do dinheiro e o seguidor pode aceitar ou rejeitar a oferta. Se rejeitar, ninguém ganha nada: nem ele nem o líder. Isso reflete essencialmente uma configuração democrática. Numa versão alternativa, chamada o jogo do ditador, o líder simplesmente anuncia uma divisão e o seguidor tem que aceitar.

Suponha que você é o líder. Em que cenário você daria mais para o seguidor? Apostamos que você mostraria mais generosidade no cenário da democracia (porque não quer correr o risco de ficar sem nada). A pesquisa mostra que um líder oferece substancialmente mais aos seguidores — umas oito vezes mais — quando é um líder democrático. Na média, oferecem quase 40% da bolada, enquanto um ditador abre mão de cerca de 5% em média. Na versão democrática, a ameaça de ter a sua oferta rejeitada e ficar sem vintém é uma forte razão para o líder se comportar decentemente.[16]

Conduzimos recentemente uma versão um pouco mais democrática do jogo do *ultimatum*, em que os seguidores podiam considerar as ofertas de muitos líderes e rejeitar as que não lhes agradavam. Em outras palavras, os seguidores tinham opções de saída. Com esse refinamento, a maioria dos líderes optou por oferecer uma quota justa (50%). Alguns deram quase todo o dinheiro para o seguidor, o que é a opção racional nesse caso (já que você não quer dar ao seguidor razões para rejeitar a sua oferta, evitando assim ficar sem nada).

A potência de uma opção de saída na fomentação da democracia foi demonstrada por um experimento em grupo no nosso laboratório. Convidamos grupos com seis jogadores cada para participar de uma tarefa de investimento em grupo em que podiam pôr o capital inicial de 3 libras num fundo público. Um bônus de 5 libras era oferecido a cada jogador — mas só se quatro dos seis jogadores investisse o dinheiro inicial. O bônus seria pago a todos os membros do grupo, tivessem feito o investimento ou não. Os membros do grupo não se encontravam face a face, comunicando-se apenas via computador.[17]

Apontamos um líder — na realidade, um computador programado para enviar mensagens-padrão — para cada grupo, para coordenar os jogadores. E variamos o estilo de liderança ente os grupos: ditatorial, democrático e *laissez-faire*.

A mensagem do ditador era a seguinte: "Oi! Serei o líder do seu grupo durante as tarefas. Para garantir que ganhem o bônus, vou tirar automaticamente o dinheiro inicial de quatro de vocês. Não consultarei ninguém sobre a minha decisão, de modo que não poderão opinar sobre fazer ou não o investimento. A cada vez, vou simplesmente tirar o dinheiro inicial de quatro membros que eu escolher para garantir que o grupo ganhe o bônus."

Em contraposição, o líder democrático se apresentava desta maneira: "Oi! Serei o líder do seu grupo durante as tarefas. Para garantir que ganhem o bônus, me informem por favor se estão dispostos a contribuir ou não.

A busca de *status* na savana: o macaco democrático | 99

Vou então pegar as contribuições de quatro dos que se oferecerem como voluntários. No entanto, se não houver suficientes voluntários, terei que tirar o dinheiro inicial de alguém que não se ofereceu, só para garantir o investimento de quatro pessoas."

Por fim, o líder *laissez-faire* enviou a sua. "Oi! Serei o líder do seu grupo durante as tarefas. Para cada tarefa, me informem se estão dispostos a contribuir e pegarei o dinheiro inicial daqueles que se ofereceram como voluntários. Espero que pelo menos quatro pessoas façam uma contribuição a cada tarefa."

Nas três primeiras rodadas do jogo, os jogadores de cada grupo foram informados de que o seu grupo tinha conseguido juntar dinheiro suficiente para ganhar o bônus. Cada um dos jogadores indicava então se queria continuar jogando no mesmo grupo ou passar para o outro, com outro líder. Quase 40% dos jogadores sob o ditador queriam sair, a despeito do grupo conseguir embolsar o bônus. No entanto, só 11% dos jogadores sob o democrata queriam sair. O êxodo levou ao colapso de muitos grupos liderados pelo ditador, já que não tinham mais o número exigido de jogadores (pelo menos quatro) para continuar.

Curiosamente, só 3,4% dos jogadores quiseram desertar do grupo com o líder *laissez-faire*. Isso sugere que as pessoas em geral não querem ser lideradas, a menos que seja estritamente necessário (de novo a nossa aversão por hierarquias de poder ou *status*). Esse experimento — em que os subordinados exerciam o direito a abandonar o navio, a despeito da perspectiva de perder o bônus — é outra demonstração poderosa de por que a ditadura não funciona. Há aqui uma lição para os chefes ditatoriais: os seus melhores funcionários têm opções de saída (outras equipes ou empresas) e é mais provável que exerçam essa opção se sentirem que estão sendo dominados. Os gerentes parecem ter consciência disso: há evidências de que tratam os subordinados que não têm opções de saída pior do que os outros (isso é chamado de efeito de exploração seletiva).

Quase todos os nossos primos primatas são déspotas, enquanto os seres humanos parecem ter uma disposição mais democrática (como membro da tribo que compartilha o alimento e é avesso à iniquidade). Dado o despotismo ainda encontrado entre os chimpanzés (apesar do seu arraigado senso de justiça), é mais provável que essa transformação tenha ocorrido depois que a nossa linha ancestral se afastou da linha dos chimpanzés, de 4 a 7 milhões de anos atrás. É plausível que a divergência psicológica entre as espécies tenha começado há 2 milhões de anos, quando os nossos ancestrais desceram das árvores para colonizar a savana, adotando um estilo de vida caçador-coletor em pequenos bandos. Nesses pequenos bandos móveis, podemos especular, o compartilhamento de comida se tornou essencial para a sobrevivência da tribo.

Um aparte: alguns cientistas sugeriram recentemente que, na nossa espécie, o despotismo pode ter sido enfraquecido pela evolução da prática de atirar pedras. Essa prática pode ter servido para atenuar a hierarquia de dominância porque permite que os fracos ataquem um oponente fisicamente formidável ao evitar o combate frente a frente. O problema de atribuir a democracia humana a essa prática é que ela existe também entre os chimpanzés.[18] Num zoológico, um chimpanzé macho foi visto não apenas atirando pedras, mas escondendo-as antes da hora de o zoológico abrir. Ele escondia uma provisão de pedras e as arremessava quando os visitantes chegavam. O importante é que o chimpanzé nunca mostrava esse comportamento quando o zoológico estava fechado ou fora de temporada, sugerindo um incrível nível de planejamento e previsão cognitiva, antes atribuída exclusivamente à nossa espécie.

Seja qual for a sua origem, esta longa época igualitária persistiu provavelmente até a expansão da agricultura, há cerca de 13 mil anos, quando as diferenças de riqueza e status começaram a surgir e os bandos começaram a se integrar nas sociedades tribais do Grande Homem e depois nas chefaturas com líderes designados, como veremos no Capítulo 5. Obviamente, a democracia voltou várias vezes na história recente e muitos leitores deste livro terão a felicidade de viver numa sociedade democrática (a maioria da população do mundo não compartilha desse privilégio). É então um equívoco localizar a origem da moderna democracia em Atenas ou em Roma do século V a.C. (apesar da etimologia de "democracia", formada pelas palavras gregas demo = povo e kratos = governar — ou "governo do povo"). Essas foram meras manifestações da tendência ancestral ao igualitarismo e à democracia, que já estava conosco a pelo menos 2 milhões de anos (quando trocamos as árvores pela savana).

Antes de nos congratular pelo nosso passado ancestral equitativo, não podemos esquecer que os seres humanos ainda abrigam a tendência, compartilhada com outros primatas, a dominar e a explorar os indivíduos mais fracos (na verdade, a ciência ainda debate se a nossa "verdadeira" natureza é igualitária ou despótica). Cinco minutos num playground infantil confirmam a existência constante de bullies, que dominam fisicamente outras crianças e roubam os seus brinquedos. O igualitarismo pode ter sido conquistado

A busca de *status* na savana: o macaco democrático | 101

mediante uma reversão da hierarquia de dominação, em que os muitos conseguiam controlar os poucos ao se juntarem numa frente unida contra os seus superiores (de novo o poder da coalizão). Como disse o antropólogo Harold Schneider: "Todos os homens procuram mandar, mas quando não conseguem preferem ser iguais." A ideia de uma hierarquia de dominância reversa em que a maioria se ergue para aniquilar coletivamente seus superiores autonominados — assim como os sindicatos mobilizam as massas para lhes dar poder de negociação com os patrões — foi explorada por Christopher Boehm no livro *Hierarchy in the Forest*, um estudo abrangente da estratificação (ou sua ausência) nas sociedades humanas do mundo todo. Boehm reformula o sentimento expresso por Schneider — quando a dominação fracassa, a igualdade basta — da seguinte forma: "A disposição em questão não nos orienta especificamente à igualdade, mas nos torna ressentidos por sermos indevidamente subordinados...."[19]

Essa disposição nos leva a desconfiar daqueles que buscam abertamente o poder, levando-nos a considerá-los gananciosos, vorazes e movidos pelos próprios interesses (Maquiavel reconhece tal fato, ao escrever no tratado *O Príncipe* que os famintos de poder deveriam manter o seu apetite bem escondido). Na verdade, a evidência etnográfica sugere que os grupos caçadores-coletores aplicam uma rica variedade de estratégias para manter os gananciosos confinados. Podemos chamar essas sanções, que diferem em severidade e engenhosidade, de Estratégias para Vencer os Poderosos (EPVP).

Numa sociedade primitiva, a primeira linha de defesa contra um indivíduo opressor é, acredite ou não, a fofoca. Espalhar rumores negativos sobre o líder — sobre a sua torpeza ou vida sexual — pode danificar a sua posição no grupo e, como resultado, desgastar a sua capacidade de realizar a tarefa. Os rumores sobre o caso de Bill Clinton com Monica Lewinsky, estagiária da Casa Branca, danificaram inquestionavelmente o seu mandato: o fato de serem verdadeiros, como muitos rumores são, confirmou a falta de bom-senso de Clinton. A preocupação pública com o caso desviou a atenção das verdadeiras questões políticas.

Robin Dunbar, um cientista evolucionista da Universidade de Oxford, argumentou que a linguagem humana evoluiu com o propósito de espalhar a fofoca, e podemos imaginar como era empregada para manter o igualitarismo.[20] Espalhar rumores não exige muito esforço e pode ser altamente eficaz; quando uma pessoa se torna rica ou poderosa, surgem geralmente as fofocas. A fofoca é uma forma de pôr um ponto de interrogação sobre o caráter da pessoa — vital para os grupos ancestrais erradicarem os folgados que pegavam mais do que a sua parte dos recursos coletivos. Hoje, há uma indústria da mídia dedicada a espalhar mexericos sobre líderes e outros indivíduos estelares, como estrelas de cinema e celebridades do esporte. As colunas de fofoca agem efetivamente como uma restrição ao poder, incluindo o poder corporativo, já que há tantas colunas de jornal, avidamente lidas, devotadas aos figurões do mundo dos negócios. E por mais que se reclame dos *paparazzi*, que servem de instrumento para uma obsessão barata por trivialidades, eles desempenham um papel importante na proteção à nossa democracia. Randy Cohen, especialista em ética do *New York Times*, é um grande defensor da fofoca: ele diz que a única diferença entre fofoca e notícia é a intenção do mensageiro e não a veracidade da informação (a fofoca muitas vezes se revela verdadeira). Mas, segundo ele, a fofoca, ao contrário da notícia, seria motivada pelo desejo de prejudicar (os seguidores a usariam para prejudicar a reputação dos que estão no poder).

Depois da fofoca, as discussões públicas são a nossa segunda EPVP. A maioria dos bandos e tribos tem reuniões públicas em que os homens adultos se reúnem para tomar decisões que afetam o grupo como um todo, como a decisão de invadir ou não um território vizinho. Essa é a arena em que as críticas são expostas. Há um roteiro que os líderes têm que seguir rigorosamente: eles não podem ser vistos como dominadores. Por exemplo, o antropólogo australiano Mervyn Meggit descreveu a complexa coreografia social dos Mae Enga, uma sociedade tribal da Papua Nova Guiné, na decisão sobre o início de uma guerra:

Os homens que iniciam a conferência ou os seus porta-vozes indicam brevemente sua visão da posição do clã e da ação que preferem. Podem argumentar que o momento é a hora de um ataque em grande escala contra o clã vizinho com o objetivo de ocupar uma parte específica do seu território. O principal Grande Homem [líder] solicita então respostas do público. Idealmente, todos os presentes têm direito a uma opinião e, estando entre os membros do seu próprio clã, podem falar com total liberdade. Nesse estágio, a tarefa do Grande Homem é garantir que todos tenham a oportunidade de dar a sua opinião e apresentar os fatos, sem tentar interromper nenhuma fala, a não ser as obviamente irrelevantes.

Acredita-se que só assim cada membro da tribo pode apurar o pensamento dos outros e a evidência por trás dele. Assim instruído, pode manter ou modificar as próprias ideias, e as suas reações afetarão por sua vez a reação dos outros. Naturalmente, o Grande Homem e os líderes de combate têm a própria visão de um resultado apropriado para a discussão. Mas nenhum deles, especialmente nas primeiras sessões, revela muito do que pensa e nem tenta patentemente forçar a aceitação de suas sugestões.[21]

As sessões do Parlamento ou do Senado são versões atuais dessa SPVP, assim como as reuniões gerais anuais e as reuniões de acionistas na esfera dos negócios.

Quando uma pessoa influente sai da linha, há evidências de que os grupos caçadores-coletores lançam mão de uma terceira SPVP: a sátira, que é a crítica direta fermentada com humor. O antropólogo canadense Richard Lee tomou conhecimento disso da pior forma, durante a época em que viveu com um bando da tribo !Kung San.[22] Ele deu ao bando um vaca gorda — um presente que foi rejeitado e ridicularizado porque, para a tribo, significava arrogância ou motivos ulteriores. Como contou Lee, a recusa foi justificada da seguinte maneira: "Quando um jovem caça muito, ele começa a pensar em si mesmo como o Grande Homem. E pensa no resto de nós como seus servos ou inferiores. Não podemos aceitar isso. Recusamos quem se gaba porque, um dia, o seu orgulho o fará matar alguém. Então, sempre falamos dessa carne como inútil. Assim, esfriamos o seu coração e o tornamos gentil." Não que Lee tivesse motivo para se sentir mal: a prática de "insultar a carne" é comum entre os !Kung , acompanhada em geral de uma provocação bem-humorada contra aqueles que caçam mais. Essa caçoada tempera a tendência à jactância, considerada prejudicial ao *ethos* igualitário do grupo.

Esta técnica — usar o humor como arma crítica — é surpreendentemente ubíqua. A nossa pesquisa sugere que o humor e seu produto, a risada, são uma ótima maneira de aliviar a tensão num grupo e podem suavizar as relações entre superiores e subordinados. Os bobos da corte eram usados muitas vezes para expressar os pensamentos das pessoas: ninguém podia se ofender se as verdades eram enfeitadas com música, dança e malabarismos. Em *Fools Are Everywhere*, um estudo sobre bobos da corte ao longo da história, Beatrice K. Otto escreve: "O bobo da corte é um fenômeno universal. Ele surge em toda corte que se preza na Europa medieval e da Renascença, na China, na Índia, no Japão, na Rússia, na América e na África. Uma cavalgada de bobos atravessa às cambalhotas os séculos e os continentes, e é possível circundar o globo seguindo os seus passos."[23] O equivalente atual do bobo da corte é a sátira na mídia, como o programa britânico *Have I Got*

104 | Naturalmente Selecionados

News for You, que satiriza políticos, e seu primo americano, *The Daily Show with Jon Stewart*, sem esquecer as revistas e blogs satíricos.

Quando a fofoca, as discussões públicas e a sátira caem em ouvidos moucos surdos, uma quarta EPVP é a desobediência. Várias ações se agrupam sob o guarda-chuva da desobediência, que vão de ignorar as instruções do líder a assassiná-lo. Nas sociedades ancestrais, a atitude mandona — mesmo por parte de indivíduos que gozavam de uma posição de autoridade por meio, digamos, da responsabilidade de manter a paz — não era tolerada. Entre os Iban, uma sociedade tribal nas Filipinas, ninguém ouve um líder que dá uma ordem em vez de fazer uma sugestão. Os grupos caçadores-coletores são orgulhosamente autônomos, e a noção de obediência fora dos domínios familiares não existe. Schneider observou uma vez que os líderes tribais da África Oriental "não podem mandar as pessoas fazer isso ou aquilo".

Um lado mais sombrio da desobediência é o ato de depor líderes faltosos. Desnudados do seu *status*, esses indivíduos desonrados são então mandados de volta à vida comum no grupo caçador-coletor, ou banidos. Por exemplo, entre os Bantu, um chefe pode ser destronado pelos próprios parentes. Entre os Kuna do Panamá, o chefe é removido se deixar de consultar o povo antes de tomar uma decisão, se mostrar raiva violenta ou se tiver um comportamento imoral. Uma manifestação moderna dessa estratégia é o *bossnapping* — manter o chefe como refém em protesto contra cortes de empregos. No início de 2009, empresas como a Sony France, a 3M e a Caterpillar sentiram a ira dos trabalhadores franceses por meio de episódios de *bossnapping*. O interessante é que pesquisas feitas na época mostravam um amplo apoio a tais medidas desesperadas. O *Newsweek* relatou: "Quase dois terços dos entrevistados disseram que esses métodos não deviam ser punidos porque 'são muitas vezes o único jeito dos funcionários serem ouvidos'." Em outras palavras, o público aprova muitas vezes os subordinados que tomam a solução do problema nas próprias mãos, mesmo que a sua ação seja ilegal.[24]

A deserção também cabe sob o guarda-chuva da desobediência, e acontece em tribos nômades como os beduínos na África Saariana. O líder perde a proteção do grupo e pode ser morto por outras tribos. Como foi demonstrado no nosso experimento de investimento, a deserção é uma tática comum entre seguidores desgostosos. Mas, em comunidades sedentárias, desmontar a barraca não é uma opção: o ostracismo é mais eficaz. Na verdade, experimentos recentes revelam que, quando alguém é banido num ambiente de laboratório, o centro da "dor" do cérebro é ativado. Ser ignorado pode ser mesmo um sofrimento.[25]

A quinta e mais drástica EPVP é o assassinato. Os assassinatos de líderes têm sido documentados por antropólogos em muitas sociedades primitivas — não se trata de um fenômeno contemporâneo. Por exemplo, na Papua Nova Guiné, um líder que excede seriamente as suas prerrogativas pode receber da comunidade uma sentença de morte — que costuma ser executada pelos próprios parentes (para evitar retaliações entre diferentes famílias). Com a difusão de armas como lanças e facas, e depois as armas de fogo, ficou mais fácil, para seguidores desgostosos, eliminar um chefe (como vários presidentes norte-americanos descobriram da maneira mais difícil). Paradoxalmente, a difusão de armas entre os membros do bando pode ter estimulado a difusão da democracia porque essa é uma forma barata e eficaz de manter os ditadores fora do poder.

Todas essas EPVPs são extremas: a maioria dos bandos nas sociedades pratica a liderança dispersa, em que os indivíduos lideram apenas em esferas que conhecem bem. Assim, o mais competente caçador tem a tarefa de procurar alimento e o melhor guerreiro lidera a batalha; fora desses domínios, esses indivíduos continuam sendo pessoas comuns. Essa liderança com base na competência é muito comum tanto nos grupos caçadores-coletores quanto na sociedade moderna. Por exemplo, pessoas com talento para os números muitas vezes se tornam CEOs de importantes firmas de contabilidade. Muitos donos de restaurante se iniciam como *chefs* (você verá no Capítulo 3 que esses são os caminhos mais percorridos pelos "aprendizes", uma classe de seguidores que alcança posições de liderança aprendendo com quem sabe).

Isso é liderança baseada em prestígio e não dominância, já que o *status* é conferido por intermédio da capacidade e não do tamanho.[26] Embora pareça meritocrática, a liderança baseada em prestígio não é tão simples quanto parece, já que resta a possibilidade de a liderança se "alastrar": rotas através das quais ela pode se espalhar de um domínio para o outro, abrindo a porta para aspirantes a dominadores.

Primeiro, a liderança moderna exige em geral mais do que destreza em uma única área. Além disso, o líder tem que manter o grupo coeso. Assim, além de precisar saber a diferença entre metralhadoras de lançadores de mísseis, um general precisa também manter alto o espírito do pelotão.

Segundo, na ausência de salário e benefícios, é possível que os líderes ancestrais concordassem em distribuir sua sabedoria duramente conquistada sob a condição de terem mais influência em outras questões. Essa forma de alastramento da liderança acontece ainda hoje: Joanna Lumley usou o prestígio como atriz para montar uma campanha a favor dos soldados Gurkha (o governo britânico acabou atendendo ao seu pedido, permitindo que os soldados nepaleses que lutam pela Grã-Bretanha se estabeleçam no país). Sir Bob Geldof usou a fama como músico para criar o Live Aid, tornando-se uma figura importante na luta contra a pobreza global. O alastramento da liderança é o fenômeno que está por trás de toda linha de roupas endossada por uma celebridade. Pessoas famosas, como David Beckham, Tiger Woods e Madona se transformam em marcas porque a excelência numa esfera faz com que a nossa mente pré-histórica acredite que a sua opinião vale também em outras esferas.

Uma terceira razão para o alastramento da liderança é que alguns dos atributos que fazem de alguém um guerreiro melhor ou um diplomata mais natural são traços genéticos que transcendem domínios específicos — levando essa pessoa a liderar numa série de domínios (assim, uma representante de classe se torna CEO e depois governadora). Exemplos de traços genéticos podem ser inteligência, personalidade e dinamismo. Uma pessoa com abundância dessas três qualidades tende a acumular poder em muitos domínios diferentes, conquistando um papel importante em questões públicas. Isso pode lhe dar também uma abertura para dominar.

A liderança baseada em prestígio apresenta também outro desafio: como o grupo vai saber quem é bom naquilo? Se numa equipe de gestão de projetos há um Einstein cuja genialidade não é percebida pelos outros membros, é muito pouco provável que esse Einstein se torne o líder. Essa é uma dificuldade que muitos grupos enfrentam: como reconhecer o *know-how* uns dos outros. Como identificar quem é o melhor colega para liderar a nova campanha publicitária, ou qual é o político mais adequado para liderar o país numa guerra? Em outras palavras, como identificar a melhor pessoa para seguir? Esse é exatamente o tipo de dilema que enfrentamos quando elegemos políticos e apontamos executivos, especialmente os que têm pouca experiência ou história pregressa. Isso formará a base do Capítulo 6. Mas antes, no próximo capítulo, concluiremos a nossa jornada pela história da evolução humana. Vamos descobrir que, depois de um longo período vivendo em comunidades igualitárias, uma mudança histórica na nossa maneira de nos alimentar reacendeu a nossa propensão primatológica a dominar. Essa propensão foi aperfeiçoada por um elenco colorido de tiranos, déspotas, cleptocratas e ditadores, inclinados a permanecer no poder e a colher os imensos benefícios reprodutivos.

5
O nascimento da corrupção

Não penseis, camaradas, que a liderança seja um prazer. Pelo contrário, é uma enorme e pesada responsabilidade. Ninguém mais que o Camarada Napoleão crê firmemente que todos os bichos são iguais. Feliz seria ele se pudesse deixar-vos tomar decisões por vossa própria vontade; mas, às vezes, poderíeis tomar decisões erradas, camaradas; então, onde iríamos parar?

George Orwell, *A Revolução dos Bichos*

Uma das realizações mais notáveis de Mobutu Sese Seko, que governou o Zaire (agora República Democrática do Congo) de 1965 a 1997, foi construir um aeroporto em sua vila natal de Gbadolite com uma pista longa o suficiente para acomodar um Concorde. Isso lhe permitia fretar a aeronave quando bem entendesse para transportá-lo da selva às Nações Unidas, para fazer os seus discursos, e para levar a família às compras em Paris. Enquanto a clã Mobutu bebia champanhe rosada e enchia as suas malas com artigos de marca, a infraestrutura da nação apodrecia, os funcionários públicos continuavam sem receber e os congoleses morriam de fome.[1]

O nome Mobutu passou a simbolizar uma forma de governo conhecida como cleptocracia, que significa essencialmente governar por meio do roubo. Estima-se que, durante o seu reinado, ele tenha embolsado 5 bilhões de dólares de recursos do estado (vindos das vastas reservas naturais do Congo, como cobalto, cobre e diamantes), que foram levados para bancos estrangeiros e depositados em contas pertencentes a ele e à sua família. Mobutu, protegido por guarda-costas recrutados na sua própria tribo bangala, ostentava casas de férias em Paris e na Riviera Francesa, assim como mansões na Espanha, em Portugal, em Marrocos e no Senegal. A corrupção era tão endêmica que muitas vezes o próprio Mobutu era explorado. Um membro da família revelou: "Mobutu pedia a um de nós que fosse ao banco para sacar um milhão. Procurávamos um intermediário e lhe dizíamos para sacar cinco. Ele ia ao banco com a procuração de Mobutu e sacava dez. Mobutu recebia um e ficávamos com nove."

O Presidente Mobutu governava o país mediante uma combinação de terror e hábil manipulação política. Nos primeiros anos, ordenava a execução de rivais políticos em espetáculos ao ar livre assistidos por milhares de pessoas. Certa vez, convenceu um rival político a voltar do exílio com a promessa de anistia e então o torturou até a morte, arrancando-lhe os olhos, removendo-lhe os genitais e amputando-lhe os membros. Depois, Mobutu passou a subornar os rivais políticos e a criar à sua volta um culto à personalidade. Mudou o nome para Mobutu Sese Seko Nkuku Ngbendu wa Za Banga, que significa "guerreiro todo-poderoso que, graças à persistência e inflexível vontade de vencer, vai de conquista em conquista deixando fogo em seu rastro". Concedeu a si mesmo títulos como Pai da Nação, Salvador do Povo e Combatente Supremo. Havia o seu retrato pendurado em todos os espaços públicos. Todas as noites, o noticiário da TV abria com imagens dele descendo dos céus através das nuvens. Numa das eleições presidenciais, foram oferecidas duas cédulas aos eleitores: a verde representava Mobutu e a Esperança e a vermelha representava o Caos. Mobutu venceu com 10.131.699 votos contra 157.

De maneira surpreendente para um ditador, Mobutu morreu de morte natural em 1997, ainda no cargo (77% dos ditadores do século XX sofreram tentativas de assassinato). Mas, em certo sentido, Mobutu ainda está conosco. Ele teve dezessete filhos, sugerindo que mesmo nos dias de hoje, o despotismo compensa em termos de sucesso reprodutivo.[2]

Por que governantes despóticos como Mobutu surgem de tempos em tempos na nossa espécie aparentemente igualitária? Não somos, afinal, uma espécie em que os machos se entregam a batalhas de vida ou morte para conquistar o poder e muito mais (mulheres e comida). A maior parte da evolução humana ocorreu em pequenos bandos com diferenças mínimas de poder entre os indivíduos, em que o alcance da influência dos líderes era muito pequeno. Se esse período moldou a nossa psicologia de liderança e seguidança, então como explicar a emergência de ditadores, déspotas e tiranos na história recente da humanidade? De que rincão do espaço evolutivo surgem essas pessoas agressivas e manipuladoras, que exploram e dominam os subordinados? Seriam esses governantes despóticos acidentes históricos ou a encarnação de um impulso inato de dominação que é parte da nossa origem primata? A teoria evolucionista da liderança favorece a última explicação — que a nossa tendência primitiva a dominar e explorar os outros, compartilhada com chimpanzés e gorilas, foi desencadeada pela revolução agrícola há 13 mil anos. A comida não precisava mais ser compartilhada:

era abundante (para os que tinham o poder) e podia ser estocada. Esse simples fato criaria uma arquitetura e uma dinâmica sociais muito diferentes: sociedades sedentárias, o nascimento das profissões (porque as pessoas não precisavam mais ir à cata de alimentos) e, como veremos, corrupção.[3]

Antes da agricultura, os seguidores eram uma força poderosa: por meio da ação coletiva e do uso de EPVPs (Estratégias para Vencer os Poderosos), eles mantinham os líderes sob controle. Depois da agricultura, essa dinâmica mudou a favor dos líderes, que podiam estocar recursos e usá-los como meio para preservar o poder. Essa alteração constante no equilíbrio do poder faz com que os seguidores se sintam fundamentalmente ambivalentes com relação aos líderes e vice-versa. Os seguidores querem ser liderados mas não dominados e para os líderes é mais fácil dominar do que persuadir. Isso pode ser chamado de hipótese da ambivalência.

As sociedades nômades coletoras-caçadoras fazem de tudo para preservar a igualdade entre os membros do grupo porque vivem em níveis marginais de subsistência. Para sobreviver, os membros precisam ficar juntos e compartilhar os recursos. Se alguém tem a sorte de caçar um animal, o bando faz com que a carne seja distribuída com justiça. Mesmo que o caçador resista, o bando simplesmente se apodera da caça — o compartilhamento da carne é na verdade uma forma tolerada de roubo. Esse espírito de compartilhamento é prático porque (a) os bandos coletores-caçadores não conseguem estocar a carne excedente por muito tempo e (b) o indivíduo que tem a sorte de caçar num dia pode não ter a mesma sorte no dia seguinte, dependendo assim da gratidão dos outros para a sua sobrevivência futura. Os antropólogos sugerem que o compartilhamento da comida é uma forma de redução de risco (é a reciprocidade redutora de riscos). O legado evolutivo do compartilhamento da carne permanece conosco até hoje: em muitas culturas, uma refeição compartilhada é governada por uma etiqueta estrita, sendo os melhores pedaços oferecidos aos convidados.

A revolução agrícola que se propagou pelo mundo há cerca de 13 mil anos mudou essa prática igualitária porque criou enormes desigualdades em riqueza e poder entre os indivíduos. A domesticação de plantas silvestres, como o milho e o trigo, e de animais, como a vaca e a galinha, transformou caçadores-coletores em agricultores e gerou uma estrutura social totalmente nova. Em ricas terras aráveis como o Crescente Fértil no atual Iraque e a Bacia do Rio Balsas no México (onde o milho parece ter sido domesticado),[4] a agricultura era muito produtiva e, pela primeira vez na história humana, havia comida excedente. É difícil compreender quão significativo foi esse marco — e as grandes mudanças sociais, culturais e políticas que floresceriam com essa nova vida de abundância agrária.[5]

Para cultivar a terra, as pessoas permaneciam perto da plantação, o que levou ao surgimento de assentamentos e ao declínio do modo nômade de vida. As comunidades se tornaram sedentárias (embora nas sociedades pastoris as pessoas ainda se deslocassem sazonalmente com seus rebanhos) e o alimento se tornou abundante. Essa prodigalidade nutricional parece ter causado a expansão da população. A confiabilidade do suprimento de alimentos liberou as pessoas da necessidade de sair à cata de comida, permitindo-lhes desenvolver outras habilidades — e levou a novas profissões, como a manufatura de ferramentas, a cerâmica e a tecelagem. Especula-se também que, como não precisavam mais carregar os filhos pequenos em expedições à cata de comida, as mulheres tinham filhos com mais frequência e os deixavam aos cuidados de não parentes.

Dessa forma, o advento da agricultura, às vezes chamado de Revolução Neolítica, teria tido consequências consideráveis para a liderança e a seguidança. Há até evidências de que a agricultura deixou uma marca biológica no genoma humano. A capacidade de digerir leite animal em algumas populações adultas, especialmente na Europa e no Norte da África, é uma consequência direta da criação de gado. Pelo menos duas vezes na história humana (uma vez na Europa e uma vez na África), essa prática cultural levou ao surgimento de um alelo genético que tornou os adultos tolerantes à lactose (lactose é o principal açúcar encontrado no leite). Nas culturas que não desenvolveram a criação de gado, o genoma não mostra sinal algum de ter se adaptado para a disponibilidade de leite e os laticínios só são tolerados na primeira infância (quando o bebê ainda mama o leite materno). Isso explica por que metade dos adultos do mundo tem câimbras e diarreia depois de consumir laticínios.[6]

É difícil dizer se a revolução agrícola produziu uma mudança genética correspondente em nossa psicologia inata de liderança, mas produziu por certo uma mudança cultural, já que deu aos governantes a oportunidade de acumular mais poder. Isso se deve a dois fatores: primeiro, a lavoura e o comércio permitiram que desigualdades de fortuna e *status* surgissem entre as famílias, criando uma classe alta, a elite, e uma classe baixa, a plebe; segundo, como as populações cresceram e as pessoas começaram a passar mais tempo nos assentamento, houve um impulso a regular as interações entre elas. Ao contrário dos caçadores-coletores nômades, que simplesmente seguiam caminho quando entravam num conflito social, os habitantes assentados precisavam descobrir um modo mais permanente de resolver as suas disputas. Além disso, a cooperação entre os vilarejos se tornou essencial para enfrentar as ameaças de inimigos determinados a saquear e pilhar.

De volta à lavoura: a prática levou ao nascimento de sociedades tribais no mundo todo. Cada tribo era composta de vários clãs interrelacionados e podia chegar a várias centenas de pessoas. Cada tribo tinha o seu Grande Homem — agora, com esse agrupamento social maior, ele tinha que disputar a influência com outros Grandes Homens.

À medida que os assentamentos agrícolas inflaram e as sociedades se tornaram mais desiguais, os Grandes Homens já não eram suficientemente grandes para a tarefa. Num assentamento expandido, não se vivia mais o tempo todo ao lado de parentes genéticos, uns cuidando dos outros. Como consequência, a estrutura familiar teve que se tornar mais formal para regular o ajuntamento de diferentes famílias. Dessa soma de tribos e bandos não relacionados — não mais ligados pelo sangue — veio a necessidade de apontar líderes, inventar regras e escrever leis, para melhor regular as interações sociais.

Ao lado dessa pressão interna por coesão, as sociedades precisavam também se proteger de ameaças externas vindas de vizinhos saqueadores, determinados a se apoderar do alimento e das riquezas. Além de sedentários, os assentamentos se tornaram fortificados, protegidos por muros e exércitos. Num piscar de olhos evolutivo, a sociedade humana mudou: graças à lavoura, a estrutura tribal escorada por Grandes Homens foi usurpada por chefaturas unidas por uma estrutura mais rígida de liderança. Podemos especular que, nessa época, os Grandes Homens desejosos de reunir mais poder procuraram ficar em primeiro plano na tentativa de liderar essas chefaturas.

As primeiras chefaturas surgiram há cerca de 7.500 anos no Crescente Fértil e há cerca de 3 mil anos no continente americano, nas regiões do México e dos Andes, e nas ilhas do Havaí na Polinésia.[7] As chefaturas eram muito mais populosas do que as tribos, tendo de vários milhares a várias dezenas de milhares de pessoas, e esses assentamentos recém-aumentados enfrentavam novos perigos sociais. Pela primeira vez na história humana, as pessoas tinham que conviver de perto com outras que não eram parentes. O potencial para a violência estava sempre presente: para contê-lo, a solução era apontar um único indivíduo, o chefe (pense nele como um Grande Homem que ganhou uma promoção), e dar a ele o monopólio do uso da força.

Esses chefes eram prontamente identificáveis por meio do uniforme, em geral colorido e extravagante, que servia como símbolo da sua posição de prestígio. Ocupavam a maior casa do vilarejo e transmitiam o poder através da linhagem sanguínea; esse é o primeiro aparecimento na história humana do poder hereditário, com o bastão da influência passando em geral do pai para o seu primogênito. Com o poder veio a responsabilidade: os chefes tinham a responsabilidade de manter a paz e de distribuir os recursos públicos, como alimentos (falhar nessas tarefas básicas provocaria certamente uma das nossas EPVPs, como desobediência ou deserção). Suas funções incluíam criar e manter serviços públicos, além de proteger a chefatura.

Uma das tarefas do chefe era receber o trigo de todos os agricultores na época da colheita e depois organizar uma festa pública (ou estocar o trigo para distribuí-lo nos períodos entre as colheitas). Parte desse alimento não era redistribuída, mas subtraída pelo chefe, por sua família e pelos burocratas que cuidavam do sistema. Isso equivalia a uma forma rudimentar de taxação. Além de bens físicos, como o trigo, os chefes exigiam trabalho dos plebeus, principalmente para construir estruturas cívicas para o bem público, como sistemas de irrigação para as lavouras. Mas a corrupção foi se instalando: algumas obras, tais como casas opulentas e tumbas luxuosas, não pareciam ter utilidade alguma além de massagear o ego do chefe e dos seus parentes sortudos (lembre-se das casas de luxo de Mobutu).

Finalmente, os chefes tinham autoridade para reunir grupos de homens armados para defender o próprio território e conquistar outros (às vezes transformando em escravos os habitantes dos assentamentos conquistados). Esses guerreiros tinham um papel importante na proteção e expansão das chefaturas. Mas os chefes podiam dar um uso nefando aos seus guerreiros, empregando-os para resolver disputas pessoais e reprimir rebeliões públicas. Mobutu era sempre guardado por soldados da sua própria tribo: era o seu exército pessoal.

Assim, o surgimento das chefaturas criou uma situação tensa entre líderes e seguidores; essa nova ordem social, necessária nos grandes assentamentos com recursos excedentes para proteger, proporcionou uma oportunidade perfeita para os déspotas fazerem seu aparecimento ostentoso. Não que todos estivessem nessa: às vezes os chefes eram governantes agradáveis que prestavam serviços valiosos para elevar o padrão de vida de todos. Mas muitas vezes eram cleptocratas loucos por poder, que exploravam e tiranizavam os plebeus roubando-lhes o trabalho e a fortuna para enriquecer e enriquecer a família.[8]

Os déspotas não se importavam com a impopularidade porque o pagamento compensava. A teoria darwiniana prevê que qualquer comportamento que maximize a descendência tende a se expandir. E o fato é que os caras maus se reproduzem mais do que os bons. Classificamos uma amostra multicultural de 104 sociedades tradicionais (dos astecas na América aos !Kung africanos) em termos de desigualdade de poder (usando perguntas como "os conflitos são resolvidos com viés, como por exemplo um indivíduo ser imune a sanções?") e depois em termos dos haréns mantidos pelos líderes: com isso, conseguimos uma nítida correlação positiva entre despotismo e sucesso reprodutivo.[9] Isso nos remete aos três Ss de salário, *status* e sexo: os chefes podiam usurpar alimentos e outros recursos, aumentando o seu poder (um substituto de *status*) e expandindo assim suas oportunidades sexuais. Já as mulheres buscam homens com alto *status* porque sabem que seus filhos serão bem cuidados. É por isso que tantos magnatas de aparência pouco notável têm facilidade para atrair belas mulheres.

Em nenhum outro lugar essa conexão perversa entre despotismo, poder e sexo ficou mais clara do que em Daomé, um reino pré-colonial na África Ocidental fundado no século XVII e conquistado pelos franceses em 1894 (o atual Benin). O reino ganhou notoriedade por suas amazonas, mulheres guerreiras, e pela predileção por sacrifícios humanos. Qualquer mulher, casada ou não, podia ser levada para o harém do rei. Como disse um escritor: "Relatos sobre o fantástico número de mulheres casadas com o potentado têm sido divulgados; em números redondos, a fonte daomeana menciona em geral vários milhares."

O rei de Ashanti — o Império Ashanti é agora um miniestado constitucionalmente protegido dentro de Gana — teria 3.333 mulheres. Levando-se em considração o número de filhos, o recorde parece ser de Moulay Ismail, o Sanguinário, imperador do Marrocos na virada do século XVII. Seu harém de 500 mulheres teria produzido 888 filhos. A mulher que chegava aos 30 anos era banida do harém do imperador e substituída por uma mais nova. A tendência de estadistas africanos a exacerbar prodigiosamente sua linhagem genética prosseguiu nos tempos modernos com líderes como Idi Amin, o antigo presidente ditatorial de Uganda. Ele dizia ter tido 6 mulheres e ser pai de pelo menos 30 filhos. Jacob Zuma, o atual presidente polígamo da África do Sul, fez 20 filhos, um dos quais de um caso recente, para a contrariedade de muitos sul-africanos que acreditam que seu líder precisa mostrar um certo decoro. Esse protesto público é exatamente o que a teoria evolucionista da liderança preveria.

114 | Naturalmente Selecionados

Esse não é um fenômeno puramente africano. Nas ilhas Samoa, os chefes podiam se casar 50 vezes e a cabana de um chefe Natchez na América do Norte podia conter 4 mil camas. Na encarnação contemporânea, os homens ricos têm mais ligações sexuais e, à medida que a sua renda cresce, a idade das mulheres com que se relacionam decresce (aumentado assim as suas chances de procriar). Não é incomum que ricos homens de negócios deixem atrás de si um rasto de casamentos: Rupert Murdoch e Jack Welch estão no terceiro casamento, enquanto Larry Ellison está no quarto.

O antropólogo Napoleon Chagnon, que passou grande parte da vida profissional entre os ianomâmis, foi claro a respeito da relação entre poder e sexo: "Se considerarmos a poligamia [a forma de poligamia em que um homem tem mais de uma mulher] como pré-requisito dos líderes e uma medida de desigualdade, então nas chamadas sociedades igualitárias do mundo, nem todos os homens são de fato iguais...." O despotismo é um caminho fácil para a riqueza — e por meio dos três Ss, uma forma altamente eficaz de espalhar os próprios genes. Por ser geneticamente vantajoso, o despotismo continua até hoje na nossa espécie.

Com a intensificação da agricultura, mais gente podia ser alimentada e os assentamentos se expandiram. As chefaturas evoluíram para reinos, que eram os primeiros protótipos das nações-estado que conhecemos hoje. Esses estados incipientes surgiram na Mesopotâmia há cerca de 7.500 anos e há cerca de 1.000 anos na África Ocidental. Tinham várias características em comum com as chefaturas: tinham reis como líderes hereditários que monopolizavam a tomada de decisões e o uso da força. Os estados eram, na verdade, chefaturas extremamente grandes. A maioria dos países modernos tem mais de um milhão de habitantes e a China tem hoje mais de um bilhão. Além disso, os estados são subdivididos em cidades e regiões, uma das quais será a sede do poder (onde vivem o governante e a sua elite, geralmente a capital).

O rei no seu reino era muito mais poderoso do que o chefe em sua chefatura: a autoridade do rei e o seu poder para redistribuir a riqueza eram muito mais extensos. Uma população maior significava também maior divisão de trabalho e mais especialização. A administração do governante foi grandemente expandida e surgiram diferentes ramos do governo para supervisionar aspectos díspares de questões públicas, como impostos, administração da água, polícia e relações estrangeiras. A manutenção da paz interna se tornou cada vez mais formalizada, abrangendo leis, um poder judiciário e uma força policial. Em geral, as leis eram escritas pela elite alfabetizada (curiosamente, a escrita parece ter sido inventada simultaneamente na Mesopotâmia e na América Central, sugerindo que a prática, iniciada por volta de 3.500 a.C., pode ter surgido como forma de coordenar e unificar grandes grupos de pessoas).[10]

A coesão dos primeiros estados era mantida também por meio da religião organizada e dos templos de adoração. Muitos reis antigos se consideravam subordinados apenas a Deus, dando aos cidadãos a tranquilidade de serem subordinados a alguém, e essa ideia foi usada para justificar o absolutismo real (o direito do monarca a governar como bem entendesse, conhecido também como "direito divino dos reis"). Os antigos reis eram também chefes da religião do estado ou tinham alto sacerdotes.

À medida que os estados se expandiam com a conquista de territórios, a guerra se tornou inevitável. Isso levou ao surgimento dos exércitos, tornando os reis chefes militares. Um exemplo é Carlos Magno, o líder do século VIII cujas investidas militares pela Europa Ocidental levaram à formação da Germânia e da França. Os chefes militares eram homens duros e agressivos que construíram coalizões de seguidores em torno do propósito comum de extrair recursos pela força, sendo que a lealdade dos seguidores era recompensada com riqueza, poder e privilégio. É provável que a expansão dos estados tenha semeado os primórdios da estrutura de classes sociais: o governante e seus devotos constituíam a classe mais alta, e os vencidos a classe inferior dos servos.

As sociedades guerreiras eram a norma nos primeiros estados pré-industriais, como a França medieval. Uma porção substancial da humanidade atual, incluindo pessoas que vivem em partes da Ásia e da África, no Oriente Médio e na América do Sul, ainda é governada dessa maneira opressiva. Sempre que cai um governo centralizado, como no Afeganistão e na Somália, tendem a surgir tiranos ou chefes militares. Em geral, a sua sede de poder entra em conflito com a nossa psicologia inata de liderança, fundamentalmente democrática.[11]

Assim, depois de uma longa história evolutiva como primata dominante, depois como ser humano democrata e, finalmente, graças à agricultura, como ser humano despótico, chegamos ao período final que deu forma ao panorama da liderança. Isso corresponde mais ou menos ao início da Revolução Industrial há 250 anos. As modernas nações-estado abrangem pessoas vindas de diferentes culturas e falando línguas diferentes. A divisão de trabalho foi levada ao extremo, sendo que os especialistas são selecionados com base na capacidade e não com base no parentesco ou lealdade tribal

116 | Naturalmente Selecionados

(como era o caso nas chefaturas e nos primeiros estados). Ao contrário dos seus predecessores escravizados, os cidadãos das modernas nações-estado — e os trabalhadores — ficaram livres de líderes opressivos porque tinham a opção de se defender. Essa liberdade alterou o equilíbrio do poder, que saiu das mãos dos líderes para favorecer a democracia. Os líderes não podiam mais governar sem levar em conta os seguidores. Os que o fizeram perderam atividades valiosas: a cidade francesa de Lyons perdeu a maioria dos seus tecelões de seda, que fugiram para a Bretanha no final do século XVII. Os huguenotes, como eram chamados os protestantes franceses refugiados, atravessaram o Canal para escapar à perseguição pelos católicos. A perda de Lyons foi um ganho para Londres: os tecelões, armados com uma técnica recém-inventada para dar brilho à seda, desenvolveram um comércio florescente que é homenageado nos nomes das ruas do East End, como Silk Street e Loom Court. Uma analogia contemporânea seria a perda de cientistas quando George W. Bush dificultou a pesquisa com células--tronco. Muitos biólogos importantes foram para outros países, incluindo o Reino Unido. Agora que Barack Obama acabou com as restrições impostas por seu predecessor a essa pesquisa — e destinou milhões de dólares para esse fim — as instituições britânicas temem que os jovens talentos desertem cruzando o Atlântico.[12]

Para manter o bom funcionamento de companhias e estados culturalmente diversos, os líderes não eram mais apontados com base em vínculos de sangue. Países como a França, a Alemanha e os Estados Unidos abandonaram o princípio do governo hereditário remanescente das chefaturas. Alguns chegaram a uma solução conciliatória criando um monarca constitucional como chefe simbólico (a Rainha Elizabeth II na Inglaterra e a Rainha Beatriz nos Países Baixos), com uma linha de sucessão hereditária, e um primeiro-ministro encarregado de um governo democraticamente eleito e que, na verdade, dirige o país como um administrador. Essas estruturas híbridas podem favorecer a estabilidade política porque o poder não fica concentrado nas mãos de um indivíduo. Em tempos difíceis, um estado com monarquia e governo eleito pode se sair melhor: o primeiro-ministro pode se dar ao luxo de tomar medidas pouco populares porque a coesão do país é mantida pelo monarca como chefe de estado simbólico.

Para recapitular, ao longo da história humana aumentou constantemente o tamanho e a complexidade social das unidades políticas, dos bandos e tribos às chefaturas, aos antigos estados, às nações-estados e às corporações modernas. A revolução agrícola desempenhou um papel fundamental na transição da governança informal do Grande Homem a uma estrutura de liderança mais formal, em que os chefes e reis acumularam níveis incríveis de poder sobre os subordinados. Em troca de prover serviços públicos, recebiam impostos ou propinas que lhes permitiam viver em grande estilo com suas famílias. Isso forneceu uma janela para a corrupção florescer. Chefes, reis e militares manipuladores e desonestos viram uma oportunidade para abusar do poder e enriquecer. Muitos consolidavam sua posição inflada tomando múltiplas esposas e tendo muitos filhos, aumentando assim a probabilidade de os próprios descendentes chegarem ao poder e preservarem a fortuna da família. Foi só nos últimos 250 anos que testemunhamos uma tendência contrária à liderança despótica, com os governos de nações-estado e corporações multiétnicas e multilíngues renunciando a privilégios para atrair cidadãos e funcionários com uma ampla variedade de habilidades. (A tabela do Apêndice B mostra as quatro fases da história natural da liderança.)

Chegamos agora à sórdida relação entre liderança e corrupção. Liderança é poder e, como Lorde Acton, um dos contemporâneos de William Gladstone, insistia, "o poder tende a corromper e o poder absoluto corrompe absolutamente". Será verdade? Vamos voltar ao zoológico para uma reunião com os nossos primos primatas mais próximos, os chimpanzés, para ter uma ideia da influência deformante do poder. Quando um chimpanzé macho atinge o estado de macho alfa, seu *status* elevado distorce o seu comportamento — e até a sua aparência. O corpo cresce e ele adota uma expressão facial severa. Até os níveis de testosterona refletem essa hierarquia, aumentando quando ele chega ao poder e diminuindo quando é destronado. Richard Wrangham e Dale Peterson descrevem a psicologia do poder primata em *Demonic Males: Apes and the Origins of Human Violence*:

Um chimpanzé macho no auge organiza a vida em torno de questões de posição. As tentativas que faz para atingir e depois manter o status alfa são astutas, persistentes, enérgicas e prolongadas. Determinam com quem viaja, de quem cata os parasitas e alisa os pelos, para onde olha, quantas vezes se coça, para onde vai e a que horas se levanta de manhã. Esses comportamentos não são movidos pelo impulso à violência pela violência, mas por um conjunto de emoções que, quando demonstradas por pessoas, são rotuladas como orgulho ou, mais negativamente, como "arrogância".[13]

Evidências sugerem que as pessoas que ascendem ao poder são similarmente transformadas pelo *status* recente. Uma pessoa que obtém poder anda mais depressa e é menos expressiva emocionalmente. As que estão em posições mais baixas riem e choram com mais frequência e tendem a rir de piadas feitas pelos superiores, sugerindo que a risada é uma forma de integração. Em geral, ninguém gosta de descer na hierarquia: num experimento, atribuímos aos participantes o papel de líder ou de seguidor numa tarefa de grupo. Dissemos então aos "líderes" que tínhamos errado na atribuição dos papéis e que eles eram, na verdade, seguidores. Essa demoção teve um efeito surpreendentemente forte sobre seu estado de espírito, fazendo com que ficassem tristes, deprimidos, ansiosos e pessimistas. As pessoas a quem dissemos inicialmente que seriam seguidores e foram depois promovidas a líderes relataram melhora no estado de espírito. O ganho emocional dos seguidores-transformados-em-líderes não foi tão forte, no entanto, quanto a perda dos líderes-transformados-em-seguidores.[14]

É muito fácil demonstrar como o poder distorce o comportamento humano. Num experimento feito por psicólogos, eles instruem o participante a "pensar em uma vez em que sentiu que tinha poder sobre os outros" e então lhe pedem para executar uma tarefa. O desempenho desses sujeitos é notavelmente diferente do desempenho das pessoas que foram convidadas e relembrar situações em que se sentiram impotentes.

Tais experimentos mostram que o principal efeito do poder é induzir a ação. Por exemplo, pessoas poderosas têm uma tendência maior do que as menos poderosas a fazer uma primeira oferta numa tarefa de negociação e também a comprar cartas num jogo de vinte e um. Em ambos os casos, o resultado tende a ser favorável ao autor da ação. As pessoas em alta posição tendem também a ajudar numa emergência, talvez pela associação do poder com um senso de responsabilidade. Psicologicamente, o poder pode mudar o estado de espírito da pessoa e torná-la mais otimista com relação ao futuro (um resultado esperado se lembrarmos que o poder vem com benefícios). Mas há o lado ruim: quem tem poder assume mais riscos e tem uma visão menos realista das próprias habilidades.

As pessoas poderosas acham mais difícil ter empatia pelos outros. Num experimento altamente original, os pesquisadores pediram que as pessoas relembrassem momentos de poder e depois escrevessem a letra "E" na testa para que os outros a lessem. A probabilidade dos poderosos escreverem o E da própria perspectiva (parecendo um E invertido para os outros) era três vezes maior.[15] Uma explicação possível é que o poder diminui a capacidade de assumir a perspectiva dos outros ou de mostrar empatia pela situação dela. Essa incapacidade de se pôr na pele dos outros é útil para um ditador como Mobutu, que vivia uma vida de luxo enquanto os súditos morriam de fome, ou para um CEO extremamente bem pago acusado de demitir pessoas.

Além disso, as pessoas com poder tendem a abusar dele. Num experimento dos anos 1970, os participantes foram convidados a supervisionar grupos de estudantes que realizavam uma tarefa.[16] Numa das situações, os líderes podiam elogiar um bom desempenho e punir um mau desempenho. Na outra, os líderes podiam apenas elogiar. O desempenho do grupo foi padronizado, de modo que os grupos das duas situações se saíram igualmente bem. No entanto, quando o líder tinha o poder de punir, ele o usava com surpreendente frequência, apesar de o desempenho do grupo ser bom. Com o poder vem o potencial para o abuso, um truísmo carimbado em toda a história humana.

Felizmente, a pesquisa mostra que o mau uso do poder não é universal. Quando se dá poder a pessoas que estão jogando a dinheiro, algumas se tornam mais generosas, e outras corruptas. Ou seja, o fato de a pessoa agir com egoísmo ou com generosidade depende da personalidade. Pessoas com personalidade pró-social se tornam benfeitoras, enquanto as que têm personalidade "pró-si mesmas" se tornam avarentas. O que move essa diferença de personalidade é um mistério, mas parece que os tipos pró-sociais tendem a vir de famílias grandes (sendo o número de irmãs especialmente influente).[17]

Se a personalidade é a chave para o mistério da corrupção, será que podemos isolar um tipo específico de personalidade associado a comportamentos corrosivos? Podemos conjecturar que o poder é muito atraente para os que têm uma personalidade pró-si mesmos porque traz oportunidades de ganho pessoal. Esse enriquecimento pessoal traz por sua vez mais oportunidades sexuais (é por isso que os homens ricos encontram namoradas sem dificuldade). Assim, de acordo com a teoria evolucionista da liderança, uma pessoa que busca implacavelmente o poder tem mais probabilidade de espalhar os seus genes com sucesso.

Isso pode explicar o surgimento da "Tríade Negra", uma constelação de traços de personalidade normalmente considerada indesejável, mas muitas vezes encontrada no topo da pirâmide do poder. As pessoas com a Tríade Negra têm uma alta pontuação em três dimensões da personalidade: narcisismo, maquiavelismo e psicopatia. Esse triunvirato as torna autocentradas, emocionalmente frias e agressivas. Parte do seu talento está na administração da imagem: são peritas em camuflar os seus motivos sinistros e podem parecer normais e até cativantes. Essas pessoas astutas pensam quase só em si mesmas e não conseguem ter empatia pelos outros. Se fosse permitido um tal método de identificação, elas teriam na testa um E ao contrário. Pode-se pressupor que predominem no comércio e na política, ou em qualquer situação em que há poder a ser conquistado.[18]

Não vamos fazer rodeios — esses caras são uns canalhas. Pior ainda, há muitas evidências de que, em termos de evolução, às vezes vale a pena ser um canalha. Muitos estudos revelam que essas figuras torpes se reproduzem mais do que os bonzinhos em certas situações, como quando há muito movimento entre grupos e fica difícil rastrear a reputação das pessoas (é por isso que os empregadores devem ficar atentos a candidatos que mudam de emprego com frequência). As mulheres parecem gostar ainda mais dos caras maus quando estão no estágio fértil do ciclo reprodutor, embora prefiram os bonzinhos para cuidar dos filhos. Isso explica por que mais de 10% das crianças não são criadas pelos pais biológicos. Quando as sociedades entram em colapso, como durante uma guerra, esses tipos egoístas se aproveitam do momento, muitas vezes para assumir o controle. Se a personalidade é em parte hereditária (como pensam muitos cientistas), a capacidade de passar a conversa nas mulheres para levá-las para a cama resulta numa nova geração de indivíduos corruptos e explica por que esse tipo sinistro de personalidade continua conosco ainda hoje.

Vamos focalizar as três dimensões que espreitam por trás da Tríade Negra. Primeiro, o narcisismo. Os narcisistas desejam ser admirados: a sua vida é uma busca por *status* e glória. Com moderação, o narcisismo pode ser um traço saudável porque o desejo narcisista de causar a melhor das impressões é mantido sob controle pela capacidade de autorreflexão, pela abertura a novas informações e pela disposição a tomar boas decisões no trabalho. Os narcisistas saudáveis podem ser estrategistas criativos que compreendem o contexto e navegam por desafios arriscados para deixar um legado positivo.

Os narcisistas pouco saudáveis, por outro lado, acabam muitas vezes como executivos em empreendimentos competitivos de alto risco (e altos ganhos). Farão qualquer coisa para ganhar um bônus polpudo, como tomar astutas decisões de curto prazo (do tipo que pode precipitar uma crise bancária internacional). A sua *raison d'être* é o sucesso e a glória e não são de sentir empatia. Perseguem suas metas com agressividade e determinação e culpam os outros quando fracassam.

O nascimento da corrupção | 121

Em épocas turbulentas, esses líderes implacáveis parecem sedutores porque conseguem provocar mudanças radicais. Isso porque não perdem o sono ao deixar funcionários desempregados, por exemplo. Assim, não é surpresa que muitos líderes tenham personalidades narcisistas.

O segundo elemento da Tríade Negra é o maquiavelismo. O nome é um reconhecimento ao escritor político Niccolò Machiavelli, que escreveu *O Príncipe* no século XVI, um manual para conquistar e manter o poder político pela manipulação astuta.[19] Ao contrário dos narcisistas, os maquiavélicos não sofrem de sentimentos de grandiosidade. São realistas a respeito de si mesmos e a sua meta não é impressionar. Mas mostram um forte egoísmo e não se detêm diante de nada para conquistar seus objetivos. Para um maquiavélico, os fins justificam os meios — ponto. Por um lado, alguns traços maquiavélicos, como charme, astúcia e confiança parecem desejáveis num líder. Por outro lado, os maquiavélicos tendem a ser friamente calculistas e arrogantes, comportando-se de um modo que inspira desconfiança e sabota a cooperação. Parecem indiferentes e desinteressados nas interações sociais e não fazem questão de criar conexões emocionais profundas. Como os narcisistas, os maquiavélicos veem as outras pessoas como objetos a serem manipulados. Em geral, obtêm sucesso no curto prazo, mas a verdade acaba aparecendo: a busca implacável dos próprios interesses aliada à falta de empatia age contra a sua liderança.

O terceiro traço é a psicopatia. Os psicopatas têm uma personalidade antissocial caracterizada por falsidade, desconsideração pelos outros e falta de empatia e remorso. Como os narcisistas e os maquiavélicos, são totalmente voltados para si mesmos mas, ao contrário deles, os psicopatas não são perturbados pela ansiedade. São destemidos e imunes ao stress, o que lhes permite manter a calma quando todo mundo à sua volta já a perdeu (têm até mesmo dificuldade para perceber quando outra pessoa está triste ou com medo). Permanecem inabaláveis diante da punição, o que faz com que seja quase impossível aplicar-lhes uma sanção. É por isso que os psicopatas são super-representados nas prisões. Eles contam com a capacidade de enfrentar ameaças extremas: sua audácia e determinação supremas podem se revelar fundamentais no campo de batalha ou na sala de reuniões. Alguns teóricos evolucionistas argumentam que é por isso que toleramos esses monstros entre nós.

E não temos mesmo muita opção além de tolerá-los, já que são procriadores excepcionais. Numa pesquisa feita com 35 mil pessoas em 57 países, David Schmitt da Universidade de Bradley em Illinois revelou uma ligação entre a Tríade Negra e o sucesso reprodutivo nos homens.[20] "É universal nas diferentes culturas que a Tríade Negra seja mais ativa em relações de curto prazo", disse Schmitt ao *New Scientist*. "Têm mais probabilidade de roubar a parceira dos outros para um caso breve." Não é nada bom ter esse tipo de cara como vizinho ou chefe.

Este capítulo é intitulado "O nascimento da corrupção" e, pelo que vimos, parece que a associação entre personalidade, poder e corrupção tem uma natureza horrivelmente circular. As pessoas que desejam glória e recompensas têm mais probabilidade de lutar pelo poder e, uma vez lá, as recompensas que obtêm lhes permitem ter mais filhos. Isso produz uma nova geração de indivíduos egoístas e famintos de poder, prontos para recomeçar o círculo. O resto de nós parece aceitar de má vontade esse estado de coisas: reconhecemos a necessidade de líderes que consigam coordenar as nossas atividades e nos prover de recursos e serviços valiosos que de outra forma não teríamos, e estamos dispostos a recompensá-los por assumir essa responsabilidade. Por outro lado, o fato de sermos dominados e explorados nos causa ressentimento. Isso nos leva a aplicar as EPVPs que discutimos no Capítulo 4 (incluindo fofoca, críticas, desobediência e, *in extremis*, assassinato).

No entanto, hipócritas que somos, é da nossa natureza (pelo menos em alguns casos) cometer exatamente os mesmos abusos quando tomamos o poder (ou quando ele nos é dado). Isso nos traz às contraestratégias que os líderes podem usar para fortalecer a sua base de poder. Podemos chamá-las de EPOPs (Estratégias para Otimizar o Poder). É com reservas que apresentamos a seguir esse programa de sete EPOPs para tomar o poder e mantê-lo.

A primeira EPOP é expandir a base de poder por meio do nepotismo e da corrupção. Essa não é uma tática adotada apenas nos países do Terceiro Mundo: o escândalo inglês relativo às despesas dos membros do parlamento, quando os políticos fizeram reivindicações constrangedoramente triviais (uma tampinha de banheira de alguns centavos) ou ridículas (uma ilha para os patos no fosso de um castelo), demonstra que o poder sempre encontra um caminho para o abuso e o privilégio.[21] Mas cuidado: um dia a casa cai e, por isso, a corrupção tende a funcionar só no curto prazo.

A segunda EPOP é angariar simpatia proporcionando recursos públicos com eficiência e generosidade. A ditadura benevolente foi praticada por Lee Kuan Yew, primeiro-ministro de Cingapura, por 31 anos. Lee acreditava que não se podia confiar o poder às pessoas comuns porque isso as corromperia e que a economia era a principal força estabilizadora na sociedade. Para isso, ele eliminou efetivamente a oposição usando os seus poderes constitucionais para deter suspeitos sem julgamento por dois anos sem direito de apelação. Para implementar suas políticas econômicas, Lee permitia a existência de um único partido político, de um único jornal, de um único movimento sindical e de uma única língua. Incentivava as pessoas a defender o sistema familiar, a disciplinar os filhos, a serem mais corteses e a evitar a pornografia. Além de criar um sistema de encontros do governo para universitários solteiros, ele pedia às pessoas para mirar melhor em banheiros públicos e multava pesadamente quem fazia sujeira. Os cingapurenses toleravam essas restrições à sua liberdade porque valorizavam mais a segurança econômica. Quanto a isso, Lee não desapontou, transformando Cingapura num dos países mais ricos do mundo (per capita). Quando um déspota consegue criar riqueza e estabilidade, as pessoas ficam mais inclinadas a esquecer a própria liberdade. Na verdade, um dos nossos experimentos mostra que o estilo Lee de liderança, em que uma pessoa é investida de poder para punir especuladores e trapaceiros, é muito eficaz para manter a cooperação num grupo.[22]

A terceira EPOP é instigar o monopólio do uso da força para coibir a violência pública e manter a paz. Os ditadores não conseguem sobreviver por muito tempo sem desarmar o povo e bajular os militares. Ex-ditadores, como Pervez Musharraf, do Paquistão, Mobutu, do Congo e Idi Amin, de Uganda, eram oficiais de alta patente que cooptaram o exército para derrubar a democracia em favor da ditadura. No entanto, nem sempre as democracias são mais benquistas do que as ditaduras. Na verdade, as pessoas preferem uma ditadura quando a alternativa é o caos. Isso explica a saudade de líderes como Stalin e Mao, que eram assassinos em massa mas proporcionavam ordem social. No ano 2009, um oficial aposentado de Beijing declarou no *Asia Times*: "Eu ganhava menos de 100 iuanes por ano na época de Mao. Não conseguia economizar quase nada, mas não me preocupava. Minha unidade de trabalho cuidava de tudo para mim: casa, assistência médica, instrução para os meus filhos, embora não houvesse luxos... Agora ganho 3 mil iuanes por mês de pensão, mas tenho que contar cada centavo — tudo é muito caro e ninguém vai cuidar de mim se eu ficar doente."

Quando lhes é dada escolha no laboratório, os participantes abandonam grupos não estruturados (análogos a uma sociedade vale-tudo) e buscam a ordem de um "regime repressor", com autoridade para identificar e punir os trapaceiros.[23] Essa ausência de leis pode ser observada em tribos de caçadores-coletores (a igualdade não é garantia de paz). Antropólogos que visitaram uma tribo da Nova Guiné descobriram que um terço dos homens morria de morte violenta. Quando pediam às mulheres para descrever a sua vida doméstica, a resposta era mais ou menos assim: "Meu primeiro marido foi morto por invasores. Meu segundo marido foi morto por um homem que me queria e que se tornou meu terceiro marido. Este foi morto pelo irmão do meu segundo marido, que quis vingar o seu assassinato."[24] Qualquer aspirante a ditador que restaure a ordem, mesmo que seja pela coerção, tem uma grande chance de ganhar a gratidão do povo.

A quarta EPOP é exterminar os inimigos políticos — ou, o que é mais inteligente, aceitá-los na esperança de que esse abraço de urso os neutralize. Isso é exatamente o que fez David Cameron ao se juntar a Nick Clegg num governo de coalizão britânico. Mobutu abandonou a prática impopular de assassinar os rivais políticos e passou a suborná-los com cargos políticos em troca de apoio. Idi Amin, que tomou o poder na Uganda depois de um golpe militar, preferiu o caminho dos assassinatos: durante os oito anos no poder, estima-se que tenha matado de 80 a 300 mil pessoas. Suas vítimas incluem ministros, membros do judiciário, banqueiros, intelectuais, jornalistas e um ex-primeiro-ministro. Na extremidade mais baixa da escala, isso dá uma média de 27 execuções por dia.

EPOP cinco: nada é tão eficaz para fortalecer uma posição de líder do que derrotar um inimigo comum. Ao enfrentar a Alemanha nazista, Churchill, de Gaulle, Roosevelt e Stalin selaram a reputação de grandes líderes. Chefes lendários, como Alexandre, o Grande, Genghis Khan e Napoleão eram gênios militares que expandiram o território dos seus países invadindo os vizinhos. As ditaduras se alimentam de guerra e de outras ameaças externas porque isso justifica a sua existência — a agilidade na ação militar requer uma estrutura de comando-e-controle central. Mais da metade dos governantes do século XX participaram de batalhas em algum ponto do seu reinado, como agressores ou como defensores. Entre os ditadores, a proporção sobe para 88%. Para os governantes democráticos é mais difícil adotar essa tática porque as guerras em geral não são bem vistas pelos eleitores.

Para conseguir apoio, o governante tem que ser visto como defensor e não como um fomentador da guerra. Margaret Thatcher, primeira-ministra britânica, viu a sua popularidade aumentar quando triunfou sobre a Argentina, um anão militar, que tinha invadido as Ilhas Malvinas, pertencentes à Inglaterra. Tony Blair, outro primeiro-ministro inglês, não teve tanta sorte. Embora os ataques de 11/9 tivessem fortalecido o seu governo, a decisão de

O nascimento da corrupção | 125

atacar o Iraque (supostamente para defender a Inglaterra de um ataque por mísseis de longo alcance) manchou o seu legado.

Evidências experimentais indicam que líderes democráticos têm mais probabilidade de promover a guerra sob ameaça do que em tempos seguros. Num estudo que fizemos, dois grupos participaram de um jogo em que podiam ou cooperar ou competir uns com nos outros. Cada grupo tinha um líder. O líder de um dos grupos era informado de que a sua indicação teria a duração do experimento. O outro líder era informado de que o seu desempenho seria avaliado no decorrer do jogo, depois do que os membros do grupo poderiam substituí-lo ou não. O líder do último grupo, achando que a sua posição estava ameaçada, tinha mais probabilidade de atacar o outro grupo. A lição é que os líderes podem consolidar e ampliar o seu poder sobre os seguidores criando um inimigo comum e, de preferência, derrotando-o. Ou fazendo o papel do defensor durão.[25]

A sexta EPOP para líderes é acumular poder manipulando o coração e a mente dos seguidores. Um aspirante a ditador deveria antes de mais nada controlar o livre fluxo de informações, obstruindo assim um possível canal de críticas. Mobutu e Amin eliminaram a liberdade de imprensa e transformaram a mídia em máquinas de propaganda do seu regime. Outros líderes, como a junta de governantes de Burma, suspenderam todos os canais da mídia (o Comitê para Proteção aos Jornalistas identifica Burma como o pior país para se manter um blogue). Os líderes democraticamente eleitos são um pouco mais cerceados mas com poder suficiente podem fraudar uma eleição (como Mugabe no Zimbábue), sumir com jornalistas intrometidos (como Putin na Rússia) ou, quando o dinheiro não é problema, construir o próprio império de mídia. O primeiro-ministro italiano Silvio Berlusconi é dono de quase metade da mídia italiana, incluindo canais nacionais de televisão, estações de rádio, jornais e revistas. Evidentemente, esses canais administram com cuidado a imagem pública de Berlusconi e o protegem de críticas. No entanto, os aspirantes a ditador devem observar que amordaçar a mídia é mais eficaz numa sociedade em boa ordem: uma pesquisa de opinião pública de 2007, com mais de 11 mil pessoas de quatorze países, em nome da BBC, revelou que 40% dos participantes dos vários países, da Índia à Finlândia, acham a harmonia social mais importante do que a liberdade de imprensa.[26]

Por fim, os líderes têm uma sétima EPOP à sua disposição: a criação de uma ideologia para justificar sua posição elevada. Ao longo da história, os líderes têm usado ou até criado religiões para legitimar o seu poder. Nas primeiras chefaturas, como as do Havaí, os chefes eram ao mesmo tempo sacerdotes e líderes políticos, que afirmavam estar em comunicação com os deuses par garantir uma colheita generosa. Convenientemente, essa ideologia servia muitas vezes para explicar por que a posição de chefe devia ser vitalícia e depois passar para os descendentes. Assim, essas chefaturas despediam muito tempo e muito esforço construindo templos e outras instituições religiosas para dar uma estrutura formal ao poder do chefe.

Nos reinos mais recentes, os seguidores perceberam esse artifício. Assim, política e religião foram oficialmente separadas, embora o rei continuasse sendo o chefe de ambas. No entanto, quando os sacerdotes começavam a incomodar, alguns monarcas simplesmente começaram outra religião. Henrique VIII da Inglaterra recorreu a esse artifício quando o Papa se recusou a anular o seu casamento com Catarina de Aragão. Criou a Igreja da Inglaterra, nomeou-se Chefe Supremo e concedeu ele mesmo a anulação.

Outras ideologias incluem cultos à personalidade, como o mobutismo ou o maoismo: algumas delas servem para unir uma nação dividida por etnicidade, religião ou língua. Por exemplo, Mustafa Kemal Atatürk, fundador da Turquia moderna, independente e secular, tentou abrandar as tensões étnicas e religiosas que ameaçavam o país propagando um sistema de crenças ao gosto dos seus compatriotas. Segundo a Teoria da Língua do Sol, as primeiras expressões vocais da humanidade eram baseadas na adoração do sol e essa protolíngua era muito semelhante ao turco (porque os sumérios, uma das primeiras civilizações a inventar a escrita, vieram da Ásia central). Atatürk, num ato de conveniente audácia, afirmou que o turco era a língua original da humanidade. A lição é a seguinte: convença os seus seguidores de que você é "O Especial" (como disse José Mourinho, ex-técnico do Chelsea, quando lhe perguntaram por que obteve o emprego), e nenhuma justificativa será estranha demais.

Assim, para qualquer líder com aspirações a ditador, identificamos o caminho das sete EPOPs para o poder: (1) seja corrupto e nepotista, (2) proporcione os recursos públicos generosamente, (3) mantenha a ordem, (4) transforme rivais políticos em aliados, (5) descubra uma ameaça externa, (6) controle a mídia e (7) invente uma ideologia que legitime o seu poder.

Todas essas estratégias já foram usadas no passado por ditadores, com vários graus de sucesso. Os governantes conseguem ser ao mesmo tempo tão benevolentes e tão maliciosos porque a natureza humana é complicada como é. O primata dentro de nós anseia por poder e domínio porque é assim que espalhamos os nossos genes. No entanto, a nossa história evolutiva como coletores em sociedades simples nos ensinou os benefícios da cooperação e nos equipou com um *ethos* igualitário. A teoria evolucionista da liderança é a única estrutura conceitual que explica satisfatoriamente essa contradição aparente: essas psicologias rivais disputam continuamente a supremacia. Em épocas difíceis, mostramos generosidade e justiça porque um ato de bondade pode levar a um ato recíproco que um dia nos salve a pele. Quando a fome é uma perspectiva distante, assim como na passagem à agricultura, o *ethos* predominante, pelo menos entre líderes, é que a ganância vale a pena.

No próximo capítulo, vamos arrastar o nosso cérebro da Idade da Pedra para o século XXI e descobrir que há evidências de um descompasso psicológico. A nossa preferência pela vida em pequenas tribos igualitárias entra em atrito com a realidade da vida atual, com corporações que englobam milhares de pessoas e cidades que englobam milhões, governadas todas por uma burocracia distante. Imagine, por um momento, os nossos ancestrais das savanas trocando os seus abrigos por arranha-céus, os seus papeis tribais por uma administração de colarinho branco, suas redes sociais limitadas e seguras pelos cibertentáculos espalhados do Facebook. O termo "peixe fora d'água" não serve nem para o começo.

6
A Hipótese do Descompasso

É o [medo] que faz com que as pessoas sigam de boa vontade demagogos impetuosos e de aparência forte, com o maxilar firme e a voz potente; que sintonizam suas palavras medidas e seus olhos afiados na intensidade do ódio, parecendo assim capazes de limpar o mundo do vago, do fraco, do incerto, do mau. Ah, entregar-se à direção delas — que calma, que alívio.

Ernest Becker, *The Birth and Death of Meaning*, 1971

Se você gosta de estudar a incompetência, qualquer escritório pode ser um bom laboratório. Estima-se que 60 a 75% dos gerentes estejam bem aquém da liderança ideal, com falhas que vão de tiranizar os subordinados a se omitir de decisões difíceis.[1] Na verdade, há um caminho muito trilhado que vai da incompetência gerencial à falência. A indústria bancária é um modelo típico de como não exercer a liderança. Os executivos emprestavam dinheiro que não tinham e davam a si mesmo bônus polpudos, enquanto os governos os afiançavam com bilhões tirados dos contribuintes irados. Nos Estados Unidos, dois terços dos funcionários mencionam o chefe como a sua principal dor de cabeça, e não há razão para supor que essa estatística sombria seja muito diferente em outras economias. Os motivos mais comuns de descontentamento entre funcionários são a sensação de que estão sendo microgerenciados; gerentes grosseiros e desagradáveis; indecisão no local de trabalho; favoritismo. Quanto aos líderes políticos, é raro um líder que cumpra as promessas feitas durante a campanha.

O que está no cerne da liderança deficiente? Segundo a teoria evolucionista da liderança, a resposta remonta à savana. Observe os complexos ambientes sociais de hoje, em que operam os nossos líderes, e compare-os com o ambiente ancestral relativamente muito mais simples em que surgiu a liderança humana. Será que existe um descompasso entre a nossa atual maneira de viver e a maneira como vivemos ao longo da nossa história evolutiva? Achamos que sim e, neste capítulo, veremos como a teoria evolucionista da liderança explica decisões equivocadas que as pessoas tomam

A hipótese do descompasso | 129

— sem se dar conta —, que acabam levando certos candidatos ao poder. Chamamos esse elemento de Hipótese do Descompasso da TEL.

Ter uma mentalidade equipada para a vida ancestral nos leva, entre outras coisas, a selecionar líderes com base em traços físicos e psicológicos que teriam servido em pequenos grupos ancestrais igualitários de caçadores-coletores, mas que de nada servem nos enormes ambientes acelerados de hoje.

Neste capítulo, vamos explicar o que queremos dizer com "descompasso" e demonstrar, usando criaturas rastejantes e literatura adulta para cavalheiros, por que acreditamos que o nosso cérebro ainda abriga um conjunto de modelos e gatilhos emocionais antigos. Esses modelos *vintage* são trazidos à tona sempre que enfrentamos situações que ecoam as que nossos ancestrais enfrentaram. Mostraremos que eles eram o equipamento psicológico ideal para a savana, mas que são meio antiquados para o século XXI.

Vamos descobrir muitos descompassos na psicologia da liderança que, não para a nossa surpresa, têm sido associados ao insucesso na liderança. Assim, a maneira "de cima para baixo" de recrutar gerentes e atribuir amplas responsabilidades aos executivos se choca com o estilo especializado de liderança "de baixo para cima", que a nossa espécie praticou durante milhares de anos. O entusiasmo por pessoas parecidas conosco (como se pudessem pertencer à nossa tribo) e a falta de entusiasmo por líderes mulheres, é uma volta à Idade da Pedra. Vamos ver como essa mentalidade paroquial nos assola na aldeia global de hoje. Descobriremos também que, ao selecionar os nossos líderes, preferimos sempre homens altos e em aparente boa forma. É o que chamamos de Hipótese da Savana, argumentando que ainda escolhemos os nossos líderes como se estivéssemos apontando Homens Grandes para nos proteger dos agressores e predadores da savana. Essa é a ideia refletida na citação que abre este capítulo. Às vezes queremos que os nossos líderes pareçam calorosos, às vezes duros como aço. Todos esses traços que levamos em conta — altura, idade, masculinidade aparente, sexo e reputação — podem ser pensados como "traços da savana" dos líderes. Incluímos a Hipótese da Savana no capítulo da Hipótese do Descompasso porque o foco nos traços da savana pode nos cegar para candidatos melhores com competência comprovada, sendo esse um exemplo óbvio de descompasso.

Espreitando no final do capítulo, como um personagem misterioso pronto para agir, está o nosso velho amigo, o carisma. Nós o incluímos como um traço da savana especialmente intrigante. Vamos examinar por que indivíduos carismáticos sempre exerceram fascínio sobre nós, dos tempos ancestrais até os dias de hoje. Alguma coisa em sua personalidade fascinante lhes permite escapar dos nossos processos de pensamento racional e ir diretamente ao nosso centro emocional. Essa capacidade de forjar uma conexão emocional intensamente pessoal parece estar no cerne da seguidança e da liderança carismática, o que explica a sua permanência ao longo da história evolutiva. É preciso, no entanto, ter consciência de que o carisma nem sempre é uma força do bem e que, por meio da atual mídia de massa, os líderes carismáticos gozam de uma esfera de influência muito ampliada. Há centenas de milhares de anos, os líderes carismáticos influenciavam cerca de 150 pessoas. Hoje podem inspirar — e desencaminhar — milhões de seguidores.

Descompasso é um conceito vindo da ciência evolucionista. Todos os organismos, incluindo as pessoas, têm traços (biológicos e comportamentais) que passam de geração em geração por meio da seleção natural. Você está agora lendo este livro porque os seus ancestrais herdaram qualidades que os tornou vencedores no jogo da vida, mais aptos do que os concorrentes a sobreviver e ter filhos. Através da sua linhagem familiar, eles transmitiram esses genes vencedores para você (embora seja uma loteria quais genes recebemos do pai e da mãe). Mas suspeitamos que o ambiente evolutivo que moldou os seus traços e os dos seus ancestrais era muito diferente do ambiente de hoje. No período que vai de 2 milhões de anos a 13 mil anos atrás, todo mundo vivia em comunidades coletoras muito coesas com cerca de 50 a 150 pessoas, raramente encontrando gente de fora.[2] O alimento era caçado ou coletado e o estilo de vida era ativo. Hoje, metade da população do mundo vive em cidades ou megacidades com mais de 10 milhões de pessoas.

Assim, os traços que eram adaptativos, ou úteis, nos tempos ancestrais, não são mais necessariamente adaptativos nestes novos ambientes. Como escreve o psicólogo experimental Steven Pinker: "... as nossas provações vêm de um descompasso entre as fontes das nossas paixões na história evolutiva e as metas que estabelecemos hoje para nós mesmos."[3] Observe, por exemplo, o crescente índice de obesidade no Ocidente, onde os alimentos densos em energia são amplamente difundidos e baratos. Na época dos nossos ancestrais, os alimentos não eram tão abundantes; quando depararam com a abundância, eles a aproveitaram ao máximo. Infelizmente, trazemos ainda a propensão ancestral a devorar alimentos doces e gordurosos sempre que possível. Acrescente a isso a modo de vida mais sedentário de hoje e não é surpresa alguma que a nossa cintura esteja aumentando.

Lembre que os traços evoluíram porque produziam no passado benefícios reprodutivos e de sobrevivência. O nosso genoma muda muito devagar — estima-se que cada um de nós carregue de 100 a 200 mutações genéticas aleatórias, o que representa menos de 0,000013 do nosso genoma.[4] A evolução mensurável acontece quando uma mutação aleatória se espalha por toda a espécie; seres humanos separados por centenas e até milhares de gerações são, genomicamente falando, indistinguíveis (embora às vezes, como no caso do gene da digestão de leite animal mencionado antes, uma mutação realmente vantajosa possa se espalhar em questão de 10 mil anos). Isso significa que retemos muitos traços ancestrais, muitos dos quais podem não ser adaptativos ou úteis hoje em dia. Afinal, o ambiente físico e social mudou acentuadamente nos últimos 13 mil anos, desde a revolução agrícola. A mudança ambiental e social ultrapassou a velocidade que os nossos genomas conseguem manter.[5]

Evidências convincentes da Hipótese do Descompasso podem ser encontradas não apenas na epidemia de obesidade, mas em qualquer sótão coberto de teias de aranha. Muita gente tem medo, até mesmo fobia, de criaturas rastejantes, como cobras, aranhas e escorpiões. No entanto, quando foi a última vez que você ouviu falar de alguém que tivesse morrido de picada de cobra ou de aranha?

Cobras e aranhas eram inimigos comuns dos seres humanos em ambientes ancestrais (e ainda são, no caso de grupos caçadores-coletores em partes remotas do mundo). Hoje, nos Estados Unidos, matam menos de vinte pessoas por ano. A maioria das vítimas são os donos dos animais. Os acidentes de carro, ao contrário, matam de 40 mil a 50 mil pessoas por ano só nos Estados Unidos. No entanto, a pesquisa experimental revela que o medo de cobras e aranhas é adquirido com muito mais facilidade e descartado com muito mais dificuldade do que o medo de perigos recentes muito mais letais, como os carros ou os aparelhos elétricos.[6]

Nesses experimentos, os participantes olhavam fotos de cobras, aranhas, carros e aparelhos domésticos. Em várias ocasiões consecutivas, essas imagens eram seguidas por um leve choque elétrico, de modo que as pessoas associassem os objetos a uma sensação desagradável. Na segunda parte do experimento, as mesmas imagens eram mostradas várias vezes, mas sem o choque elétrico. Ao verem novamente essas imagens sem o choque, os participantes mostravam sinais fisiológicos de medo (por exemplo, aumento da condutância da pele), como se tivessem recebido o choque. No entanto, no caso das ameaças atuais (carros, aparelhos elétricos), essa reação foi desaparecendo gradualmente.

No caso das aranhas e cobras, a reação de medo continuou. Era ativada todas as vezes que a imagem aparecia. Então, embora saibamos que no geral as aranhas não nos fazem mal, temos um medo instintivo delas.

Outro descompasso é a confiança que depositamos em completos estranhos (desde que pareçam "do grupo" ou como se pudessem pertencer à nossa tribo). Abrimos a porta quando alguém bate. Quando fazemos compras no eBay, transferimos dinheiro para pessoas que provavelmente nunca veremos e esperamos mesmo assim que elas nos enviem o produto. Experimentos com jogos de economia demonstram que 40 a 60% dos participantes estão dispostos a enviar dinheiro para um estranho, mesmo que a doação não tenha nenhum retorno óbvio.

Isso não faz muito sentido, a menos que voltemos à savana. Conhecíamos apenas membros confiáveis da tribo, em geral parentes de sangue. Os encontros com estranhos eram extremamente raros. É plausível que o nosso cérebro não seja equipado para lidar com interações que não se repetem: somos inexoravelmente condicionados a acreditar que vamos encontrar aquele estranho de novo. Assim, o nosso instinto é lhe dar o benefício da dúvida.

A pesquisa mostra que as pessoas têm mais probabilidade de confiar em estranhos e ajudá-los quando evocam traços "do grupo" (pertencentes à mesma família ou tribo). Um experimento com câmeras secretas mostrou que os participantes, que tinham antes informado as suas preferências no esporte, tinham muito mais probabilidade de parar e ajudar uma pessoa ferida que estivesse usando a camisa do seu time. Em quatro de cinco ocasiões, os torcedores do Manchester United pararam para ajudar um ator que usava a camisa do time. No entanto, se o ator estivesse com a camisa do Liverpool, os participantes tendiam a passar direto. Estamos atualmente examinando o papel dos dialetos locais como inclusores, já que são muito difíceis de serem imitados por gente de fora. Em geral, confiamos mais em pessoas que se parecem conosco, que falam como nós, que compartilham dos nossos valores e até mesmo em quem imita o nosso comportamento.[7]

Os bons vendedores sabem como explorar esses pontos fracos evolutivos. São adeptos do "efeito camaleão": espelham o seu comportamento, usam a sua linguagem, procuram coisas que possam ter em comum com você (quantos vendedores já lhe perguntaram de onde você é e depois disseram que já estiveram lá?).

A indústria pornográfica como um todo é baseada num descompasso. Os homens são despertados sexualmente por imagens de mulheres nuas, embora essa excitação sexual não leve à reprodução. Lá no fundo do cérebro, a imagem de uma mulher nua é interpretada como uma mulher nua de verdade; esse convite fotográfico a se reproduzir traz à tona a reação fisiológica do homem. Ir a um banco de esperma seria uma estratégia muito melhor para um homem aumentar o seu sucesso reprodutivo (sem envolvimento), mas poucos homens consideram essa perspectiva estimulante. Como não havia bancos de esperma na savana, os homens não evoluíram de modo a apreciar os seus benefícios evolutivos.

Assim, há muitos comportamentos que eram adaptativos em ambientes ancestrais — no sentido de favorecer o sucesso reprodutivo — mas que agora podem diminuir a nossa perspectiva de procriar.

A fobia de aranha, a pornografia e a obesidade revelam que muitas falibilidades atuais têm origem na Idade da Pedra. Quais, cabe perguntar, são as implicações para a liderança? A nossa psicologia da liderança evoluiu ao longo de 2 milhões de anos e, durante a maior parte desse período, vivemos em bandos igualitários de irmãos e irmãs, sendo a liderança informal, consensual e situacional. O melhor caçador decidia quando a tribo iria caçar, o melhor guerreiro decidia quando era necessário um ajuste de contas com os vizinhos. Isso mudou dramaticamente há cerca de 13 mil anos, quando o nascimento da agricultura provocou um aumento constante no tamanho e na complexidade das sociedades. Felizes bandos familiares foram rapidamente substituídos por complexas estruturas sociais de chefaturas, estados, nações e impérios, em que milhares e até milhões de pessoas eram incentivadas a viver e a trabalhar juntas pacificamente.[8]

Essa mudança nas circunstâncias sociais é muito recente numa escala de tempo evolutiva. Para ilustrar como é recente, imagine que a existência de seres humanos, de 2 milhões de anos atrás até hoje, possa ser reduzida a um período de 24 horas, começando à 0 hora. Os últimos 13 mil anos só começam quando o ponteiro marca 23h59. A nossa psicologia da liderança está fora de sintonia com os novos tempos. Mas antes que possamos convencê-lo do descompasso, vamos revisitar as razões pelas quais acreditamos que a nossa psicologia da liderança é em grande parte consequência da evolução, mais do que da educação ou do condicionamento social.

Como vimos, os seres humanos evoluíram durante centenas ou milhares de anos em sociedades pequenas sem qualquer estrutura formal de liderança. Havia relações de poder quase igualitárias entre os homens adultos

134 | Naturalmente Selecionados

do grupo. Se a teoria evolucionista da liderança se sustenta, essa estrutura social deve se refletir na maneira pela qual avaliamos hoje a liderança. Em particular, as qualidades de liderança que os seguidores consideram positivas devem ser universais e estar de acordo com o protótipo do Grande Homem, o tipo de líder ancestral.

Os dados confirmam isso. O programa de pesquisa GLOBE — Global Leadership and Organisational Behaviour Effectiveness, sediado na Wharton Business School da Universidade da Pensilvânia — estuda a percepção de atributos de liderança desejáveis e indesejáveis em todo o mundo. Num estudo de 62 culturas, os pesquisadores descobriram uma congruência notável na maneira de descrever os líderes.[9] Exemplos de atributos universalmente positivos: integridade — os bons líderes são confiáveis; generosidade — os bons líderes são solícitos; justiça — os bons líderes são justos e imparciais; diplomacia — os bons líderes sabem lidar com conflitos; determinação — os bons líderes tomam decisões boas e oportunas; inteligência e competência — os bons líderes contribuem para o desempenho do grupo; visão — os bons líderes conseguem definir um futuro desejável. Esses protótipos de líder coincidem com a percepção de um Grande Homem respeitado nas sociedades tradicionais. Os Grandes Homens exerciam influência por meio de qualidades pessoais e não por meio de um direito para governar, herdado ou divino. Para liderar, precisavam provar que constituíam uma vantagem e não um peso para a vida do grupo, ajudando-o a sobreviver e a prosperar (com o objetivo de proporcionar um ambiente seguro e provido de recursos para as famílias).

A generosidade (por exemplo, ajudar os jovens da tribo a pagar o dote para a família da noiva), a justiça (resolver as discussões) e a competência (saber cultivar alimentos) são traços importantes no Grande Homem, e essas qualidades são procuradas ainda hoje. É incrível a correspondência dessas virtudes com as de figuras universalmente admiradas, como Nelson Mandela, Kofi Annan e o Dalai Lama. É como se houvesse realmente um modelo psicológico de como deve ser um bom líder, como prevê o TEL. No mundo dos negócios, Bill Gates encabeça regularmente as listas de "mais admirados" devido à perspicácia comercial e também às atividades filantrópicas. Como mostramos no exemplo da cerimônia do *potlatch*, não importa o que os benefícios desse ato filantrópico significam para quem recebe. O que conta em termos de *status* é a quantidade de dinheiro que a pessoa dá, já que isso é um sinal genuíno da sua riqueza.

Um aspecto importante da liderança do Grande Homem é a influência exercida pela persuasão e não pela coerção. O Grande Homem seria um tolo se partisse para a intimidação: os membros das sociedades caçadoras-coletoras não gostam de receber ordens e, como vimos no Capítulo 4, costumam ignorar, desobedecer e até matar um líder que assuma poder demais (o assassinato é milhares de vezes mais comum nessas tribos do que na sociedade atual). Num eco do nosso passado ancestral, não gostamos de líderes mandões, autocentrados e corruptos. Os dados do projeto GLOBE são úteis aqui. A dominação, o despotismo e o egoísmo são universalmente detestados, assim como os líderes considerados arrogantes, vingativos, inconfiáveis, emotivos, compulsivos, supercontroladores, insensíveis, abrasivos, distantes, ambiciosos demais e incapazes de delegar ou de tomar decisões.

O desafio, portanto, para qualquer teoria evolucionista é explicar por que líderes com esses atributos ainda conseguem chegar ao topo. Parecem benignos enquanto buscam ardilosamente o poder, mostrando suas verdadeiras cores ditatoriais quando já estão no cargo. É aqui que a Tríade Negra entra em ação: homens com alta pontuação nesses três traços — narcisismo, maquiavelismo e psicopatia — chegam muitas vezes a posições de liderança porque a sua esperteza lhes permite apresentar uma face agradável para o mundo. Só depois de entronados revelam a personalidade manipuladora, egoísta e sedenta de poder.

Na ausência do resultado de um teste de personalidade, não sabemos com certeza se Robert Mugabe, que começou a vida lutando pela liberdade no Zimbábue contra os colonialistas britânicos, é um membro da fraternidade da Tríade Negra, mas sabemos que ele não é mais visto como um nobre libertador do povo. Em 2009, enquanto o Zimbáubue morria de fome, Mugabe encomendava toneladas de lagosta, champanhe e chocolates, a serem trazidas de avião para as celebrações do seu 85º aniversário. Hoje, líderes despóticos como Mugabe podem permanecer no poder com a ajuda do exército (porque é bom para um exército estar ao lado do governante) e manter o monopólio da violência. Nas sociedades tradicionais, esse comportamento não seria tolerado por muito tempo.

Como isso se aplica a liderança e seguidança? Podemos apresentar uma ladainha de fenômenos que apontam para o descompasso entre a nossa psicologia da liderança e o mundo atual: o processo de recrutamento de gerentes; a imposição de múltiplas responsabilidades a pessoas que mostraram competência numa única área; a preferência por pessoas parecidas conosco; a falta de mulheres em altos postos; o fato de militares se

136 | Naturalmente Selecionados

transformarem muitas vezes em políticos; a preferência por líderes altos, em boa forma e do sexo masculino (essa é a Hipótese da Savana, de que trataremos mais adiante). Não é por coincidência que todos esses fenômenos de descompasso — que examinaremos a seguir — participam do fracasso da liderança.

Recrutamento

Ao contrário das sociedades lideradas por um Grande Homem, os líderes das coletividades atuais, como corporações e organizações do setor público, não são escolhidos de baixo para cima (ou seja, pelos subordinados), mas instalados de cima para baixo por pessoas superiores na hierarquia. Isso pode produzir líderes com qualidades ao gosto dos superiores — por exemplo, a capacidade de executar ordens vindas de cima. Mas o simples fato de cumprir as ordens dos caras lá de cima não é classificado pela maioria como liderança, e não vai necessariamente melhorar a sua reputação entre os que estão abaixo de você. Assim, encontramos líderes e gerentes que não têm o que os subordinados veriam como qualidades essenciais de liderança.

Liderança baseada no prestígio

Nas sociedades caçadoras-coletoras, o líder ganha a sua posição por intermédio da competência num determinado campo. O Grande Homem exerce influência apenas dentro dos domínios do seu conhecimento, e lidera pelo exemplo. Isso é conhecido como liderança baseada no prestígio. O prestígio é dado a pessoas com habilidades específicas que possam ajudar o grupo a atingir suas metas.[10]

Na tribo, pessoas variadas ocupavam posições de liderança em áreas diferentes e complementares. Assim, não havia motivação evolutiva para uma personalidade tribal ser um pau para toda obra. Mas hoje há pressão para que os líderes sejam bons em tudo, para que sejam o que chamamos de "líderes arco-íris". Por isso, pessoas que mostram habilidade numa área são muitas vezes promovidas a posições corporativas que as obrigam a assumir novos tipos de responsabilidade. Assim, espera-se que os líderes arco-íris consigam inspirar, treinar, fazer a contabilidade, planejar e delegar. Mas, se alguém sobe na hierarquia porque inspira os colegas mas depois se revela incapaz de preencher uma planilha, o fracasso é quase certo. Nem todas as habilidades se transferem facilmente.

As páginas de esportes também fornecem ampla evidência de que a liderança com base no prestígio pode dar errado. Num esporte competitivo de equipe, como o futebol, os melhores jogadores ganham muito prestígio e dinheiro, o que lhes dá uma vantagem na competição por outros cargos, como o de técnico, quando chega a hora de pendurar a chuteira. No entanto, não há evidência alguma sugerindo que grandes jogadores sejam grandes técnicos. Até pelo contrário. Alguns dos técnicos mais bem-sucedidos no futebol inglês — Sir Alex Ferguson do Manchester United, Arsène Wenger do Arsenal e José Mourinho do Chelsea — eram jogadores medíocres e começaram bem cedo a carreira de técnico. Vamos pensar no jogador de futebol como um seguidor e no técnico — que escolhe o time, decide a sua formação e a estratégia de jogo — como líder. Quando um clube de futebol põe o seu melhor jogador num terno com a expectativa de que a equipe chegará ao topo, está cometendo o erro clássico de pressupor que um grande seguidor será sempre um grande líder. Alguns clubes mudam de técnico assim como um modelo de passarela muda de roupa, mas a nossa análise da Primeira Divisão inglesa sugere que uma troca de técnico no futebol é quase sempre prejudicial para o histórico de desempenho do clube.

Gostamos de pessoas como nós

De acordo com a nossa pesquisa, quando dois grupos competem entre si — digamos, num jogo de futebol, no campo de batalha ou na negociação de um contrato corporativo —, os seguidores preferem um líder que não seja apenas agressivo, mas também "do grupo". Isso significa endossar as normas do grupo e compartilhar os seus valores. Essa preferência persiste mesmo quando o candidato "do grupo" é comprovadamente menos competente do que um rival "de fora". Conduzimos um experimento que demonstrou esse comportamento aparentemente irracional.[11]

Pedimos a quatro estudantes que se sentassem em cabines separadas e demos 5 libras para cada um. Dissemos que podiam ficar com o dinheiro ou depositá-lo — todo ele ou uma parte — num fundo do grupo. Se o fundo chegasse a 12 libras, disse o pesquisador a cada um deles, o total seria dobrado e dividido igualmente entre os membros do grupo, sem que ninguém precisasse ficar sabendo quem tinha contribuído.

Os estudantes tiveram então permissão para trocar e-mails e decidir quanto cada um doaria.

Um estudante maquinador — vamos chamá-lo de Adolf — poderia mentir para os outros sobre a própria contribuição e esperar que as contribuições dos outros somassem 12 libras. Assim, ficaria com as cinco libras iniciais mais a sua parte do bolo.

Mas o grupo de Adolf não conseguiu juntar as 12 libras (havia muitas lorotas rolando naquelas cabines). O grupo teve então a opção de receber outra pessoa como líder, para coordenar a troca de e-mails dentro do grupo. Foram apresentados dois candidatos, Ben e Cameron, que tinham participado antes do experimento. A equipe de Ben tinha conseguido atingir a meta de 12 libras, a equipe de Cameron não.

Qual deles o grupo de Adolf escolheu? Escolheu Cameron, que tinha falhado na mesma tarefa para a qual estava sendo escolhido agora. Por quê? Porque Cameron era colega de faculdade dos membros do grupo de Adolf. Ben era uma escolha melhor, já que teve um desempenho melhor do que Cameron numa escala de competência como líder, mas vinha de uma universidade diferente. Em outras palavras, o nosso gosto pessoal por um líder importa mais do que a competência, o que parece irracional. A nossa preferência por líderes parecidos conosco provavelmente se resume a uma questão de confiança: alguém da nossa própria tribo tem menos probabilidade de nos trair.

Mulheres

Esse favoritismo inato por "pessoas como nós" pode ir contra o sucesso, como no caso de grupo de Adolf. Às vezes, o líder mais competente é de outra cor, de outro sexo ou de uma classe social diferente da nossa. No entanto, a nossa psicologia moldada pela evolução nos impede de aceitar esse fato. Por exemplo, há pouquíssimas mulheres na diretoria das empresas (CEOs há menos ainda). No entanto, um estudo das 500 principais empresas dos Estados Unidos realizado em 2006, conforme a lista da revista *Fortune*, revelou que as empresas com diretoras mulheres são mais lucrativas do que as que não têm nenhuma mulher na diretoria. As empresas amigáveis para as mulheres são especialmente fortes em governança corporativa. Um estudo da Escola de Negócios da Universidade de Leeds revelou o mesmo fenômeno: os dados sugerem que uma proporção de 50% de homens e mulheres numa diretoria resulta num balanço saudável. As diretorias só de homens não são boas: a inclusão de uma única mulher diretora reduz o risco de falência em 20 %.[12] A Hipótese da Savana mostrará que o nosso preconceito sexual parece vir da época na qual a nossa espécie viveu na savana.

Líderes militares

A nossa queda por líderes bons de guerra também tem todas as marcas de um descompasso. Nas sociedades tradicionais, os líderes tinham que administrar as relações com as tribos vizinhas e afastar inimigos mútuos. Os ataques e a guerra eram ameaças comuns na savana e chegaram a eliminar tribos inteiras (como os incas). Por essa razão, os Grandes Homens eram também guerreiros; somente eles podiam demonstrar a determinação, a bravura e até a agressividade necessária para rechaçar os ataques e aplacar inquietações internas. Na verdade, a literatura da ciência social é cheia de exemplos de tribalismo humano, em que os membros "do grupo" são bem tratados e os "de fora" tratados com dureza. Achamos que os conflitos entre grupos moldaram a psicologia social dos homens, uma ideia que chamamos de hipótese do guerreiro.[13]

Essa ligação instintiva entre poder militar e liderança se estende aos tempos contemporâneos: militares seniores acabam assumindo muitas vezes importantes cargos políticos. Dwight Eisenhower se tornou presidente dos Estados Unidos em 1953 graças ao seu papel fundamental no comando das tropas aliadas na Segunda Guerra Mundial. Mas hoje, quando os políticos têm que fazer muito mais do que os Grandes Homens do passado, há espaço para o descompasso. Eles têm que dirigir países e formar coalizões, além de fazer a guerra. Soldados talentosos muitas vezes perdem a força quando pressionados a ampliar o seu círculo de competência.

Além disso, a escala da guerra mudou dramaticamente da savana para os nossos dias. Nas pequenas sociedades ancestrais, podia ser prudente apoiar líderes mais agressivos, mas será que isso é prudente ainda hoje? Os custos da guerra moderna são muito maiores — mesmo para o lado vencedor. Líderes agressivos podem aumentar a probabilidade de guerra sem aumentar a probabilidade de colher benefícios.

140 | Naturalmente Selecionados

Cabe lembrar também que a liderança ancestral era essencialmente situacional: uma vez superada a ameaça, o chefe guerreiro via a sua influência diminuir. Mas hoje é comum os líderes terem mandatos pré-estabelecidos: de quatro anos, por exemplo. Uma vez dissipada a ameaça, o país se vê preso a um chefe de estado autoritário por mais tempo do que desejaria, como no caso do Paquistão com Pervez Musharraf.

Há líderes que, sabendo que as realizações militares conferem legitimidade política, fortalecem a sua base de poder começando um conflito com outro grupo, o que também observamos no nosso laboratório. "Quando o tirano descarta inimigos estrangeiros por meio de uma conquista ou de um tratado e não há mais nada a temer, ele sempre provoca uma guerra ou outra para que o povo precise de um líder", escreveu Platão. A resultante "mentalidade de cerco" desvia a atenção das deficiências do líder, canalizando-a para a manutenção da unidade do grupo. Incidentalmente, essa é uma técnica muito usada em futebol: quando um time está com um mau desempenho, o técnico muitas vezes redireciona as críticas para o juiz, para a oposição ou para a mídia.

Líderes homens, altos e em forma (ou a Hipótese da Savana)

A Hipótese da Savana é o coquetel conceitual que se consegue misturando a teoria evolucionista da liderança com a Hipótese do Descompasso. Para que você tenha uma ideia do que queremos dizer, nós lhe pedimos para considerar a expressão "qualidades de estadista". O que isso quer dizer? Você poderia responder que são qualidades que indicam que alguém daria um bom estadista. Temos certas expectativas a respeito de um "estadista": ele tem que ser homem, ter autoridade, ser sábio, ser benevolente. Mas para conquistar esse epíteto, o líder precisa ter também uma conduta e até um físico especial. Para um varapau nervoso que gagueja, fica difícil parecer um estadista. Um baixinho gordinho com voz fininha também teria dificuldade. De onde tiramos essa imagem mental de como deve ser um estadista?

A verdade é que os eleitores aprovam candidatos que se comportam e falam de um certo jeito e que têm uma certa aparência. Altura, físico e atratividade contam.[14] Os cientistas políticos têm observado que candidatos presidenciais mais altos têm preferência nos votos, enquanto pouquíssimos aspirantes rotundos tiveram a oportunidade de se espremer atrás da mesa do Salão Oval (o último candidato com sobrepeso a rolar para dentro da Casa Branca foi William Howard Taft, em 1909). Os eleitores favorecem também os líderes maduros, mais do que os jovens. Barack Obama driblou essa tendência a favor da maturidade em parte porque alguns eleitores acharam que, aos 72 anos, John McCain era um pouco maduro demais para começar a governar. Não que Obama desejasse a dádiva da juventude: houve rumores de que o dinâmico advogado tingia o cabelo de cinza para acentuar o ar de autoridade.

As teorias tradicionais da liderança têm dificuldade para explicar correlações aparentemente irrelevantes com idade, altura, peso, saúde e sexo, tendendo a vê-las como espúrias (e a preferência por líderes homens como um exemplo de condicionamento social). Afinal, governar é uma atividade mais cerebral do que física. Mas observe as mesmas correlações através das lentes da teoria evolucionista da liderança e essas preferências começam a fazer sentido. Nos ambientes ancestrais, escolher um mau líder tinha um custo tão alto que qualquer traço pessoal notável era incorporado ao processo de seleção. Afinal, as tribos caçadoras-coletoras não usavam painéis de entrevistas, restando a aparência física e a personalidade como as únicas medidas viáveis de competência. No caso de atividades de liderança que exigiam força física e resistência, como a guerra ou uma caçada, os nossos ancestrais preferiam o homem fisicamente mais apto para a tarefa (uma boa decisão, já que somos testemunhas do seu sucesso). A altura, o peso e a saúde seriam indicadores de aptidão física. A teoria evolucionista da liderança tem a seguinte explicação para isso: a evolução marcou a fogo no nosso cérebro uma série de modelos para selecionar os que nos lideram, modelos que são ativados sempre que deparamos com um problema específico que exige coordenação (como em tempos de guerra ou recessão). A Hipótese da Savana especifica quais são esses critérios, ou traços da savana.

A nossa Hipótese da Savana contém quatro ingredientes principais. Primeiro, indivíduos com um determinado conjunto de traços físicos e psicológicos tinham mais probabilidade de surgir como líderes nas sociedades ancestrais. Na medida em que esses traços eram indícios confiáveis de uma liderança eficaz, os seguidores começavam a lhes dar mais atenção. Com o tempo, usando esses indícios, os seguidores construíram perfis cognitivos ou protótipos de boa liderança, e os indivíduos que se encaixavam melhor nesses moldes tinham mais probabilidade de obter o *status* de líder.

Segundo, a Hipótese da Savana sustenta que esses protótipos cognitivos ancestrais de líder (vamos chamá-los de PCALs para abreviar) variavam

142 | Naturalmente Selecionados

conforme a tarefa em questão. Por exemplo, o PCAL para tempos de paz seria diferente do PCAL para tempos de guerra, já que traços diferentes de liderança são necessários para lutar na guerra e para manter a paz.[15]

Um terceiro esteio da hipótese é que, com o tempo, esses PCALs se integraram ao nosso cérebro. É assim que funciona: quando uma determinada ação (digamos, seguir Thor numa caçada) é sempre associada a um determinado resultado positivo (digamos, encher a barriga), a associação mental entre ação e resultado é reforçada com o tempo. Assim, sempre que calça as botas para caçar, Thor atrai seguidores. Essa associação cognitiva pode então ser generalizada para outras situações em que Thor pretende assumir a liderança — como iniciar uma batalha com outro grupo — e também para situações em que pessoas que se parecem com Thor, ou que se comportam como ele, querem assumir as rédeas. Ao longo de muitas gerações, essa associação reforçada se torna um modelo cognitivo. Assim, pessoas sem experiência podem se tornar líderes simplesmente porque se encaixam no molde PCAL.

A quarta e última implicação é que ainda avaliamos os aspirantes a líder com base nesses PCALs, mesmos que os modelos não sejam mais relevantes (já que a maioria não precisa mais caçar para comer). Pense na reação automática de medo diante de cobras e aranhas. Embora não sejam mais uma ameaça para os seres humanos atuais, essas criaturas — e até suas imagens — provocam sempre uma forte reação de medo. Não reagimos nem de longe da mesma maneira aos carros, que são muito mais ameaçadores à sobrevivência humana em termos do número de linhas genéticas a que eles dão fim. Então, o nosso cérebro parece estar preparado para reagir a perigos que eram letais em tempos ancestrais e não aos atuais matadores. Da mesma forma, estamos psicologicamente preparados até hoje para procurar líderes que teriam sobressaído na savana. Curiosamente, quando se mostra imagens de candidatos a uma eleição a crianças pequenas, elas conseguem apontar o futuro vencedor com bastante precisão, embora baseiem o seu julgamento só na aparência. No resto deste capítulo, vamos examinar os traços da savana que parecem influenciar a percepção de potencial de liderança e investigar por que eles se tornaram fortes gatilhos psicológicos. Vamos examinar cada um dos seguintes traços da savana: saúde geral, altura, idade, aparência masculina, sexo, reputação e, finalmente, carisma.

Saúde geral

Nos tempos ancestrais, o único processo de seleção para posições de liderança era por meio da aparência e da conduta. Os traços físicos indicariam potencial de liderança pela seguinte lógica: foi descoberto que a atratividade se correlaciona à simetria facial e corporal (quanto mais alto o grau de simetria, mais alta a classificação de beleza), que por sua vez é indicadora de aptidão genética. Um rosto agradável sinaliza que o seu dono está em boa saúde física, sendo assim digno de ser seguido (ele não cairá de exaustão antes de a caçada terminar). Sempre que você vê uma pessoa atraente, aquela batida a menos no seu coração é uma mensagem taquigrafada da evolução dizendo que ela tem ótimos genes e que os filhos que você tiver com ela têm uma boa chance de sobreviver.

Em 1960, o primeiro dos quatro debates televisionados entre os candidatos John F. Kennedy e Richard Nixon provou, de maneira semicientífica, a importância da aparência: Nixon parecia pálido e doente, já que tinha acabado de sair do hospital e não quis usar maquiagem, enquanto Kennedy parecia saudável e atraente. Enquanto os telespectadores classificaram Kennedy como vencedor, os ouvintes de rádio apresentaram uma visão muito mais favorável a Nixon. Esses foram os primeiros debates televisionados nos Estados Unidos e ensinaram uma lição aos aspirantes a políticos, que hoje é ainda mais pertinente, num mundo impregnado pela mídia: não importa apenas o que você diz, mas a sua aparência ao dizê-lo. Isso explica o profundo fascínio público por debates televisionados entre candidatos políticos. A Inglaterra fez esses debates pela primeira vez nas eleições de maio de 2010: David Cameron, que logo se tornaria primeiro-ministro, parecia dinâmico e saudável ao lado do homem mais velho que acabou derrotando, Gordon Brown.

Os líderes políticos e os aspirantes a líder continuam a prática de exibir saúde física. Durante seu mandato, Bill Clinton era sempre filmado correndo. Nicolas Sarkozy, presidente da França, embarcou num divulgado programa de dieta e exercícios (embora isso pudesse ter alguma coisa a ver com o fato de ter casado com uma supermodelo 13 anos mais nova). O interessante é ele ter dito aos ministros para perderem peso e entrarem em forma também. Barack Obama e sua mulher Michelle vão todos os dias à academia. Além disso, o presidente joga futebol e basquete sempre que pode. Vladimir Putin, o presidente russo, exibe regularmente os seus peito-

144 | Naturalmente Selecionados

rais para a imprensa, que já o fotografou pescando sem camisa na Sibéria, andando a cavalo e lutando judô.

Isso levou uma comentadora política a escrever: "Em que outra linha de trabalho não esportiva há expectativas semelhantes de destreza física? Ninguém espera que um economista sênior — Mervyn King (Governador do Banco da Inglaterra), por exemplo — pratique corrida ou judô. Mas, segundo alguns políticos aposentados, hoje é impensável que um homem com a aparência de Aneurin Bevan (o bem fornido ministro da saúde que criou o Serviço Nacional de Saúde da Inglaterra) encontre trabalho no topo da política. Até para espécimes físicos superiores, o preço do sucesso político é agora o exercício perpétuo."[16]

Além disso, há um forte apetite público por notícias sobre a saúde (ou não) dos líderes: um apetite que não é compartilhado por quem está de posse dos fatos. Por exemplo, na última eleição presidencial nos Estados Unidos, John McCain e Joe Biden — ambos mais velhos do que Obama — se recusaram a divulgar informações médicas.

Nos negócios também, clientes e investidores parecem vincular a saúde do CEO à saúde do balanço da empresa. Quando começaram os rumores sobre a saúde de Steve Jobs, CEO da Apple, o preço das ações despencou. Um líder doente, raciocina o nosso cérebro ancestral, é um presságio de doença para o grupo que encabeça. A notícia de que Jobs tinha feito um bem-sucedido transplante de fígado em 2009 "vazou" numa sexta-feira à noite, quando causaria menos danos financeiros à companhia. A dra. Alexa Perryman, professora de administração na Neely Business School [Escola de Negócios Neely] da Universidade Cristã do Texas, que examinou o impacto da saúde do CEO sobre companhias como McDonald e EarthLink, argumentou que a Comissão de Valores Mobiliários deveria classificar a saúde do CEO como um fato material que exige divulgação.[17]

Altura

Líderes com altas ambições precisam ser... altos. De maneira congruente com a nossa Hipótese da Savana, segundo a qual escolhemos os líderes com base na aparência, os eleitores elegem líderes mais altos (embora as evidências se limitem a candidatos do sexo masculino). Por exemplo, uma olhada nas eleições presidenciais norte-americanas revela que o candidato mais alto geralmente ganha (uma notável exceção é George W. Bush derrotando

A hipótese do descompasso | 145

John Kerry, bem mais alto). Nicolas Sarkozy (que derrotou uma oponente mulher e ganhou a presidência francesa em 2007) e Silvio Berlusconi parecem ter problemas com a estatura modesta; os dois já subiram em plataformas em encontros com colegas internacionais mais altos e os dois usam sapatos feitos para lhes dar alguns centímetros a mais. No caso de Sarkozy, seu físico diminuto — aliado à sua consciência do fato — é uma fonte constante de diversão para cartunistas e criadores de esquetes. Por ocasião de uma visita recente do presidente francês a uma empresa, os jornais divulgaram que os funcionários mais baixos foram escalados para receber Sarkozy, já que não fariam com que ele parecesse ainda menor.

A percepção de que políticos altos são levados mais a sério foi tomada ao pé da letra por uma política australiana, que fez uma cirurgia em que suas pernas foram quebradas e aumentadas em alguns centímetros. "Quero que me levem a sério e quero ser conhecida pelo trabalho que faço na minha comunidade", disse ao *Times* Hajnal Ban, membro de um conselho em Queensland, sem explicar por que sentia que as suas contribuições à comunidade seriam ignoradas se fosse mais baixa.[18]

Podemos sugerir uma explicação: nos tempos ancestrais, a altura era um indicador de qualidade genética e de bom crescimento físico (e de saúde geral). Além disso, uma pessoa mais alta seria um guerreiro mais formidável no combate frente a frente e um pacificador melhor (é mais fácil separar dois lutadores se você entra na briga de cima). Já se sugeriu que possíveis agressores podem ter fugido de oponentes mais altos, tornando a altura um traço valorizado entre os encarregados de defender um grupo. Como havia a expectativa de que homens altos fossem também saudáveis, a altura seria um sinal confiável de aptidão no sentido darwiniano, ou seja, um indicador de um bom número de filhos. Assim, os homens altos teriam mais facilidade para encontrar companheiras do que os baixos.

Essa regra ancestral continua valendo até hoje: Robin Dunbar, um psicólogo evolucionista da Universidade de Oxford, examinou os registros médicos de milhares de homens adultos na Polônia e descobriu que os mais altos têm mais probabilidade de casar e ter filhos.[19] Os homens sem filhos eram, em média, cerca de três centímetros mais baixos do que os outros. Dunbar realizou o estudo depois de perceber que os homens informavam a sua altura em anúncios pessoais só quando eram altos.

Há também uma correlação bem documentada entre altura e sucesso no local de trabalho: um estudo de julho de 2004 com mais de 8 mil trabalhadores ingleses e norte-americanos revelou que uma pessoa com mais de um metro e oitenta ganha, em média, quase $166.000 a mais durante uma carreira de 30 anos do que outra com menos de um metro e setenta — mesmo levando em conta variáveis de sexo, idade e peso.[20] Os pesquisadores descobriram que os vendedores com alguns centímetros a mais conseguiam as maiores comissões, sugerindo que a altura afeta a percepção do consumidor (voltamos assim aos três Ss: homens mais altos ganham mais, têm *status* mais alto e mais facilidade para atrair mulheres). Pessoas altas ficam na posição invejável de serem olhadas de baixo para cima e não de cima para baixo: o impulso resultante na autoestima e na confiança contribui para uma imagem geral positiva. Isso pode explicar por que ser alto é um atributo comum aos homens de negócios bem-sucedidos: Malcolm Gladwell observou em 2005 que 30% dos 500 CEOs da *Fortune* tinham mais de um metro e oitenta e oito, comparados aos 4% da população em geral. No entanto, Jack Welch se destaca — se é esse o termo correto — como uma exceção. Alguns observadores atribuem o seu sucesso ao fato de o magnata de um metro e setenta ter subido dentro da hierarquia da GE em vez de ter sido trazido de fora, sendo assim julgado mais por suas realizações do que pela aparência.

Assim como no caso da altura, os pesquisadores descobriram também correlações entre liderança e peso. Os líderes tendem a ser mais pesados do que a média: no passado, o peso extra indicava uma pessoa rica e capaz. Um líder maior parece ter mais dignidade do que um líder magrinho. Um homem pesado tem mais probabilidade de ser um guerreiro formidável num combate frente a frente. Na verdade, o título Grande Homem — usado para descrever líderes arquetípicos — pode ter surgido pela regra tácita de liderança estabelecida pelos nossos ancestrais de que "mais pesado e mais alto é melhor", embora os eleitores sejam rápidos para distinguir entre pesado e gordo.

Idade

Outro indício facial que parece estar ligado ao potencial de liderança é a idade. Como o sexo, essa é uma das mais óbvias características físicas de um rosto e codifica importantes informações de liderança. Quando os membros de um júri apontam um porta-voz, por exemplo, preferem em geral um homem mais velho para representá-los: parece haver um pressuposto subconsciente de que um homem maduro é sábio e impositivo.

Um rosto maduro fala de experiência e sabedoria; as profissões que exigem conhecimento especializado, como a universidade ou o clero, tendem a ter líderes mais velhos. São trabalhos que exigem experiência e treinamento, o que faz com que a idade seja vista como um traço positivo. No entanto, rugas podem indicar fragilidade física e talvez conservadorismo, pondo em desvantagens os candidatos mais velhos em situações que exigem energia, dinamismo e inovação. No exército, por exemplo, o comandante de um pelotão — um posto que exige capacidade física — tem em geral idade equivalente à dos soldados que dirige. Nos escalões mais altos do exército, onde o combate físico não é importante, a idade sobe com a posição.

Num estudo recente em nosso laboratório, modificamos no computador o rosto de candidatos a líderes — homens e mulheres — para fazê-los parecer mais jovens ou mais velhos. Pedimos então aos participantes para classificar a aptidão de cada um para ser o presidente da amada Tamínia, o país ficcional criado por um dos membros da equipe de pesquisa, Brian Spisak.[21] Num dos cenários, o país estava num período de transição:

O seu país, a Tamínia, está passando por um período de mudanças. A base da nossa economia está deixando de ser o aço e o carvão para se tornar o comércio "hi-tech". Em geral, as pessoas estão abertas à experiência e a veem como uma oportunidade de crescimento. Neste momento, o país precisa atrair investidores, estimular o desenvolvimento no longo prazo e retreinar a sua força de trabalho. Isso exige que todos estejam motivados e com energia. Da mesma forma, para essa mudança funcionar, os taminianos têm que estar inspirados e concentrados. O futuro próximo será um território pouco familiar, cheio de desafios. Presentemente, o país está em meio a uma eleição presidencial. Vote em um rosto em cada par, escolhendo o que achar mais adequado para um líder num período de transição.

No cenário alternativo, o país precisava de estabilidade:

O seu país, a Tamínia, passou recentemente pelo pior desastre natural da sua história. Dezenas de milhares de pessoas morreram como resultado da inundação. A reconstrução da infraestrutura física começou sem problemas, mas psicologicamente os cidadãos têm um forte senso de perda e incerteza. Essa insegurança coletiva está afetando o bem-estar do país. As pessoas em geral não conseguem se concentrar e estão muito ansiosas. Presentemente, a Tamínia está em meio às eleições presidenciais. Vote em um rosto em cada par,

148 | Naturalmente Selecionados

escolhendo o que achar mais adequado para um líder que ofereça segurança, compreensão e resolução.

Quando confrontados com o primeiro cenário, com a Tamínia passando por mudanças, os participantes escolheram os líderes com aparência mais jovem. No segundo cenário, preferiram os candidatos mais velhos. Como os "candidatos" eram basicamente o mesmo rosto envelhecido por truques de computador, podemos deduzir que os nossos participantes tomaram as suas decisões com base na idade. Manipular o contexto da "eleição" muda a desejabilidade de cada rosto.

Esses estudos oferecem uma interpretação possível para a retumbante vitória de Barack Obama: a sua jovialidade teve um impacto positivo entre os eleitores sequiosos de mudança. Obama se apresentou deliberadamente como o candidato da mudança (a palavra "mudança" aparecia em todos os cartazes da campanha), tirando proveito do seu dinamismo relativo e apresentando a falta de experiência como um sinal positivo de que era diferente dos outros políticos. Isso pode explicar também o sucesso de David Cameron e Nick Clegg, líderes altos e atraentes, que governam atualmente a Inglaterra. Ambos procuram se apresentar como uma mudança com relação ao passado, prontos para enfrentar os problemas econômicos do país com originalidade e vigor.

Aparência masculina

Como Bush, mais baixo, ganhou de Kerry, mais alto, nas eleições presidenciais de 2004? É improvável que a idade tenha sido um fator: menos de três anos separam o nascimento dos dois. Segundo a nossa Hipótese da Savana, os eleitores adaptam o PCAL que procuram ao problema do momento. Isso significa que a desejabilidade dos atributos de liderança dependem do contexto. No caso de Bush e Kerry, a outra diferença física evidente entre os dois, além da altura, é facial. Será que a vitória de Bush se deu graças à forma do seu queixo?

Recentemente, Anthony C. Little da Universidade de Stirling conduziu um estudo fascinante para responder a essa pergunta.[22] Os traços faciais de Bush e Kerry foram misturados e sobrepostos sobre um rosto masculino neutro de tal forma que não dava para reconhecer os dois candidatos na composição. O rosto foi então trabalhado para ficar mais parecido com

A hipótese do descompasso | 149

Bush ou Kerry (sem ser óbvio). Perguntaram então aos participantes em quem votariam se o país estivesse em guerra e em quem votariam em tempos de paz. Eles preferiram o rosto com traços realçados de Bush no cenário da guerra e o rosto com traços realçados de Kerry no cenário da paz. Na época da eleição real, o país estava envolvido nas guerras do Afeganistão e do Iraque.

Como os participantes decidiram votar apenas com base na aparência, parece que foi a masculinidade relativa do rosto de Bush que lhe deu a vitória na eleição (na vida real, assim como no experimento). Um típico rosto masculino tem linhas fortes no queixo, sobrancelhas pronunciadas, olhos estreitos, lábios pequenos e muitos pelos (que obviamente podem ser removidos com o barbeador). Um rosto feminino, por outro lado, tem linhas do queixo suaves, olhos grandes e lábios cheios. Um rosto masculino é sinal de níveis relativamente altos de testosterona (uma teoria sugere que, como só os homens com um sistema imunológico muito bom suportam altos níveis de testosterona, as mulheres acham atraentes os homens com queixo forte porque sua aparência masculina é sinal de um excelente sistema imunológico, um traço transmissível que aumenta as chances de sobrevivência dos filhos).

Para testar a ideia de que os eleitores reagem a indícios faciais em suas escolhas, o nosso laboratório replicou o estudo escocês usando os rostos de Obama e McCain como modelos. O rosto de Obama é mais feminino enquanto o de McCain é mais masculino. Como esperado, os rostos mais suaves (em que os traços de Obama foram realçados) foram preferidos em tempos de paz. Os rostos tipo McCain foram escolhidos num cenário de guerra. Um eleitorado cansado de guerras teria então dois motivos, segundo a Hipótese da Savana, para votar em Obama nas eleições presidenciais de 2009: suas feições mais suaves e a sua altura. Além disso, os pesquisadores da Escola de Administração Kellogg sugeriram que as feições suaves de Obama contribuíram para a sua eleição histórica porque funcionaram como um "dispositivo de segurança", sugerindo aos eleitores brancos que esse candidato negro não era uma ameaça. Os psicólogos incluíram CEOs negros nesse estudo, pedindo que participantes brancos os classificassem em termos de "babyfaceness" (é esse mesmo o termo técnico). Descobriram então que quanto mais traços infantis tivesse o rosto do CEO negro, mais alta era a classificação da sua companhia na classificação *Fortune 500*.[23]

O interessante é que esse mesmo estudo revelou que esse tipo de rosto atrapalha, em vez de ajudar, CEOs brancos prospectivos porque é associado a fraqueza. Isso é sustentado por um estudo mais antigo, segundo o qual os

150 | Naturalmente Selecionados

CEOs de companhias com alta classificação na *Fortune 1000* tendem a ter o rosto "mais forte" — numa classificação de observadores neutros — do que os CEOs de companhias com classificação mais baixa.

De volta ao nosso estudo de indícios faciais: para neutralizar a possibilidade dos nossos eleitores terem reconhecido as feições de Obama e McCain, fizemos outra versão do experimento. Pegamos vários rostos de aparência neutra, masculinos e femininos, e os modificamos no computador para ficarem mais masculinos ou mais femininos. Apresentamos então aos participantes os pares de rostos, perguntado em qual rosto votariam para presidente do país imaginário da Tamínia. Para prepará-los, apresentamos cenários ficcionais. Num deles, a Tamínia estava em guerra. No outro, a eleição transcorria em tempos de paz.

Os resultados ecoaram os resultados obtidos com o rosto de Obama e McCain: os candidatos de aparência mais masculina foram os preferidos durante a guerra, e os candidatos de aparência mais feminina foram os preferidos em tempos de paz.[24] Os rostos masculinos foram considerados mais dominantes e agressivos (qualidades desejáveis durante a guerra). Os rostos femininos foram considerados mais gentis e agradáveis. É interessante observar que as últimas três pessoas no cargo de Secretário de Estado dos Estados Unidos, o cargo mais importante do país no que diz respeito à negociação de paz no exterior, foram mulheres: Madeleine Albright, Condolezza Rice e agora Hillay Clinton. Pode ser que os países que não têm mulheres em posições de autoridade sejam mais propensos à guerra (por outro lado, pode ser que as situações de guerra reduzam as chances de as mulheres serem eleitas).

Sexo

Levamos o experimento masculino/feminino à sua conclusão lógica ao oferecer aos nossos participantes a opção de escolher como líder um homem ou uma mulher. Convidamos quatro pessoas por vez ao nosso laboratório para jogar um jogo de investimento. Dissemos à metade dos grupos que o objetivo do jogo era "fazer a sua equipe ganhar mais dinheiro do que as outras" (chamamos a isso de cenário de guerra porque as equipes são atiçadas umas contra as outras). À outra metade, dissemos que o objetivo do jogo era "ganhar mais dinheiro do que os outros jogadores da equipe" (o cenário de paz).

A hipótese do descompasso | 151

Pedimos então que cada grupo escolhesse um líder entre dois candidatos, descritos da seguinte maneira: "Sarah, uma estudante de Direito de 21 anos. Seus *hobbies* são se exercitar, viajar e sair com os amigos" e "Peter, um universitário de 20 anos cursando Literatura Inglesa. Seus *hobbies* são ler, ouvir música e ir a festas". Em outras palavras, a única diferença evidente entre os dois líderes era o sexo. Como era previsível, a maioria (78%) votou em Peter no cenário de guerra, havendo uma preferência avassaladora por Sarah (93%) como líder no cenário da paz. E esses líderes foram mesmo mais eficazes nas situações em que foram escolhidos: Peter levantou mais contribuições no cenário da guerra e Sarah no cenário da paz.

De maneira interessante, havia também uma versão do jogo que combinava elementos de guerra e paz. Dissemos aos jogadores que a meta era "ganhar mais dinheiro do que as outras equipes e mais dinheiro do que os outros jogadores da equipe". Nesses casos híbridos, os jogadores preferiram Sarah para liderar (75%). Há alguma evidência vinda de outra pesquisa de que as mulheres têm um estilo de liderança mais flexível, o que as torna excepcionalmente capazes de lidar com situações que envolvem altos graus de complexidade, como quando há oportunidades simultâneas de conflito e colaboração (e aquelas mulheres diplomatas me voltam à lembrança).

A nossa relutância relativa para escolher líderes mulheres explica a sua ausência nos escalões mais altos da política e dos negócios; só um terço das companhias FTSE100 tem mulheres diretoras, das quais a maioria é de não executivas. Só 3% dos diretores-executivos são mulheres. As presidentes e as primeiras-ministras são em número ainda menor e tendem a ser filhas ou viúvas de líderes anteriores (Benazir Bhutto e Corazon Aquino, por exemplo). De onde vem essa relutância? Nas sociedades caçadoras-coletoras, a liderança inclui em geral um componente físico. Os deveres incluem atuar como ponta de lança nas caçadas em grupo, organizar ataques e separar brigas. Como os homens são em geral maiores e mais fortes do que as mulheres, têm mais probabilidade de conseguir proeminência.

É preciso lembrar que as prerrogativas da liderança — salário, *status* e sexo — militam contra as mulheres. Os homens são sedentos de posições de alto *status* porque elas os tornam mais desejáveis para as mulheres (a lógica darwiniana explica o apelo sexual dos homens ricos: as mulheres sabem que os seus filhos terão todo o necessário). Evolutivamente, as mulheres não se beneficiam da mesma forma da riqueza e do *status* pessoal: elas servem melhor ao objetivo da evolução (que é a propagação da espécie) cuidando dos filhos do que caçando uma promoção ou um aumento de salário (na verdade, há alguma evidência de que mulheres de carreira têm problemas de fertilidade por causa do stress relacionado ao trabalho). Essas diferenças na maneira de ver o *status* — os homens dão muito mais importância a ele do que as mulheres — podem explicar o fortalecimento da já robusta tendência a favor dos líderes homens.

Algumas mulheres chegam ao topo, mas parece que são penalizadas por se destacarem em tarefas estereotipicamente masculinas. Carly Fiorina, ex-CEO da Hewlett Packard, disse muitas vezes que a mídia era sexista na cobertura do seu mandato. É verdade: não perguntamos aos CEOs do sexo masculino como é ser um homem no topo.

A sociedade tende a aceitar que essa é a ordem natural das coisas; o fato de uma mulher exercer muito poder ainda é visto como não natural, especialmente quando ela está na idade de ter filhos. É difícil para nós deixar de sentir que ela deveria estar em casa cuidando dos filhos. As mulheres na pós-menopausa, no entanto, parecem ser levadas mais a sério na política e nos negócios. Angela Merkel, a Chanceler da Alemanha, Hillary Clinton e a CEO da Kraft, Irene Rosenfeld, são altamente respeitadas. Na classificação de 2009 da *Fortune* das mais importantes mulheres de negócios dos Estados Unidos, só duas tinham menos de 40 anos.

Reputação pessoal

O público tem um interesse compulsivo pelas minúcias domésticas da vida dos líderes e das pessoas mais próximas a eles — e há uma indústria dedicada a saciá-lo. Queremos saber como Malia e Sasha estão se saindo na escola (veja, nem precisamos mencionar o sobrenome) e como a Primeira Família decorou a casa. Nós nos encharcamos de detalhes sobre o alcoolismo de Euan Blair e ouvimos com desaprovação a confissão do Senador John Edward de que tinha traído a mulher acometida de câncer. O fato de Gordon Brown ter aparecido na televisão falando sobre a morte da filhinha foi visto como uma tentativa de humanizá-lo para salvar a sua carreira. Por que temos interesse na vida particular dos nossos líderes e por que os políticos optam tantas vezes por uma confissão pública antes das eleições?

A Hipótese da Savana especula que temos interesse em informações pessoais a respeito de supostos líderes porque era assim que os nossos ancestrais julgavam as pessoas à sua volta. Nas tribos pequenas, todo mundo sabia da vida de todo mundo. Essas informações, somadas à avaliação de competência para a tarefa em questão (coletar alimentos, por exemplo), seriam usadas para avaliar o potencial de liderança. Essa lógica é resumida nesta afirmação de Truett Cathy, CEO da cadeia de *fast-food* Chick-Fil-A: "Se alguém não sabe conduzir a sua vida pessoal, não podemos esperar que tenha um alto desempenho na sua empresa."

É interessante como valorizamos a "autenticidade" quando assistimos a essas entrevistas confessionais. Nós valorizamos a sinceridade de um candidato quando ele dá informações sobre si mesmo, como se a autenticidade fosse essencial para o julgamento da sua capacidade como líder.

Os nossos ancestrais, especulamos, também julgavam o caráter das pessoas mais próximas a um possível líder, como a mulher e os filhos. São essas as pessoas que mais influenciam os seus julgamentos e decisões, e a relação de um líder com elas pode nos dar uma ideia do seu caráter. Durante o seu mandato como presidente dos Estados Unidos, por exemplo, Ronald Reagan permitiu que Nancy, sua mulher, consultasse um astrólogo. Depois, foi relatado que o presidente escolhia a data de reuniões, de conferências e até mesmo do anúncio da candidatura è reeleição de acordo com os conselhos do astrólogo. Essa revelação foi feita só depois que Reagan deixou o cargo; do contrário, teria prejudicado consideravelmente a sua reputação política.

Por que essa categoria de reputação política está sendo discutida no capítulo do descompasso? A relação líder-seguidor era muito mais próxima nos grupos coletores-caçadores do que nas sociedades de hoje, formalmente estruturadas. Mas, mesmo nas sociedades burocráticas de hoje, desejamos ter uma relação pessoal com os que seguram o leme. Como é pouco provável que o CEO de uma companhia com 10 mil funcionários consiga tomar uma cerveja com cada um deles e que um candidato à presidência consiga conhecer cada eleitor (mesmo na campanha mais bem planejada), o vácuo de informação precisa ser preenchido. É aí que entram os jornais, as revistas e as entrevistas com entrevistadores de TV confiáveis, estrategicamente programadas. É possível que um candidato a líder que considere a sua vida pessoal fora de questão perceba esse interesse espúrio como um descompasso: no entanto, o fato é que as figuras públicas que se recusam a comentar tópicos pessoais parecem evasivas.

Carisma

Finalmente, chegamos à questão do carisma, que surge muitas vezes em discussões sobre liderança, acadêmicas ou não. Sentimos que a teoria evo-

154 | Naturalmente Selecionados

lucionista da liderança pode fornecer uma explicação científica de por que o carisma é considerado uma qualidade essencial em muitos tipos de líder: políticos, corporativos ou religiosos. Acreditamos que o nosso desejo de ser liderados por homens dotados de charme e talento para a oratória remonta ao tempo da savana, quando esses líderes conseguiam despertar emoções que uniam a multidão, favorecendo a coesão do grupo. É por isso que incluímos o carisma com um traço da savana.

Essas figuras, sugerimos, eram ótimas para criar uma conexão emocional com os seguidores e para espalhar tentáculos emocionais através do grupo, garantindo assim a sua união. Porém, hoje em dia, a preferência por tais líderes pode ser altamente problemática. E é por isso que a vemos como um exemplo de descompasso.

Primeiro, como definir carisma? É do sociólogo alemão Max Weber a definição mais amplamente usada de autoridade carismática (que podemos traduzir por liderança). Ela repousa "sobre a devoção à excepcional santidade, heroísmo ou caráter exemplar de um indivíduo, e sobre a ordem ou padrões normativos revelados ou ordenados por ele".[26] Weber pode ter acertado em parte, mas a questão parece ser mais complexa; o adúltero Bill Clinton não tinha um caráter moral impecável, mas isso não minou o seu poder carismático.

O carisma é de fato estranho: é difícil de definir, mas você o reconhece quando o vê. John F. Kennedy e Martin Luther King tinham carisma. É da opinião geral que faltou carisma a George W. Bush, mas seu sucessor Barack Obama o tem de sobra. Parece que faltava carisma ao ex-primeiro-ministro inglês Gordon Brown, ao contrário do seu sucessor David Cameron, que parece ser abençoado com ele. A partir de Weber, os psicólogos têm tentado definir com mais precisão essa qualidade: uma pessoa com carisma parece abrigar um dom extraordinário de liderança, sabe enfrentar uma crise, tem ideias radicais e se ergue acima dos conflitos. Atrai também uma base leal de fãs.

De modo fascinante, psicólogos descobriram que os líderes carismáticos conseguem apertar um botão psicológico enterrado no fundo da mente humana. Para isso, usaram uma técnica experimental (chamada *mortality salience manipulation*) que consiste em pedir que os participantes imaginem o momento em que morrem. O objetivo é provocar ansiedade, é despertar um terror mortal que não é despertado por um simples exame (o que os participantes também foram convidados a imaginar, como meio de controle experimental). Depois de descrever a morte imaginária, os participantes são convidados a votar em um dos três líderes apresentados: um realizador, um pacificador e um visionário. Nesse caso, o visionário se sai surpreendentemente bem.[27] Achamos que isso se deve à necessidade instintiva de proteção criada pelo medo da morte. Na savana, é provável que buscássemos uma pessoa confiável que nos conhecesse intimamente para nos dar proteção e conforto. Um visionário — um líder carismático — sabe se colocar no nosso círculo mais próximo ao nos dar um pouco da sua personalidade na sua oratória.

Pesquisas em sociedades tradicionais sugerem que os Grandes Homens são extremamente carismáticos. Um exemplo famoso é Ongka, um Grande Homem da tribo Kawelka na Nova Guiné, que estrelou o próprio filme.[28] Ser próximo, inspirador, persuasivo e visionário seriam atributos importantes para aspirantes a líder em pequenos grupos. É por isso, sugerimos, que julgamos nossos líderes prospectivos com base na personalidade. Podemos presumir com segurança que os líderes tribais da savana não ficavam isolados dos seguidores num escritório com ar condicionado, não eram protegidos por um assistente pessoal esnobe (uma esposa, talvez) e não iam trabalhar num Lexus com motorista. Os nossos ancestrais não eram segregados daqueles que os lideravam: havia pouca distinção entre pessoa pública e pessoa privada. Assim, os seguidores avaliavam seus líderes com base no que viam: a personalidade, o poder de comunicação, os valores familiares. Na ausência de qualificações, testes psicométricos e currículos, essas eram as únicas informações disponíveis aos nossos ancestrais.

É claro que um dos recursos essenciais do líder carismático é a linguagem. Esses líderes usam o dobro de metáforas nos seus discursos do que os outros e os estudiosos, a partir de Plutarco, associam a capacidade de liderança à retórica e ao domínio da linguagem. A pesquisa atual sustenta a evidência histórica e anedótica: os líderes têm uma pontuação muito alta em QI verbal, e o *babble effect*, discutido em capítulos anteriores, mostra que pessoas que falam muito são percebidas pelos outros como líderes.

Patrick McNamara e David Trumbull dizem que o discriminador crucial entre palestrantes, na avaliação dos ouvintes, é a "relevância": na nossa história evolutiva, os indivíduos que conseguiam juntar e transmitir informações relevantes, sucintas e oportunas ocupariam uma posição especial dentro da tribo.[29] Essa necessidade de juntar informações relevantes exigia uma boa memória (capacidade de reter a informação e a sua origem) e, portanto, inteligência. Mas essa pessoa precisava também ter informações de diferentes fontes, sugerem eles: isso indica que era digna de confiança

156 | Naturalmente Selecionados

e respeitada pelos outros membros da tribo. No que diz respeito ao grupo, nenhum desses traços sozinho tem utilidade: não adianta alguém ser loquaz e não ter informações ou opiniões para transmitir, e é quase inútil alguém acumular visões variadas e ser tímido demais para passá-las adiante. Por outro lado, uma pessoa com todas essas características — ser conhecida e respeitada, inteligente e verbalmente capaz — teria uma vantagem imediata em termos de liderança. Isso explicaria a correlação que vemos hoje entre capacidade de liderança, extroversão e técnicas linguísticas.

Mas a linguagem, que segundo alguns pesquisadores evoluiu para conectar grandes grupos de pessoas, não tem por si só o elemento emocional necessário para despertar e sincronizar emoções nas multidões (procure imaginar Bill Gates tentando fazer o discurso "Eu Tenho um Sonho", de Martin Luther King). Nós e outros temos argumentado que mecanismos como o riso, a religião, a dança e a música — que são atributos quase que exclusivamente humanos — podem ter aparecido na história evolutiva humana para liberar emoções positivas em grandes grupos de pessoas geneticamente não relacionadas, favorecendo a sua união.

Temos a forte suspeita de que a liderança carismática — constituída de linguagem, linguagem corporal e um certo *je ne sais quoi* — exerce sobre os seguidores efeitos psicológicos e fisiológicos semelhantes aos do riso, da dança e da religião. Grandes discursos despertam emoções e unem os ouvintes (pense no discurso de posse de Obama ou no discurso "Give Me Liberty or Give Me Death" de Patrick Henry, um dos pais-fundadores dos Estados Unidos). É bem possível que a oratória inspiradora agite as endorfinas, além das emoções: esse seria um tema de pesquisa fascinante. Se é esse o caso, a descoberta de que as pessoas recorrem a líderes carismáticos em épocas de necessidade faz sentido. Esses líderes não apenas "sentem a sua dor", como disse Clinton certa vez, mas podem aliviá-la. Quando as pessoas são exortadas a fazer sacrifícios substanciais pelo bem do grupo, como na guerra ou na recessão, percebemos como é útil a capacidade de sentir empatia pelos subordinados e de sentir a sua dor — e até reduzi-la. Assim, compreendemos o apelo do líder carismático.

Por que achamos que o carisma merece um lugar na Hipótese do Descompasso? Porque personalidade e carisma nem sempre substituem a competência, especialmente no mundo de hoje, que é tão diferente da savana. A vida atual ainda não reequipou o nosso cérebro para o uso de técnicas mais novas de avaliação da competência. A evolução nos preparou para buscar informações sobre a personalidade e a capacidade de oratória dos nossos líderes porque era a persuasão, a personalidade e a reputação — além de fatores físicos como altura e idade — que garantiam posições de liderança nas pequenas tribos dos nossos ancestrais. Hoje, no entanto, temos que fazer uma comparação racional entre os candidatos, com base em instrução e experiência.

Mas permanece o fato de que, ao escolher entre dois políticos, nós os julgamos não com base no que dizem, mas com base na convicção, na sinceridade e no tom empático com que falam. Os indivíduos carismáticos — aqueles que têm o toque pessoal, mas não necessariamente o domínio dos detalhes — têm vantagem neste ponto. Além disso, agora que não vivemos mais em pequenos bandos, mas em cidades, nações e regiões geopolíticas, os indivíduos carismáticos têm agora o potencial de exercer o seu domínio sobre milhões de pessoas e não apenas sobre 100. Uma maçã podre põe em risco não apenas uma cesta, mas o pomar inteiro.

Para recapitular, esperamos tê-lo convencido neste capítulo que a nossa maneira de escolher um líder deve muito ao tempo da savana, onde a nossa psicologia evoluiu para nos ajudar a operar em pequenas tribos caçadoras-coletoras. Mas como a sociedade de hoje é muito maior e socialmente mais complexa, ficamos entalados no espaço entre a savana e a cidade. No entanto, por mais que usemos o intelecto, o nosso cérebro tem visão de túnel quando se trata de psicologia da liderança. Estamos nesse túnel evolutivo há cerca de 2 milhões de anos, desde o surgimento do gênero *Homo*: os 13 mil anos desde a agricultura, que favoreceu o crescimento de grandes assentamentos, nem sequer aparecem no radar evolutivo. Assim, ainda buscamos alguns protótipos de líder: gostamos de ser liderados por homens altos, fortes e de queixo quadrado, que nos conheçam pessoalmente. Eles têm que acreditar em si mesmos, mas sem ter consideração demais por si mesmos; têm que ser carismáticos, mas não charlatões. Essas figuras reverenciadas devem receber recompensas e privilégios, mas não demais. Hoje, no entanto, o líder não coleta mais alimentos e nem luta em tribos formadas por 100 parentes consanguíneos: o líder governa nações de milhões de pessoas (um bilhão, no caso da China), administra corporações multinacionais com milhares de funcionários e transita numa aldeia global onde as pessoas não se parecem conosco e não se comportam como nós. Será um espanto que os líderes que escolhemos hoje nos desapontem tantas vezes?

7
Da savana à sala de reuniões: lições sobre liderança natural

A verdade é que maximizar a compensação pessoal não é a única motivação que as pessoas têm no seu trabalho. Subindo pela *Hierarquia das Necessidades de Maslow*, descobrimos que uma vez satisfeitas as necessidades materiais básicas, o dinheiro se torna menos importante para nós. Na minha experiência, os propósitos mais profundos, o crescimento pessoal, a autoatualização e os relacionamentos afetivos proporcionam motivações poderosas e são mais importantes do que a compensação financeira para criar lealdade e uma organização com alto desempenho.

John Mackey, blog, junho de 2009

Começamos a nossa busca para compreender a liderança na quente e seca savana africana de 2 mil anos atrás, e estamos prestes a concluí-la no século XXI. É incrível pensar que essa linha do tempo é também uma linhagem sanguínea, que liga cada um de nós aos ancestrais do passado. Ao longo dessa linha, nós fomos modificados: é a descendência com modificação, como diria Darwin. Descemos das árvores, adquirimos a linguagem, livramo-nos (em parte) da hierarquia de dominância dos nossos primos primatas e construímos grandes sociedades cooperativas em que as pessoas se ajudam e se importam umas com as outras. Somos organismos que andam e falam, equipados com comportamentos e instintos que favorecem o sucesso reprodutivo. E, antes de o relógio evolutivo tocar meia-noite, esses instintos e comportamentos estavam de acordo com os nossos ambientes naturais e sociais.

Hoje, no entanto, nos conglomerados urbanizados e industrializados em que a maioria dos leitores vive, esses instintos estão nos pondo em dificuldades. Nós nos fartamos de alimentos ricos em calorias que seriam um reforço ocasional para os nossos ancestrais, e engordamos. Fugimos de aranhas e cobras, embora elas representem uma ameaça negligenciável. Os nossos ancestrais viviam e coletavam alimentos em tribos igualitárias com

Da savana à sala de reuniões: lições sobre liderança natural | 159

menos de 150 pessoas. Hoje, não passamos de pequenas peças das engrenagens cívicas e corporativas, esmagados sob o peso das hierarquias formais. Somos um funcionário entre milhares, um cidadão entre milhões.

O que isso significa em termos de liderança e seguidança? Como explica a teoria evolucionista da liderança, a nossa psicologia foi esculpida para florescer em pequenas comunidades uniformes. Assim, fazemos o mesmo tipo de julgamento instintivo que os nossos ancestrais faziam. Seguimos pessoas com carisma porque o usamos como um substituto da competência, mas muitas vezes descobrimos à nossa própria custa que um exterior carismático pode esconder uma natureza vazia e vingativa. Votamos em homens altos e em boa forma porque era esse tipo de pessoa que os nossos ancestrais procuravam para prover proteção tribal. Tendemos a excluir as mulheres (porque eram confinadas a papéis tradicionais na vida tribal) e as minorias (porque desconfiamos instintivamente de pessoas que não sejam iguais a nós). Hoje, não há nenhum motivo racional para usar altura, idade, peso, cor e sexo como qualificações para empregos e cargos. No entanto, esses instintos da savana continuam a nos impedir de escolher a melhor pessoa para preencher uma determinada posição. Isso contribui para o substancial índice de fracasso de gerentes na América corporativa, segundo a nossa hipótese.

A teoria evolucionista da liderança explica por quê. A nossa mente não está equipada para viver e trabalhar como fazemos hoje. É claro que vamos levando — afinal, somos a espécie mais inteligente do planeta, e podemos usar a tecnologia e a cultura para nos adaptar aos ambientes atuais — mas há alguma coisa na liderança de hoje que não parece muito certa. Isso pode explicar a crescente popularidade de termos como "liderança autêntica", que procuram encapsular uma qualidade fundamental que muitas vezes falta aos líderes.

Se o passado ancestral ainda afeta a nossa maneira de pensar, sentir e nos comportar, então os futuros líderes precisam compreender o fenômeno da Liderança Natural. Os Líderes Naturais são aqueles que pilotam as suas organizações de um modo que se ajusta à nossa psicologia ancestral — e que se esforçam para superar as parcialidades que lhe são inerentes. Cabe observar que o dever não tem um único lado. Os seguidores podem mudar a maneira pela qual são liderados e precisam aprender a se afirmar. Como seguidores, temos que perguntar como as organizações que governam a nossa vida — governos, empresas, a Igreja, os órgãos do setor público — podem ser redesenhadas para favorecer uma liderança excelente (com isso, queremos dizer competente e moral) e minimizar ao mesmo tempo a má liderança (com isso, queremos dizer excluir pessoas que não têm os nossos melhores interesses no coração).

A teoria evolucionista da liderança nos dá um recurso valioso para melhorar a prática da liderança e da seguidança nas organizações atuais. Abaixo, apresentamos as dez recomendações mais importantes e as rememos aos capítulos que explicam o pensamento que as embasa. Algumas recomendações são diagnósticas e podem ser usadas para investigar a compatibilidade entre uma determinada estrutura organizacional e o ambiente ancestral; outras são recomendações de cursos de ação que podem melhorar a maneira pela qual as pessoas lideram e seguem "naturalmente", dados os limites da mente ancestral. Uma observação importante: não queremos que os modernos locais de trabalho retrocedam às práticas de trabalho da Idade da Pedra. A teoria evolucionista da liderança se propõe a facilitar uma compreensão de como a vida em grupo, incluindo liderança e seguidança, se originou na nossa espécie. Adaptando suavemente a nossa atitude mental para que se acomode ao século XXI, podemos tornar a dinâmica da vida em grupo melhor para todos.

1. Não superestime o lado romântico da liderança

Nos ambientes ancestrais, não havia papéis formais de liderança e quase não havia distinção entre a vida pública e a vida pessoal do líder. Na verdade, as informações pessoais eram cruciais para determinar se ele podia ocupar essa posição de destaque.

Assim, detestamos o chefe quando ele nos faz trabalhar até tarde e o amamos quando ele nos dá um dia de folga. Conscientemente, sabemos muito bem que o nosso chefe está apenas seguindo as ordens da alta gerência. No entanto, a nossa psicologia moldada pela evolução cochicha para nós que o chefe que nos faz trabalhar até tarde é um bruto, e o chefe que nos dá um dia de folga é um santo. Esse "erro fundamental de atribuição", ou "erro de atribuição de liderança", é um produto do passado ancestral, quando casa e escritório eram o mesmo lugar e a única meta de desempenho que importava era continuar vivo e ter filhos.[1]

Esse mesmo erro, ou curto-circuito psicológico, nos leva a romantizar a liderança: beatificamos o líder quando um grupo é bem-sucedido e o culpamos quando as coisas vão mal. Segundo relatos da história inglesa, Winston

Churchill teria derrotado o regime nazista praticamente sozinho. Os índices de aprovação de George W. Bush, por outro lado, estavam tão baixos no seu segundo mandato que era como se tivesse orquestrado pessoalmente o Furacão Katrina, que devastou Nova Orleans em 2005.

Essa visão romântica da liderança aparece na teoria do Grande Homem que conhecemos no Capítulo 1 e no sucesso de biografias de empresários, em que Jack Welch ou outro guru dos negócios revela os seus segredos. Esse romantismo podia ser justificado na savana, quando as boas decisões significavam a diferença entre a vida e a morte, mas hoje não se justifica a esse ponto. Os líderes de hoje operam em geral como parte de uma coalizão ou seguem ordens vindas de cima, o que significa que o rastro da responsabilidade é mais opaco. A verdade banal é que os líderes atuais merecem menos crédito e menos críticas por suas ações do que os seus primeiros predecessores.

Escrevendo no *USA Today*, o comentador Alan M. Weber revelou:

A melhor lição de liderança empresarial que já tive veio de Jim Collins, autor do best-seller Good to Great. *Eu disse a Jim que tinha observado que nenhuma empresa que tinha dado o salto de boa para ótima era uma escolha óbvia. Mais especificamente, nenhum dos CEOs era famoso ou nem mesmo conhecido. Será que haveria uma correlação entre anonimato do CEO e desempenho? perguntei a Jim. Sua resposta: chega um momento na história da maioria das empresas em que o CEO fez uma escolha: fazer o que é melhor para o futuro da empresa ou o que é melhor para a carreira do CEO.*

Então, de que CEOs Collins está falando, que fizeram o que era melhor para a empresa? Experimente fazer este teste: você sabe o nome do CEO da Starbucks, uma das poucas empresas norte-americanas que dominou a arte de crescer sem perder qualidade? Você sabe o nome do CEO da Southwest Airlines, a única linha aérea importante a conseguir lucratividade diante de um desastre econômico que atingiu todo o setor?[2]

O que Weber está dizendo é que esses CEOs não celebrados — que não romantizam suas contribuições porque compreendem que nos dias de hoje a grande liderança não se resume a uma única pessoa — estão realmente entre os de mais sucesso.

2. Descubra um nicho e desenvolva o seu prestígio

No interessante livro de Robert Greene, *The 48 Laws of Power*, a décima primeira lei diz: "Aprenda a manter as pessoas dependentes de você." Greene escreve: "Para manter a sua independência, você tem que ser necessário e procurado. Quanto mais os outros dependem de você, mais liberdade você tem. Faça com que a felicidade e a prosperidade das pessoas dependam de você e não terá nada a temer. Nunca as ensine o suficiente para não precisarem mais de você."[3] Ignore os subtons maquiavélicos: a mensagem essencial é descobrir um nicho para você. Isso será bom para você e bom para o grupo. É isso a Liderança Natural. Nos ambientes ancestrais, como vimos no Capítulo 3, os indivíduos ganhavam seguidores porque tinham alguma habilidade que podia beneficiar o grupo — como quebrar pedras, caçar ou navegar por territórios desconhecidos — ou alguma qualidade pessoal exclusiva, como tato, diplomacia ou capacidade de se comunicar com os deuses. Esses Líderes Naturais atraíam seguidores interessados em aprender com eles e esses seguidores os recompensavam com os três Ss: salário (ou, nos dias anteriores ao dinheiro, alguns privilégios), *status* e, às vezes, sexo.

Assim, ao longo do tempo evolutivo, ocorreu a seleção de traços que capacitam os indivíduos a aprimorar as suas capacidades, especialmente as que são consideradas "úteis" para o grupo a que pertencem (onde "útil" é culturalmente determinado). Uma manifestação disso é a tendência das pessoas a amar aquilo em que são excelentes. Se você perguntar a uma criança porque ela gosta de xadrez ou de futebol, ela responde que gosta porque é boa naquilo. Essa relação talento-gosto garante que ela continue praticando até atingir um nível de *expert*. Estima-se que são necessárias 10 mil horas de treinamento — 20 horas por semana por 10 anos — para se tornar um "expert".[4] Os Líderes Naturais conhecem suas forças e fraquezas e cultivam aquilo em que são bons.

Ter conhecimento especializado ou uma habilidade exclusiva faz com que a pessoa se torne insubstituível. Envolver-se em muitos aspectos da administração de uma organização também ajuda: você ganha aliados e parece indispensável. Henry Kissinger sobreviveu como diplomata importante em sucessivos governos norte-americanos não porque era um negociador excepcional ou uma pessoa agradável, mas porque se ancorou em tantos domínios políticos ligados a segurança e política externa que afastá-lo seria desestabilizante. Era consultor em questões com a então União Soviética,

3. Pequeno e natural

As sociedades dos nossos ancestrais, que visitamos no Capítulo 4, eram essencialmente famílias estendidas interdependentes, em que todo mundo conhecia todo mundo e o papel de cada um. Os grupos se mantinham unidos mediante uma liderança informal, consensual e carismática. A evidência etnográfica sugere que essas comunidades variavam em tamanho, de cerca de 50 membros (mais ou menos o tamanho de um grupo de chimpanzés) a 150. Esse limite superior, denominado Número de Dunbar, é mais ou menos o número máximo de pessoas numa rede social que conseguem se manter juntas informalmente e sem controle externo. Numa escola de 150 alunos, o diretor conheceria cada aluno pelo nome. Pense nesse número como o número de pessoas na sua lista de cartões de Natal ou como o total de pessoas com quem você teria uma conversa anterior para continuar se as encontrasse por acaso na rua. Não é por acaso que 150 é o tamanho máximo de comunidades religiosas igualitárias como os amish ou os huteritas. Quando uma colônia huterita excede 130 a 150 pessoas, uma nova colônia-filha é iniciada.

O nosso cérebro é adaptado a organizações desse tamanho. É difícil operar informalmente organizações maiores porque os membros podem não lembrar de informações importantes, como o nome das pessoas ou quem disse o que (o site social Facebook precisou introduzir o "defriend", de modo que os usuários possam reduzir sua rede a nível administrável). Ultrapassar o limite de 150 leva à necessidade de relações formalizadas e de regras escritas. De maneira interessante, o parlamento holandês tem exatamente 150 cadeiras. O parlamento britânico tem 450 cadeiras. Será que isso explica o recente escândalo das despesas dos políticos ingleses, que poderia ter sido evitado se houvesse um controle informal suficiente?

As organizações eficazes, como a W. L. Gore and Associates e a Virgin são projetadas e estruturadas — deliberadamente ou não — de um modo que lembra em certos aspectos os bandos caçadores-coletores. Por exemplo, essas companhias delegam a tomada de decisões para gerentes em baixas posições na cadeia de comando, de modo que o tamanho das unidades funcionais raramente exceda um certo número (250 no caso da Gore).

As formas descentralizadas de organizar são associadas a mais disposição, envolvimento e compromisso por parte dos funcionários, o que por sua vez está associado a mais produtividade, melhores resultados financeiros e clientes mais satisfeitos. Voltaremos ainda à W. L. Gore and Associates para examinar por que é uma pioneira da Liderança Natural.[5]

Um Líder Natural deve ter as qualidades associadas à liderança de bandos de pequena escala porque esse é o padrão que nós, seres humanos, temos aplicado há centenas ou milhares de anos. Estudos internacionais sobre liderança sugerem que em todas as partes do mundo, a despeito das diferenças culturais, valorizamos as mesmas qualidades nos líderes. Elas incluem probidade, persistência, humildade, competência, determinação e visão — as mesmas qualidades que alavancam indivíduos ao *status* de Grandes Homens nas sociedades pré-industriais. Ser um Líder Natural significa manter relações pessoais com os subordinados. Isso significa que até o CEO de uma grande empresa precisa cultivar as relações com os subordinados em cada nível da organização (por isso é bom diminuir o tamanho das unidades). Isso pode parecer impossível, mas um pouco de carisma e a atual tecnologia da comunicação ajudam a promover uma relação pessoal com muitas pessoas ao mesmo tempo (o e-mail informal de John Mackey aos funcionários do Whole Foods Market, citado no Prólogo, é um exemplo; Richard Branson, que chefia o grupo de empresas Virgin, também faz da informalidade uma virtude).

4. Favoreça os seguidores

Os antigos humanos, como vimos no final do Capítulo 4, perceberam como é perigoso dar poder demais para um só indivíduo do grupo, já que ele (era quase sempre um homem) poderia usá-lo para dominá-los e satisfazer os próprios interesses reprodutivos. Basta observar os nossos primos primatas, o gorila ou o chimpanzé, para ver como seria a vida numa hierarquia de dominância governada por um alfa despótico. Como disse Thomas Hobbes, filósofo do século XVII: "Nada de artes, nada de letras, nada de sociedade. E, o que é ainda pior, o medo contínuo e o risco de morte violenta: e a vida do homem, solitária, pobre, sórdida, grosseira e curta."

A dominância faz parte da nossa história primata e há sempre o risco de que pessoas em posições de liderança — os primatas — possam coagir e explorar os seus seguidores. Isso torna as relações líder-seguidor essencialmente ambivalentes. Ao longo da história evolutiva humana, tem havido uma contínua corrida armamentista entre líderes e seguidores para obter o controle na batalha pelo poder. Durante um bom tempo, quando os seres humanos viviam em grupos igualitários, os subordinados conseguiam se organizar efetivamente para coibir o poder dos líderes e mantê-los sob controle, usando as Estratégias para Vencer os Poderosos (EPVPs) mencionadas no Capítulo 4.

Alguns antropólogos se referem a isso como "hierarquia de dominância reversa", em que a influência do líder deriva da legitimidade conferida pelos subordinados, os verdadeiros detentores do poder. Esse poder reverso permitiu que os nossos ancestrais colhessem os benefícios da cooperação e conquistassem o mundo. Quando os líderes são mantidos sob controle, como aconteceu em grande parte da história evolutiva humana, e todos podem se reproduzir, então os seguidores têm interesse genético em proteger o bem-estar do grupo, e o resultado é a estabilidade.

Numa sociedade governada por um déspota, os subordinados não têm interesse em buscar o bem-estar do grupo. Ficam à espera, até que tenham força suficiente para derrubar o dominante e assumir o controle. Desde a revolução agrícola, como explicamos no Capítulo 5, houve períodos em que essa hierarquia de dominância reversa esteve sob ameaça porque os líderes — reis, tiranos e líderes militares —acumularam recursos e desenvolveram poderes que usavam às vezes para explorar e coagir os cidadãos. Mas esses arranjos totalitários são insustentáveis porque não há um número suficiente de pessoas dispostas a morrer por um déspota. Os regimes em que as pessoas comuns têm um interesse compartilhado — as democracias — duram mais porque todos nós defendemos uma sociedade em que temos interesse biológico. É interessante observar que o ímpeto de lidar com a mudança climática vem em parte do desejo global de deixar um mundo melhor para os nossos filhos e netos.

Em suma, embora regimes totalitários fascistas ou comunistas surjam ocasionalmente, eles estão em desacordo com a nossa psicologia moldada pela evolução. Não somos ainda como certos animais (ultra)sociais, como as formigas e as abelhas, que sacrificam os próprios interesses reprodutivos pelo bem maior da sociedade (pense na infelicidade que a política imposta de um filho por casal gerou na China). Parafraseando o grande sociobiologista e aficionado das formigas Edward O. Wilson quando lhe perguntaram sobre o comunismo humano: "Grande ideia. Espécie errada."

166 | Naturalmente Selecionados

As organizações deveriam levar em conta as lições de liderança vindas do passado ancestral: seria bom observar as estratégias que os líderes tradicionalmente usam para acumular poder (ver EPOPs no Capítulo 5) e, mais importante ainda, de que maneira os subordinados podem resistir (EPVPs). É aí que os seguidores têm que assumir a responsabilidade pela maneira pela qual são liderados.

Uma estratégia é aceitar a liderança apenas de indivíduos — Líderes Naturais — com competência comprovada. Em geral, os funcionários e os cidadãos conseguem coordenar as atividades entre si e não querem ser microgerenciados; um líder precisa mostrar que ele pode conquistar alguma coisa que esteja acima e além do que pode ser conquistado sem ele. Vale a pena implementar sistemas de controle mútuo, como as nossas EPVPs, para impedir que os pratos da balança se inclinem demais a favor do líder (não estamos incluindo a EPVE mais extrema, o assassinato, na nossa lista). A fofoca deve ser tolerada (as fofocas na hora do café são de grande utilidade para os empregadores, já que o medo de ser mal falado é um forte incentivo para que um gerente se comporte bem). Deveria haver um constante escrutínio público por meio de audiências públicas, eleições e plebiscitos de acionistas. É saudável permitir aos presidentes um número fixo de mandatos e os que tentam mudar isso (como fizeram recentemente Hugo Chávez e Vladimir Putin) deveriam ir embora. Da mesma forma, os CEOs têm que ser constantemente avaliados.

As organizações deveriam também incentivar e livrar de recriminações a prática de denúncias entre os funcionários. Em casos extremos, a desobediência deve ser tolerada. Afinal, quem está no poder pode cometer erros. A Enron e o Lehman Brothers poderiam continuar atuantes se tivessem levado as críticas dos funcionários mais a sério: em vez disso, são agora um sinônimo de gestão fracassada. Líderes Naturais teriam implementado um esquema — como caixas de sugestões ou canais abertos de comunicação — para eliminar o problema no início. Por exemplo, a John Lewis Partnership — que tem uma lucrativa rede de supermercados e lojas de departamentos no Reino Unido — faz reuniões regulares do Conselho de Sócios, em que qualquer coisa pode ser discutida. Oitenta por cento dos membros desse conselho são eleitos por funcionários (que são considerados "sócios") e qualquer sócio pode participar de qualquer reunião do conselho.

Vimos também, no Capítulo 5, a importância das opções de saída. Os seguidores precisam ter opções de saída o tempo todo. Nos tempos ancestrais, os indivíduos e até o grupo todo podiam simplesmente abandonar um líder dominador. Quando uma pessoa é impedida de sair do país ou dissuadida de deixar o local de trabalho (com a ameaça de más referências, por exemplo), ela se torna escrava de quem está no poder. Essa é uma negação intolerável da nossa psicologia natural de liderança e seguidança e, como vimos com o colapso do comunismo e do fascismo, essencialmente insustentável.

De maneira paradoxal, a possibilidade de críticas, desobediências e até mesmo agressões quando os seguidores se unem contra os líderes, é uma receita para uma dinâmica de grupo saudável. Na ausência desses mecanismos niveladores, as sociedades e as companhias se arriscam a se tornarem mais despóticas, já que aumentam as diferenças de poder entre líderes e subordinados.

5. Pratique liderança distribuída

Nos ambientes ancestrais, como descobrimos no Capítulo 4, a liderança era situacional, fluida e distribuída. O indivíduo mais qualificado para a tarefa em questão tinha mais influência sobre a ação coletiva. Raramente um só indivíduo coordenava todas as atividades do grupo ou tomava todas as decisões. Hoje em dia, com a burocracia e a formalidade reinando no local de trabalho, o destino de uma organização repousa em geral nas mãos de uma só pessoa.

A capacidade de desempenhar papéis de liderança múltiplos e até conflitantes — ou liderança versátil — é um aspecto importante da eficácia executiva. Mas poucos líderes (com a exceção de ícones da liderança internacional, como Kofi Annan, o ex-secretário geral das Nações Unidas) são líderes arco-íris genuínos, tendo todo o espectro de habilidades necessárias para realizar uma ampla variedade de tarefas. O fato de os nossos líderes se verem pressionados a desempenhar com sucesso múltiplos papéis explica em parte o alto índice de fracasso de gerentes seniores.

Vem daí o interesse recente, no mundo da ciência e dos negócios, pela liderança distribuída — a ideia de liderança como um processo que pode ser compartilhado por várias pessoas.

Um dos marcos mais significativos da evolução humana foi a divisão de trabalho, uma coisa que só os insetos sociais — alguns dos quais conhecemos no Capítulo 2 — têm feito melhor do que a nossa espécie. Nas colônias de abelhas, diferentes grupos desempenham diferentes papéis e, juntos, fazem com que a colmeia funcione com mais eficácia. As abelhas operárias fazem a maior parte da coleta de alimento; as abelhas batedoras influenciam a escolha dos locais de coleta; as abelhas-soldado cuidam da segurança da colmeia e há até mesmo uma força policial interna que garante a exclusividade reprodutiva da rainha.

Os Líderes Naturais reconhecem que o *know-how* é bem distribuído dentro do grupo e que a organização só prospera quando a informação flui livremente e sem recriminação. Os Líderes Naturais reconhecem também a "sabedoria das multidões" na tomada de decisões. São óbvias as vantagens da tomada de decisões em grupo: ela permite que a organização reúna informações de muitos cérebros. O resultado é um cérebro global que tem à sua disposição mais informações do que qualquer cérebro individual poderia conter. Além disso, a tomada de decisões em grupo garante que as opiniões extremas não vinguem, impedindo assim o conhecido fenômeno de "*group-think*", quando um líder ou uma equipe pequena toma uma péssima decisão com base em informações limitadas, por não ter feito uma consulta ampla.[6] A deficiência dos canais de comunicação entre diferentes braços da Toyota, aliada à cultura de sigilo, parecem ter contribuído para os *recalls* tardios da companhia no caso dos carros com pedais supostamente defeituosos. Os *recalls* mancharam a reputação da companhia, que enfrenta uma conta multibilionária em reparos, ações legais movidas pelas famílias das vítimas e censura política. Fosse o que fosse o alardeado princípio administrativo The Toyota Way, a companhia se deu mal.

Não se deixe enganar pela literatura da ciência psicológica sobre tomada de decisões, que em geral se concentra naquilo que está errado nos grupos. Parte dessa literatura alega erradamente que os grupos são maus tomadores de decisões, que *brainstorming* não funciona e que os grupos tomam decisões extremas. Essas descobertas fazem boas manchetes, mas a verdade é mais sutil. Uma análise da evolução humana sugere que a tomada de decisão em grupo é natural. Os grupos são os melhores meios para tomar decisões complexas.[7]

É claro que alguns indivíduos mais instruídos terão mais influência sobre o resultado mas, seja como for, a decisão é baseada no consenso e algum tipo de democracia (embora não necessariamente o sistema "uma pessoa, um voto", que é uma invenção humana recente). A tomada de decisão consensual funciona há milhões de anos e explica o sucesso galopante dos seres humanos e de outras espécies ultrassociais, como as formigas.

Um bom exemplo de liderança distribuída é o internacionalmente aclamado "modelo pôlder" da política holandesa. Grande parte dos Países Baixos fica abaixo do nível do mar e, para impedir que o mar invada os pôlderes (as regiões mais baixas), os holandeses desenvolveram uma rede de diques interconectados. Historicamente, esses diques e pôlderes só podiam ser controlados pelo esforço coletivo de toda a população: cada cidadão, do plebeu ao nobre, assumia a responsabilidade pelo sistema. Hoje, vários órgãos regionais o supervisionam. A propósito, a manutenção dos diques é um exemplo do que os teóricos do jogo consideram um jogo de "elo mais fraco", quando o sucesso do grupo é determinado pelo elo mais fraco da cadeia, que é o dique mais baixo, o primeiro a permitir que a água entre e inunde o país.

Graças a essa ameaça extrema, a sociedade holandesa é relativamente igualitária. Há fortes normas contra a preguiça e as exibições conspícuas de riqueza, como num bando caçador-coletor ancestral. Num modelo de liderança distribuída, todo mundo tem poder para fazer a diferença: como vimos no Capítulo 5, atribuir poder a alguém geralmente resulta em ação (embora possa haver também abuso de poder).

6. Atenção à disparidade salarial

Na sociedade atual, a liderança vem em geral com benefícios e privilégios. Como vimos no Prólogo, antes do colapso do crédito, o salário dos CEOs na América corporativa era em média 179 vezes mais alto do que o salário dos trabalhadores nos níveis mais baixos das empresas. No Reino Unido, o múltiplo é por volta de 100. Banqueiros e investidores faturavam milhões em bônus. Mas, antes da crise econômica, ninguém percebia. Desde então, a reação é global. Tardiamente, sob a pressão pública, governos de todo o mundo prometem refrear a cultura de salários e bônus excessivos.

E está certo. Durante a maior parte da evolução humana, como vimos no Capítulo 4, vivemos em sociedades igualitárias com pouca ou nenhuma diferença em termos de riqueza ou *status*. O *status* é um bem escasso que traz vantagem reprodutiva e, assim, sempre foi objeto de competição. Mesmo assim, o poder de um líder vinha em última instância dos seguidores: os líderes que transpunham a linha tinham que se haver com o grupo e chegavam até a serem assassinados. A reação diante da remuneração e das regalias dos banqueiros — especialmente dos que dirigiam instituições à beira da falência que precisaram ser socorridas pelos contribuintes — pode ser interpretada como uma espécie de amargura ancestral dirigida a membros do grupo que não participavam das tarefas, ganhando a reputação de bicões.

No fundo, a remuneração desproporcional dos executivos é um descompasso, um conceito que conhecemos no Capítulo 6. Os salários gigantescos nos enervam porque estão em desacordo com a nossa psicologia moldada pela evolução. Na savana, os bandos seminômades não podiam levar consigo coisas de valor e, na ausência de uma economia de produção, não havia nada para comprar. É claro que, como hoje, havia manobras constantes pelo poder entre arrivistas, mas os benefícios advindos de posições de poder eram relativamente pequenos em termos de salário, *status* e sexo.

A agricultura, como o Capítulo 5 nos mostrou, mudou tudo. Os líderes podiam agora acumular recursos suficientes para formar haréns e protegiam a sua situação privilegiada criando exércitos e construindo fortalezas. A enorme compensação reprodutiva dessas posições acabou por selecionar os tipos errados de líder: chefes militares, tiranos, ditadores e monarcas. Esses indivíduos egoístas e famintos de poder roubavam dos subordinados sem dar nada em troca, como se a expressão *noblesse oblige* nada significasse.

As organizações atuais precisam ter em mente que, à medida que aumentam os benefícios associados às relativas posições de liderança, tais posições se tornam mais atraentes para indivíduos motivados por interesses egoístas e não pelo desejo de prestar um bom serviço ao grupo. Salários astronômicos e regalias fabulosas brilham como diamantes no pó — são chamarizes para os líderes da Tríade Negra, mas pouco atraentes para mulheres e líderes dispostos a servir. Além disso, à medida que aumenta o poder relativo dos líderes, aumenta também a probabilidade desse poder de que haja abuso. A pesquisa revela que o poder extremo muda as pessoas: quem o detém tem menos empatia pelos subordinados e os trata com menos justiça.

Paradoxalmente, os subordinados querem que seus líderes sejam bem-sucedidos porque isso é um sinal de que a companhia está saudável. Será que um funcionário que se orgulha do seu trabalho gostaria de ver o CEO num carro velho e detonado? O truque é entender o diferencial de poder. Um Lexus pode ser aceitável, mas um Lexus da empresa, mais um Ferrari da empresa e mais um iate da empresa, pode ser exagero. Quando as diferenças de poder se tornam grandes demais, os subordinados ficam alienados e desconectados, não apenas dos que estão acima deles, mas também das instituições sociais. Em março de 2010, o Church Investors Group, um grupo de investidores associados às igrejas do Reino Unido, que controla mais de 12 bilhões de libras em ativos, pediu a teólogos importantes um relatório sobre a remuneração de executivos. O relatório recomendou que o grupo se livrasse das ações de companhias que pagam ao executivo-chefe mais de 75 vezes o salário médio dos 10% de menor salário (aliás, esse é o limite imposto pela John Lewis Partnership). Os teólogos disseram que essa recomendação foi motivada pela preocupação com os pobres, por uma visão de longo prazo e — é interessante observar — pela desconfiança com relação aos indivíduos atraídos por remunerações gigantescas.[8]

A psicanalista Hannah Arendt aprovaria sem dúvida a afirmação do relatório dos teólogos de que a desigualdade econômica extrema pode ter consequências sociais nocivas: ela argumenta que a alienação e a indiferença dos cidadãos abriu caminho para os regimes totalitários que tomaram o poder na Alemanha, na Rússia e na Itália no início do século XX.[9] Isso deve ser um sinal de alerta para que nações e empresas levem a sério a questão da disparidade de poder e renda entre líderes e seguidores. Quando as instituições favorecem os líderes à custa dos servidores, alguma coisa acaba acontecendo. Pode ser, por exemplo, a tomada violenta do poder pelas pessoas comuns, o que explica as revoluções políticas. Não é fascinante que os ideais de *egalité, liberté, fraternité*, forjados na Revolução Francesa com a eliminação da monarquia, resumam os ideais da típica sociedade caçadora-coletora?

7. Procure líderes vindos de dentro

Nos ambientes ancestrais, o líder saía do povo porque tinha uma determinada habilidade ou qualidade cobiçada pelo grupo. Por exemplo, uma pessoa com conhecimento do mundo natural ganharia numa tribo pequena o papel de xamã. Vivemos num mundo complexo em que muitas organizações consistem em múltiplos grupos unidos pela hierarquia. Consequentemente, em grandes organizações, os líderes são em geral apontados por aqueles que estão acima deles na hierarquia, como os gerentes seniores. Só que tais líderes acabam respondendo aos seus seniores e não aos subordinados. Essa abordagem de cima para baixo não é natural. Ela mina o processo de seleção darwiniano de liderança, em que indivíduos com diferentes características competem por posições de liderança (variação), aqueles que mostram as melhores qualidades de liderança emergem como vencedores (seleção) e suas qualidades de liderança são mantidas (retenção).

Em vez disso, parece que desenvolvemos uma forma de seleção artificial de liderança. Os gerentes seniores apontam indivíduos de mentalidade semelhante, que entendem que galgar a hierarquia significa agradar os superiores. Para esses Líderes Artificiais, o bem-estar dos subordinados, e até mesmo o bem-estar do grupo, é secundário.

Os Líderes Artificiais tendem a perpetuar as falhas organizacionais (embora os gerentes seniores possam apontar alguém dinâmico e inovador). Mesmo assim, esses líderes externamente apontados não têm em geral legitimidade e se esforçam para ganhar a confiança dos subordinados. A nossa pesquisa sugere que os seguidores trabalham com mais afinco para um líder que eles mesmos selecionaram do que para um líder externamente apontado.

A liderança de cima para baixo pode explicar o desengajamento e a alienação sentida por cidadãos e trabalhadores de hoje. Para que isso seja superado, é preciso envolver os subordinados no processo de seleção. A pesquisa mostra que as decisões de contratação de líderes executivos tendem a ser mais bem-sucedidas quando os subordinados têm um papel ativo no processo de contratação. Jim Parker, o famoso CEO da Southwest Airlines, identificou a importância de relações respeitosas gerente-subordinado ao discutir a saída de um gerente que tinha alienado os seus subordinados. Em *Do the Right Thing: How Dedicated Employees Create Loyal Customers and Large Profits*, Parker escreve: "Quando essa pessoa finalmente foi embora, perguntei a uma das funcionárias por que ela achava que todo mundo não gostava do antigo chefe. Ela resumiu a questão: 'Porque ele era o tipo de pessoa que beijava para cima e cuspia para baixo'." O título do livro de Parker, ostensivamente sobre liderança distribuída, penetra na ideia de que somos equipados com o conhecimento instintivo do jeito "certo" de liderar.[10]

A W. L. Gore and Associates é uma companhia de enorme sucesso que fabrica, entre outras coisas, o Gore-Tex, um tecido para condições climáticas extremas. Talvez, não por coincidência, a companhia tenha um modo original de escolher o CEO. Com o cargo totalmente em aberto, as pessoas são convidadas e nomear candidatos. A atual chefe, Terri Kelly, ficou chocada quando soube que tinha ganhado o cargo: foi escolhida por uma conspiração dos colegas. A filosofia da companhia é: se você atrai seguidores, então é um líder (o que está de acordo com a nossa definição de Líder Natural, que precisa ter qualidades reconhecíveis pelos seguidores). É interessante

Da savana à sala de reuniões: lições sobre liderança natural | 173

observar que ela não tem nenhum MBA (cerca de um terço dos CEOs têm esse cobiçado acrônimo).

Não que ser CEO importe muito para Terri Kelly, já que ninguém diz para ninguém o que fazer. A palavra gerente foi banida e os funcionários são chamados de associados.

Em outro ponto de concordância com a teoria evolucionista da liderança, todas as decisões da companhia, até mesmo sobre remuneração, são consensuais e revistas por pares. Kelly admite que assim o processo de tomada de decisões fica mais lento, o que é compensado pelo fato de todos os associados aceitarem de boa vontade as decisões do grupo (ela acha que isso é melhor do que chegar rapidamente a uma decisão que é depois implementada de má vontade). A comparação com tribos caçadoras-coletoras não termina aí: quando os grupos ficam grandes demais (mais de 250 pessoas), eles se dividem. O benefício da intimidade, considera Kelly, compensa a duplicação das despesas. Além disso, a rotação de funcionários é muito baixa, não passando de 5%, o que sugere que essa abordagem dá certo sob o aspecto da retenção.

8. Atenção ao nepotismo

O nepotismo, como vimos no Capítulo 5, está no nosso sangue — ou, mais precisamente, no nosso genoma. Somos descendentes de indivíduos que cuidavam da família pela provisão de amor, pelo cuidado parental e por outros recursos. Até hoje o índice de mortalidade infantil é maior entre crianças com o pai ausente e, por outro lado, crianças que gozam de um contato próximo com as avós se saem melhor na vida do que aquelas que não têm esse contato.[11] A evolução humana tem favorecido os indivíduos que esbanjam recursos com a família e não com estranhos genéticos. Um dos pilares da teoria evolucionista é a teoria da seleção inclusiva (por parentesco): segundo esta teoria, quanto mais forte a relação genética entre os indivíduos, mais eles ajudam uns aos outros. Isso faz sentido da perspectiva evolucionista porque, ao ajudar um parente próximo, você está ajudando a perpetuar um legado genético um pouco parecido com o seu e não os genes de um estranho.

Isso explica o sucesso das empresas familiares. Nos Estados Unidos, cerca de 90% dos negócios correspondem a pequenos empreendimentos familiares. Essas organizações se saem muito melhor quando há dificuldades econômicas.[12] Os parentes cooperam com mais facilidade entre si e os níveis de confiança são altos. O lado ruim desse arranjo é o tratamento preferencial dado aos parentes, independentemente da competência para o emprego, sendo que as linhagens de sangue são um canal excepcionalmente fértil para a corrupção. É improvável que todos os filhos do Presidente Suharto da Indonésia fossem as melhores pessoas para liderar um departamento do governo ou um monopólio do estado. No entanto, considera-se que a dinastia Suharto tenha se apropriado de 15 a 35 bilhões de dólares. Vários parentes foram depois condenados por corrupção.

Para os negócios e as organizações, manter tudo em família é uma faca de dois gumes. Se você é o chefe de um pequeno negócio, é bom se cercar de pessoas em quem confia plenamente e que estejam dispostas a assumir responsabilidades extras. Nas grandes organizações, no entanto, onde há uma divisão de trabalho mais estrita e mais especializada, os Líderes Naturais recrutariam pessoas com as melhores qualificações para o emprego em vez de contar apenas com o pequeno círculo de parentes e amigos.

9. Evite o lado perverso

A dominância é parte da nossa herança primata. É da nossa natureza resolver disputas recorrendo à posição que ocupamos na hierarquia: "O chefe diz que você tem que fazer assim." Nesse sentido, somos tristemente iguais aos nossos primos gorilas e chimpanzés. Em geral, a dominância é o meio mais rápido para um líder fazer com que os subordinados o obedeçam. Às vezes, é também a melhor maneira de maximizar o sucesso reprodutivo, como é indicado pelo número de descendentes de tiranos como Genghis Khan ou Mustafá, o Sanguinário. Conhecemos esses prodigiosos fornecedores de esperma no Capítulo 5.

Às vezes, a dominância é o último recurso quando a razão fracassa (observe um pai que tenta em vão argumentar com o filho e que acaba mostrando o seu trunfo: "Porque eu mandei.") Num recente estudo de laboratório, mostramos que depois de algumas tentativas, a cooperação fracassava em grupos sem líder, mas florescia em grupos que tinham apontado um líder com poder para punir os folgados. Assim, como no caso da criação dos filhos, alguns comportamentos de líder dominante são tolerados desde que esteja claro que são para o benefício do grupo e não para o benefício pessoal do líder.

No entanto, somos muito diferentes de outros primatas na medida em que conseguimos exercer um autocontrole considerável em situações de conflito. Como resultado de viver por tanto tempo em grupos igualitários altamente interdependentes, a evolução equipou os seres humanos com a capacidade de resolver conflitos pelo consenso — com isso, a ênfase passou da dominância para a liderança nas relações de poder. Liderança não tem a ver com o macho alfa, mas com o *primus inter pares*, ou o primeiro entre iguais.

Assim, os Líderes Naturais evitam a qualquer custo essa tendência impulsiva a dominar, própria dos primatas. Buscam o consenso para os seus planos e formam equipes de seguidores dedicados, mas críticos. Podem ainda ter alguma ambição darwiniana — atingir o sucesso reprodutivo pelo acúmulo de poder — mas a direcionam para garantir o sucesso do grupo. Felizmente, a pesquisa sugere que dominância autorreferente não é indício de liderança de sucesso nas organizações mais modernas. Isso significa que não há base consistente para a ideia comumente defendida de que é preciso dominar para ir em frente. Porém, ocasionalmente, surgem líderes dominadores e manipuladores. Em geral, eles detêm o sinistro conjunto de traços de personalidade denominado Tríade Negra: o resultado são Líderes Artificiais cheios de narcisismo, maquiavelismo e psicopatia. Qualquer um que tenha um desses traços em alto grau é capaz de chegar a posições de poder, pela força ou pelo charme. No entanto, as ofensivas de charme são mais difíceis de manter e os líderes da Tríade Negra — que podemos ver como um matiz do Líder Artificial — são inevitavelmente expostos no final, quando os subordinados descobrem suas verdadeiras cores. Em geral, esses líderes ficam mudando de um lugar para o outro para não serem descobertos, ou acabam sendo despedidos. Florescem na aldeia global de hoje porque podem mudar com facilidade de uma empresa para outra, de uma cidade para outra, de um país para outro. Os empregadores precisam ficar alertas diante de um candidato que mudou muitas vezes de emprego e procurar se informar por quê.

No entanto, os líderes da Tríade Negra ganham reconhecimento quando uma organização quer dominar, explorar ou ludibriar terceiros. Por exemplo, Peter Mandelson, político inglês, é considerado um tático perspicaz e já foi até rotulado de Príncipe Negro (um jornal inglês levantou 739 libras vendendo um exemplar de *O Príncipe* de Maquiavel, que Mandelson tinha autografado). Ele é visto com suspeita na política britânica, mas foi

176 | Naturalmente Selecionados

excelente no cargo de Comissário do Comércio, exibindo a sua astúcia a favor do Reino Unido em duras negociações com outros países.

10. Não julgue um líder pela aparência

A evolução moldou a nossa psicologia da liderança. O nosso argumento, no bojo da teoria evolucionista da liderança é que, ao longo da evolução humana, houve uma seleção de mecanismos cognitivos que capacitou os nossos ancestrais a tomar decisões apropriadas a respeito de quem seguir e quando. Esses mecanismos psicológicos, discutidos no Capítulo 6, consistem em várias regras de decisão "se-então" que acionam decisões adaptativas a respeito de quem seguir em situações críticas. Cada situação — fome ou ataque, por exemplo — é associada a um certo tipo de líder (um PCLA, ou protótipo cognitivo de líder ancestral). Incitar as pessoas com pensamentos de guerra, por exemplo, faz com que nomeiem uma figura mais masculina. Além da guerra, teorizamos que várias outras situações ancestrais, como manter a paz, administrar conflitos, explorar, ensinar e compartilhar recursos, acabaram produzindo um certo tipo de líder.

Mas este é o ponto crucial: esses protótipos são parte da nossa longa e tortuosa herança evolutiva e devemos considerar se ainda se aplicam à vida no século XXI, tão diferente da escassa existência mantida com dificuldade por nossos ancestrais remotos. Há poucas dúvidas de que muitos traços de personalidade prototípicos associados à boa liderança são ainda funcionais nos dias de hoje. Ainda temos traços valorizados universalmente, como probidade, humildade, integridade moral e competência. Mas devemos questionar se fatores como físico e sexo continuam sendo funcionais (ou úteis) nos dias de hoje. Por exemplo, a força física e a saúde robusta podem ter sido importantes em tempos ancestrais, quando o alimento era escasso e as batalhas frequentes, mas será que esses traços são essenciais para o sucesso da liderança nas sociedades de hoje, bem alimentadas e relativamente pacíficas? Raramente os líderes de hoje lideram na frente de batalha no sentido físico dos nossos ancestrais e, assim, espera-se que as qualidades psicológicas importem mais.

Mais uma vez, embora a liderança masculina seja a norma nas sociedades pré-industriais, temos que ficar alertas à exclusão das mulheres. Na aldeia global de hoje, os negócios e a política reúnem pessoas de diferentes culturas. As habilidades interpessoais e a construção de redes são de um valor supremo. Há evidências de que líderes mulheres, armadas com empatia e uma superior capacidade verbal, se saem melhor nesses novos ambientes. Embora possa ser difícil superar a nossa inclinação "pense líder pense homem", precisamos ter consciência de que ela pode prejudicar a nossa avaliação de candidatas talentosas.

O *status* é um fator importante no debate sobre os sexos: a evolução tornou os homens mais ambiciosos e obcecados por *status* do que as mulheres porque, para eles, esses comportamentos se traduziam em sucesso reprodutivo ancestral. Quando homens e mulheres trabalham juntos, os homens são mais rápidos para assumir a posição de líder, mesmo quando está presente uma mulher melhor qualificada. Charles A. O'Reilly III, um professor de negócios da Universidade de Stanford, conclui que não é o sexo por si só que impõe o "teto de vidro" às mulheres, mas o avassalador desejo masculino de competir.[13] Essa é uma versão interessante do imperativo evolutivo que já discutimos (e ele descobriu que são os homens mais masculinos que se saem melhor).

Então, a existência desses protótipos cognitivos ancestrais pode influenciar o processo de seleção da liderança. Como contornar esses preconceitos ancestrais? Primeiro, tomando consciência deles, como já é o caso de alguns painéis de seleção. Em alguns países, como nos Estados Unidos, os candidatos podem omitir o sexo e a idade nos formulários de inscrição.

Cabe também repensar aquelas remunerações astronômicas: além de perpetuar a desigualdade grosseira nas empresas e alimentar a má vontade no chão da fábrica, os salários altíssimos atraem principalmente homens. Como recompensas e privilégios indicam *status*, o que aumenta o apelo sexual de um homem, os homens são atraídos por posições bem pagas como abelhas pelo pote de mel. E muitos desses homens, que veem o posto como um meio para favorecer as próprias necessidades e não as da companhia ou do grupo, não são um bom negócio para a empresa, especialmente se forem líderes da Tríade Negra.

Sugerimos que reduzir os salários astronômicos e facilitar para as mulheres a combinação do trabalho profissional com o trabalho doméstico as incentivaria a buscar posições de alta gerência e a mantê-las. Como vimos no Capítulo 6, escolher mulheres para posições de alta gerência já mostrou que traz benefícios em termos de governança corporativa. E temos que nos perguntar se a cotação do momento para altos executivos é justificada pelo simples fato de ser a cotação do momento para altos executivos. Esse é um argumento circular que não parece ter qualquer substância genuína. Eis o que disse Sir Stuart Rose, o recém-coroado executivo-chefe da Marks & Spencer, ao ganhar em 2004 o emprego dos sonhos, que veio com "boas-vindas douradas" de 1,25 milhão de libras além de um salário milionário: "Por mais que ame os negócios, pensariam que estou ruim da bola se dissesse que aceitaria este trabalho por nada. Foi uma cotação razoável para o emprego."[14]

O que achamos das remunerações superinfladas dos CEOs? Alguém tem que tomar uma atitude.

Homenagem

"Para quem não conheceu Rick Rescorla, ele foi um guerreiro, um líder e um amigo."

Larry Gwin, numa reunião de veteranos do Vietnã depois da morte de Rescorla, feita para comemorar a Batalha de la Drang de 1965, um dos primeiros conflitos da Guerra do Vietnã.

Apêndice A
Seis Líderes Naturais — um questionário

A teoria evolucionista da liderança sugere que a Liderança Natural consiste numa série de diferentes funções ou papéis de liderança, cada uma com a própria psicologia que a evolução moldou. Como argumentamos ao longo do livro, os seguidores têm ideias específicas sobre o que constitui uma liderança eficaz, capaz de atingir diferentes metas adaptativas, como proteger o grupo, encontrar comida e manter a paz. Nós as chamamos de PCALs — protótipos cognitivos ancestrais de liderança. Com base na literatura biológica, antropológica e psicológica, especulamos aqui sobre a existência de seis diferentes protótipos de líder. Você pode considerá-los como seis diferentes tipos de Líder Natural.

É importante enfatizar que a pesquisa referente a essa ideia está num estágio inicial: os nossos seis tipos de Líder Natural são ainda um palpite instruído. Para explorar essa possibilidade, criamos um questionário para testar se a nossa classificação é robusta. Se você está curioso a respeito dos seus possíveis talentos de liderança, sugerimos que primeiro faça o teste e depois continue a ler. Tenha em mente que a nossa intenção não é fazer uma classificação precisa. Pode ser que as pessoas possam ser divididas em seis (ou mais, ou menos) categorias de liderança — ou não. Só a pesquisa dirá: postaremos atualizações em www.professormarkvanvugt.com.

Questionário de protótipos ancestrais de liderança: que tipo de líder você é?

Em *Naturalmente Selecionados*, propomos uma nova maneira de medir a liderança, com base na teoria evolucionista da liderança. A nossa pesquisa, baseada nas funções de liderança mais comuns nos grupos ancestrais, sugere que pode haver seis protótipos de liderança. Pensamos presentemente que os líderes individuais diferem na ênfase que dão a cada um desses papéis.

Parte 1

Quando você está encarregado de um grupo, qualquer grupo, em que medida as seguintes considerações são importantes para as suas ações e convicções? Avalie-se usando a classificação abaixo para cada categoria e então vá para a Parte 2.

1 = extremamente sem importância
2 = moderadamente sem importância
3 = levemente sem importância
4 = nem importante nem sem importância
5 = levemente importante
6 = moderadamente importante
7 = extremamente importante

Categoria A
Se o grupo está ou não se saindo melhor do que outros grupos
Se o grupo é ou não forte e competitivo
Se o grupo é ou não capaz de se defender

Categoria B
Se o grupo exige ou não recursos extras
Se o grupo precisa ou não se expandir
Se o grupo tem ou não que recrutar novos membros

Categoria C
Se o grupo tem ou não uma reputação positiva
Se o grupo mantém ou não relações de amizade com outros grupos
Se o grupo está ou não sendo representado

Categoria D
Se o grupo é ou não coeso
Se os conflitos do grupo estão ou não sendo resolvidos
Se os membros do grupo estão ou não sendo egoístas demais

Categoria E

Se o grupo realiza ou não as suas tarefas
Se o grupo opera ou não com eficiência
Se todos os membros do grupo recebem ou não um tratamento justo

Categoria F

Se os membros do grupo recebem ou não treinamento
Se as tradições do grupo estão ou não sendo seguidas
Se os novatos estão ou não sendo socializados e integrados ao grupo

Parte 2

Por favor, leia as afirmações a seguir e indique se concorda ou não concorda usando esta escala

1 = extremamente sem importância
2 = moderadamente sem importância
3 = levemente sem importância
4 = nem importante nem sem importância
5 = levemente importante
6 = moderadamente importante
7 = extremamente importante

Sempre que estou encarregado de um grupo...

Categoria A

Quero que o grupo fique à frente de outros grupos
Defendo o grupo contra críticas de pessoas de fora
Fico devastado quando outros grupos se saem melhor

Categoria B

Estou atento a novos membros
Faço com que o grupo consiga recursos adicionais
Fico preocupado porque o grupo é muito pequeno

Categoria C

Atuo como porta-voz
Mantenho o grupo em boa posição diante das autoridades
Negocio com outros grupos a favor do grupo

Categoria D
Intervenho em discussões e conflitos
Faço com que todo mundo se dê bem com todo mundo
Repreendo os que não fazem a sua parte

Categoria E
Cuido das finanças do grupo
Dirijo e organizo as atividades do grupo
Faço com que as coisas sejam feitas

Categoria F
Cuido das tradições do grupo
Passo informações para os membros do grupo
Faço questão que todos conheçam as normas do grupo

Some os pontos de cada categoria, na Parte 1 e na Parte 2. Isso lhe dá uma pontuação geral por categoria, que vai do mínimo de 6 pontos (6 x 1) ao máximo de 42 pontos (6 x 7). A categoria com pontuação mais alta representa o seu papel de liderança dominante e a categoria com pontuação mais baixa representa o seu papel de liderança menos manifesto.

Esses protótipos são: (A) o Guerreiro, cuja habildidade está em defender o grupo; (B) o Batedor, que é adepto de buscar novos recursos e oportunidades; (C) o Diplomata, que tem uma propensão natural para estabelecer ligações com outros grupos; (D) o Árbitro, que parece ser o guardião da paz dentro do grupo, mantendo os seguidores unidos; (E) o Administrador, que é eficiente para alocar recursos e garantir que as coisas sejam feitas; (F) o Professor, um transmissor entusiasta e eficaz de conhecimento para os membros do grupo.

Vamos agora examinar cada um desses seis protótipos de líder, sua psicologia e, em alguns casos, a sua fisiologia característica.

A. O Guerreiro

O principal papel do Guerreiro é defender o grupo contra ameaças externas. Nos ambientes humanos ancestrais, elas incluíam predadores como leopardos, cobras e grupos hostis que vagavam pela savana. Os guerreiros são indivíduos valentes e fisicamente formidáveis, sendo reconhecidos pela constituição masculina (maxilares fortes, sobrancelhas baixas) — são quase sempre homens. Psicologicamente, têm uma série de traços que os distinguem dos outros: bravura, competitividade, características dominantes e um alto limiar para a dor. Beiram a psicopatia em termos da ambição e da frieza implacáveis com relação a dissidentes e desertores, mas identificam-se fortemente com o grupo e são extremamente leais. Manifestações atuais desses tipos de guerreiros são estadistas internacionais como Sir Winston Churchill e Joseph Stalin, técnicos esportivos como Sir Alex Ferguson e José Mourinho, e jogadores de futebol como Diego Maradona e Vinnie Jones. Pessoas de negócios operando em ambientes implacáveis e muito competitivos, como Lee Iaccoca, ex-CEO da Chrysler, podem ser considerados Guerreiros. Podemos também incluir aqui o nosso herói, Rick Rescorla.

B. O Batedor

O Batedor se especializa em buscar recursos e oportunidades para o grupo. Em ambientes ancestrais, ele teria se aventurado sozinho, ou num pequeno grupo, em busca de novas aguadas ou áreas de caça. É um explorador, um descobridor.

Os batedores não precisam ser fisicamente formidáveis: mas precisam de uma resistência sem fim e de conseguir suportar altos níveis de frustração. São quase sempre homens. As suas características psicológicas incluem curiosidade, inteligência, impaciência, abertura para correr riscos e para novas experiências. Tendem também a ter personalidade individualista: gostam de ser solitários e de fazer as coisas por conta própria. Podemos classificar grandes exploradores, como Roald Amundsen e Sir Ernest Shackleton como Batedores; cientistas como Charles Darwin, Sir Isaac Newton e Craig Venter, pioneiro do DNA; empreendedores como Richard Branson, Bill Gates e Steve Jobs.

C. O Diplomata

O Diplomata é excelente para formar e manter alianças com outros grupos. Nos ambientes humanos ancestrais, era importante que os bandos tivessem aliados com quem pudessem compartilhar aguadas, trocar noivas e combater em conjunto outros grupos. Os líderes diplomatas mantinham essa valiosa rede de relações. Em geral, não são fisicamente imponentes (evitando assim parecer ameaçadores para gente de fora) e tendem a ser mais baixos e com aparência relativamente feminina. São verbalmente dotados e operam com muito tato e manipulação. Psicologicamente, podem se destacar pelo charme, simpatia e inteligência social, mas também pelo maquiavelismo. Manifestações atuais desses tipos são diplomatas norte-americanos como Henry Kissinger, Condoleezza Rice e Hilary Clinton, grandes embaixadores do esporte como Pelé e Michel Platini, estadistas notáveis como Elizabeth I ou a Rainha Juliana (a rainha ciclista dos Países Baixos), humanistas como Madre Tereza e secretários-gerais das Nações Unidas, como Kofi Annan e Ban Ki-moon.

D. O Árbitro

O Árbitro é basicamente um pacificador, mantendo e restaurando a harmonia dentro do grupo. As sociedades humanas ancestrais eram movidas pelo conflito: os homens lutavam muitas vezes até a morte por questões importantes, incluindo mulheres. Os árbitros garantiam a melhor solução para essas ameaças, interferindo às vezes para que a coesão do grupo não ficasse comprometida. Fazemos uma distinção entre pacificadores e guardiões da paz, que não são necessariamente as mesmas pessoas.

Dependendo do papel que desempenham, os Árbitros podem ser fisicamente imponentes, mas usam sua estatura com leveza. Os mais bem-sucedidos têm um toque suave e não transmitem agressividade. É por isso que mulheres mais velhas costumam ser boas policiais, sendo usadas muitas vezes para intervir em brigas entre bêbados nos sábados à noite. Psicologicamente, mostram estabilidade emocional, habilidade verbal, empatia e um agudo senso de justiça. Manifestações atuais do tipo árbitro são juízes da Suprema Corte dos Estados Unidos e seus equivalentes no Reino Unido, os Law Lords, policiais de alto escalão e árbitros esportivos, como Pierluigi Collina, árbitro de futebol aposentado, admirado por todos.

E. O Administrador

O papel do Administrador era localizar recursos e organizar as atividades do grupo. Em ambientes humanos ancestrais, o Administrador distribuía alimento e água, supervisionava a disposição dos acampamentos e garantia a provisão de mão de obra para trabalhos coletivos. Não se destacavam fisicamente e não eram emocionalmente expressivos devido à falta de qualidades carismáticas. Os administradores poderiam ser descritos como opacos mas funcionais (coisa que um Diplomata nunca diria). Suas qualificações psicológicas incluem consciência elevada, paciência e boa capacidade de planejamento. São também democráticos e justos. As suas manifestações atuais são líderes tecnocratas de nações-estado, como Angela Merkel e Jan-Peter Balkenende, CEOs de sucesso de que você nunca ouviu falar (Howard Schultz da Starbucks, Jim Skinner da McDonald's) e o tipo executivo de liderança que se vê em universidades e governos. Um estudo de Steven Kaplan, que examinou a personalidade de 316 CEOs com relação ao sucesso, descobriu que os que comandam as companhias de mais sucesso mostravam os seguintes atributos do tipo Administrador: atenção ao detalhe, persistência, capacidade de trabalhar duro e escrúpulo.[1]

F. O Professor

O Professor transmite importantes conhecimentos para as crianças e outros novatos do grupo. Nos ambientes humanos ancestrais, os Professores eram especialistas no mundo natural (que plantas comer e que remédios usar) e em relações sociais. Podiam também se comunicar com o "outro" mundo, o mundo dos deuses. São muitas vezes chamados de xamãs nos grupos caçadores-coletores. Esses xamãs ou professores não lideram ativamente as pessoas, mas transmitem conhecimento útil que beneficia o grupo, como tradições e *know-how* médico. Favorecem a coesão do grupo ao proteger a sua cultura. Não são em geral fisicamente marcantes e podem até ter alguma deficiência que os torne inaptos para tarefas fisicamente exigentes. Psicologicamente, destacam-se em termos de abertura à experiência, de intelecto, de empatia, de capacidade de comunicação e de oratória. São em geral carismáticos. Hoje, podemos pensar em figuras religiosas como o Papa e Desmond Tutu como Professores; políticos carismáticos como Barack Obama e Tony Blair também podem ser classificados dessa maneira. Bono e Oprah Winfrey são duas figuras do *showbusiness* cujas qualidades de sabedoria e conhecimento são avidamente procuradas.

Apêndice B
A história natural da liderança

Esta tabela fornece uma breve história natural da liderança, sugerindo que a sua evolução passou por quatro estágios distintos, da liderança pré-humana à liderança nas complexas sociedades modernas.

A tabela da qual esta foi adapatada apareceu originalmente na *American Psychologist* em 2008.[1]

Estágio	Sociedade	Período de Tempo	Número de Indivíduos	Principal problema de coordenação	Estrutura de liderança	Líder	Relação líder--seguidor
1	Pré-humana	> 2 milhões de anos	Qualquer número	Movimento do grupo, manutenção da paz (primatas não humanos)	Situacional	Qualquer indivíduo ou Dominante (primatas não humanos)	Situacional ou hierárquica (primatas não humanos)
2	Bando, clã, tribo	De 2 milhões a 13 mil anos atrás	Dezenas de centenas	Movimento do grupo, manutenção da paz	Informal, baseada no conhecimento	Grande Homem	Igualitária
3	Chefatura	De 13 mil a 250 anos atrás	Milhares	Relações intergrupais	Centralizada, hereditária	Chefes, reis, chefes militares	Hierárquica
4	Nação, estado, grandes empresas	De 250 anos atrás ao presente	Milhares a milhões	Manutenção da paz, relações intergrupais	Centralizada, democrática	Chefes de estado, CEOs	Hierárquica, mas participativa

Glossário

Adaptação: um traço ou comportamento que tem evoluído ao longo da história humana graças ao imenso benefício reprodutivo que proporciona.

Desvio de liderança: ocorre quando um líder numa área assume a liderança em outra área sem relação com a primeira.

Efeito de exploração seletiva: quando um gerente trata pior os subordinados que não têm oportunidade de ir embora do que os subordinados que têm essa oportunidade.

Efeito Leonardo: tendência de quem não teve uma figura paterna positiva a se tornar o pai que nunca teve (nome derivado de Leonardo da Vinci).

EPOPs: Estratégias para Otimizar o Poder.

EPVPs: Estratégias para Vencer os Poderosos.

Escala dos cinco grandes fatores da personalidade: abarca o que os psicólogos consideram as cinco grandes dimensões da personalidade: afabilidade, extroversão, neuroticismo, conscienciosidade, abertura à experiência.

Hierarquia de dominância reversa: quando os membros comuns de um grupo se erguem para aniquilar coletivamente os superiores apontados por eles.

Hipótese da ambivalência: os seguidores querem ser liderados, mas não dominados, e para os líderes é mais fácil dominar do que persuadir.

Hipótese da savana: argumenta que ainda escolhemos os nossos líderes como se estivéssemos escolhendo Grandes Homens para nos proteger dos agressores e predadores da savana. Isso explicaria por que preferimos sempre homens altos, em boa forma e de aparência forte.

Hipótese do descompasso: argumenta que o nosso cérebro relativamente primitivo, que nos equipa para a participação em pequenas tribos igualitárias, tem dificuldade para ficar à altura das gigantescas estruturas cívicas e corporativas do século XXI.

Glossário | 189

Hipótese do homem guerreiro: propensão masculina a formar coalizões com outros homens para iniciar, planejar e executar ataques contra outros grupos.

Líder arco-íris: um indivíduo raro que é competente em múltiplos domínios; é um pau para toda obra e não um mestre numa só área.

Líder: alguém capaz de exercer influência social sobre os outros para atingir um objetivo comum.

Liderança como serviço: um estilo de liderança caracterizado por humildade, empatia, senso de comunidade, respeito pela ética e administração responsável dos recursos do grupo. Mesmo com algum custo pessoal, esses líderes assumem o seu papel para servir ao grupo.

Liderança distribuída (dispersa, emergente): sugere que a liderança é mais eficaz quando não está concentrada numa única pessoa, mas dispersa, com pessoas de todos os escalões assumindo papéis de liderança, desde que tenham a *expertise* necessária.

Líderes artificiais: indivíduos cujo estilo de liderança entra em conflito com a nossa psicologia ancestral.

Líderes Naturais: aqueles que dirigem organizações de um modo adequado à nossa psicologia ancestral — e se esforçam para superar as inclinações inerentes a ela.

Número de Dunbar: o número máximo de pessoas numa rede social que podem ser mantidas juntas informalmente e sem controle externo, estimado em 150.

Paradoxo da inversão de poder: reflete o fato de que, devido a diferenças de poder, a parte mais poderosa tende a ser excluída de qualquer coalizão.

Protótipo cognitivo de líder ancestral (PCLA): alguém que se encaixa nos perfis arquetípicos da boa liderança.

Seleção natural: teoria formulada por Charles Darwin no século XIX, segundo a qual certos indivíduos prosperam melhor do que os outros em seu ambiente, e os indivíduos mais aptos superam os menos aptos em termos reprodutivos.

Teoria comportamental: postula que a liderança efetiva resulta de certos comportamentos.

Teoria da contingência: mantém que não há um único estilo de boa liderança; a liderança eficaz depende de diferentes fatores, como o tipo de organização envolvido e a meta a ser atingida.

Teoria da liderança carismática: postula que o líder ascende à posição de poder não pelo que faz, mas pelo que é, e que sua ascensão se dá por meio de uma crença inabalável em si mesmo (e às vezes narcisismo). Ele é um ímã humano: as pessoas se sentem atraídas por ele devido à sua personalidade e retórica inspiradora.

Teoria do Grande Homem: postula que os líderes verdadeiramente grandes nascem feitos.

Teoria dos jogos: uma abordagem matemática que permite aos cientistas modelar o comportamento de indivíduos como agentes interagindo uns com os outros durante um determinado período de tempo.

Teoria dos traços: derivada da teoria do Grande Homem, postula que os líderes se distinguem pelos traços ou atributos que exibem, como integridade e probidade.

Teoria evolucionista da liderança (TEL): a primeira teoria científica de liderança consistente com a teoria evolucionista que tenta integrar o conhecimento vindo das ciências do comportamento.

Teoria psicanalítica: argumenta que o carisma de um líder vem do forte vínculo emocional de amor e medo entre o seguidor e o líder, espelhando o vínculo entre pai e filho.

Teoria situacional da liderança: parte do pressuposto de que o tipo de liderança exigido depende da situação.

Teoria transacional *versus* teoria transformacional: contrapõe um estilo convencional de liderança com um estilo mais visionário e inspirador.

Três S's: salário, status e sexo.

Tríade Negra: narcisismo, maquiavelismo, psicopatia.

Notas

Prólogo

1. A carta de John Mackey é resumida aqui, juntamente com as notícias da abertura da sua companhia no Reino Unido: http://news.bbc.co.uk/1/hi/uk/6726969.stm

2. Lawrence Ellison, CEO da Oracle, recebeu quase 57 milhões em 2009, o que fez dele o executivo mais bem pago desse ano: http://people.forbes.com/profile/larry-ellison/60466.

3. Para uma introdução à psicologia evolucionista, ver Barrett, Dunbar e Lycett (2005), e Buss (2008). Para uma introdução à evolução humana e às origens do comportamento humano, ver Boyd e Silk (2008) ou Laland e Brown (2002).

4. Descompasso é um conceito da biologia evolucionista; os traços que eram adaptativos em ambientes ancestrais não levam mais a comportamentos adaptativos em ambientes atuais, especialmente quando estes diferem acentuadamente (ver Crawford e Krebs, 2008).

5. Para mais informações sobre papéis de liderança ancestrais, visite www.professormarkvanvugt.com ou o website do Netherlands Institute for Management and Evolutionary Psychology, imep.wordpress.com/nimep.

1: A Natureza da Liderança

Parte deste capítulo se baseia em van Vugt, Hogan e Kaiser (2008). Há uma volumosa literatura sobre psicologia da liderança. Dois bons trabalhos recentes são os de Bass & Bass (2008) e Yukl (2009).

1. A história de Rick Rescorla é contada no emocionante artigo de James Stewart para o *New Yorker*, intitulado "The real heroes are dead", 11 de fevereiro de 2002.

2. Ver em Brown (1991) uma descrição dos universais humanos. No seu livro muito agradável, o antropólogo Donald Brown descreve comportamentos compartilhados no mundo inteiro, incluindo a liderança, introduzindo um povo fictício, os Universais.

3. Ver a pesquisa de Ludwig (2004) sobre líderes políticos do mundo todo para ter uma ideia dos benefícios e privilégios associados à liderança política.

192 | Naturalmente Selecionados

4. Ver Hogan e Kaiser (2005).

5. Ver Ohman e Mineka (2001).

6. Ver Betzig (1986).

7. Para uma introdução geral à literatura científica sobre liderança, ver Yukl (2009).

8. Ver Burns (1978).

9. Ver Ludwig (2004).

10. Ver Darwin (1859). Para mais livros sobre a vida e as ideias de Darwin, ver notas do Capítulo 2.

11. Ver Carlyle (1841).

12. Ver Plutarco.

13. "In praise of the decisive CEO" de Stephen Plotkin, *New York Times*, 3 de fevereiro de 2008, em que Plotkin faz uma resenha de *Judgment: How Winning Leaders Make Great Calls* de Noel M. Tichy e Warren G. Bennis, Penguin, 2007.

14. O perfil de Jack Welch pode ser encontrado em http://www.ge.com/company/history/bios/john_welch.html. Ele e sua mulher, Suzy Welch, anunciam o próprio website em www.welchway.com. Você vai saber até demais por que Jack fez de Suzy sua terceira mulher lendo uma transcrição da entrevista com Dan Rather em http://www.cbsnews.com/stories/2005/03/24/60II/main682830_page2.shtml.

15. Ver Bass e Bass (2008).

16. Ver Boring (1950). Talvez ele seja mais conhecido por introduzir a ilusão perceptual jovem-velha para um público mais amplo; as várias descrições são agora chamadas de figuras de Boring (você as encontra em http://mathworld.wolfram.com/YoungGirl-OldWomanIllusion.html).

17. Ver Stodgill (1974).

18. Ver Bass e Bass (2008).

19. Ver Ilies, Gerhardt e Le (2004).

20. Ver Freud (1950).

21. Ver Piovenalli (2005).

22. Ver McNamara e Trumbull (2007); Bass e Bass (2008).

23. Ver McGregor (1968) para saber mais sobre Liderança na Teoria X/Teoria Y.

24. Ver Tannenbaum e Schmidt (1973).

25. Ver Fiedler (1967). A análise de Fiedler tem semelhanças com os Estudos de Ohio dos anos 1940 (ver http://en.wikipedia.org/wiki/Leadership_studies).

26. Ver Bass e Avolio (1994).

27. Ver Barry (1991).

28. Ver Greenleaf (2002).

2: Tudo não passa de um jogo

Parte deste capítulo se baseia em van Vugt (2006) e King, Johnson e van Vugt (2009).

1. Para saber tudo sobre abelhas, experimente o livro clássico de von Frisch (1967).

2. Ver King, Johnson e van Vugt (2009).

3. Para uma visão recente de como a teoria dos jogos pode ser usada para a compreensão do comportamento social, ver Gintis (2007).

4. Ver Krause e Ruxton (2002).

5. Ver Franks e Richardson (2006).

6. Ver van Vugt e Kurzban (2007).

7. Ver Brosnan, Newton-Fisher e van Vugt (2009) sobre diferenças de personalidade nos animais.

8. Ver Harcourt, Sweetman, Johnstone e Manica (2009).

9. Ver Hogan (2006).

10. Ver Bass e Bass (2008).

11. Ver King, Johnson e van Vugt (2009).

12. Ver o artigo clássico sobre "ordem no poleiro" de Schjelderup-Ebbe (1922).

13. Citação de Waal (1996).

14. Citação de Boehm (1999).

15. Ver Conradt e Roper (2003).

16. Ver Kummer (1968).

17. Charles Darwin revelou suas ideias sobre evolução — sem usar esse nome — em *A Origem das Espécies*, publicado em 1859. Oficialmente, Darwin divide o crédito pela ideia de evolução natural com Alfred Russel Wallace, que teve ideias zoológicas semelhantes em viagens pelo Arquipélago Malaio. Os dois escreveram um artigo em conjunto, que foi apresentado à Linnean Society of London em 1858. Para saber mais sobre a vida e as ideias de Darwin, ver *Darwin's Dangerous Idea* de Daniel Dennett (Simon and Schuster, 1995), *The Moral Animal* de Robert Wright (Vintage, 1994) e *Darwin's Island* (Little, Brown, 2009) de Steve Jones. *The Greatest Show on Earth* de Richard Dawkins (Bantam, 2009) é uma introdução atual e estilosa à evolução natural, direcionada aos oponentes com inclinações religiosas.

18. Para uma introdução genérica à psicologia evolucionista, ver Barrett, Dunbar e Lycett (2005) e Buss (2008).

19. Ver Dunbar (2004) e Dunbar (2010).

20. Ver van Vugt e Schaller (2008).

21. Ver Tinbergen (1963).

22. Para uma discussão sobre o dilema do prisioneiro e outros jogos econômicos, ver Kelley *et al.* (2003).

23. Ver Dunbar (2004).

24. Ver van Vugt (2006) e (2009).

25. Ver Hogan (2006).

26. Ver Simonton (2006).

27. Ver Paulhus e Williams (2002).

28. Ver Iredale, van Vugt e Dunbar (2008).

29. Ver Chagnon (1988).

30. Ver Meier e Dionne (2009).

194 | Naturalmente Selecionados

3: Nascido para seguir

Parte deste capítulo se baseia em van Vugt (2008).

1. O clássico experimento social que abre o capítulo foi conduzido pela primeira vez por Milgram, Bickman e Berkowitz (1969). É uma ilustração do contágio social — tomar o comportamento dos outros como guia para o nosso.

2. Ver Kellerman (2008). Curiosamente, a busca da palavra *leadership* (liderança) no Google americano trouxe 114 milhões de resultados; *followership* (seguidança) trouxe 120 mil resultados.

3. Ver van Vugt e Kurzban (2007).

4. A internet está inundada de detalhes sobre a fraude de Bernard Madoff. Veja um resumo do *The Times* sobre o empenho de ricos investidores para participar do seu esquema: http://business.timesonline.co.uk/tol/business/industry_sectors/banking_and_finance/article5349168.ece.

5. Ver Krause e Ruxton (2002).

6. Ver Darwin (1871).

7. Ver Chance (1967).

8. A história de Christopher McCandless é contada em *Into the Wild* de Jon Krakauer (Villard/Random House, 1996).

9. Ver Bandura (1978) sobre a teoria de aprendizado social.

10. Ver em Schmitt e Pilcher (2004) uma excelente discussão sobre como encontrar evidências de adaptações psicológicas.

11. Ver Hains e Muir (1996).

12. Ver Bowlby (1969).

13. Citação de *Moses and Monotheism* de Sigmund Freud (Hogarth Press, 1939).

14. O relatório sobre adolescentes e gangues da The Prince's Trust é encontrado em: http://www.princes-trust.org.uk/news_2009/080800_youth_communities.aspx.

15. Ver uma discussão sobre o efeito Leonardo em Strenger e Burak (2006).

16. *The Fiery Chariot: A Study of British Prime Ministers and the Search for Love* de Lucille Iremonger, Secker e Warburg, 1970.

17. Poucos conseguem superar o livro de 1954 de William Golding, *Lord of the Flies* (Faber and Faber), quando se trata de imaginar um mundo sem pais governado por crianças.

18. Ver Sherif (1966).

19. Ver Bass e Bass (2008).

20. Ver Gillet, Cartwright e van Vugt (2010).

21. Ver Milgram (1974). O livro contém um relato completo de seus famosos experimentos a respeito da obediência.

22. Sobre como a ZenithOptimedia, uma empresa que compila informações de marketing, calculou que a indústria da propaganda no mundo todo valia cerca de U$400 bilhões em 2005, ver: http://enterpriseinnovator.com/index.php?articleID=5660a ndsectionID=269. A empresa estima que esse número subiu para U$454 bilhões em 2007. Numa comparação, essa é mais ou menos a quantia gasta por ano pelo

governo norte-americano em infraestrutura (hospitais, escolas, estradas, serviços de emergência etc.).

23. Ver Richerson e Boyd (2005).

24. Ver Jenness (1932).

25. Ver Asch (1955). Curiosamente, os homens tendem a mostrar mais não conformismo quando estão sendo observados por uma mulher atraente, já que isso lhe dá destaque (especialmente quando não dá para saber se a contestação é válida ou não). Ou seja, eles contrariam a norma, desde que não façam papel de bobos. Ver Griskevicius *et al.* (2006).

26. Para um relato do suicídio em massa do Heaven's Gate, ver: http://edition.cnn. com/US/9803/25/heavens.gate/. Sinistramente, o website anunciando a intenção do culto de "deixar a Terra" na passagem do Cometa Hale-Bopp ainda existe (www. heavensgate.com).

27. Ver Sosis (2000).

28. Ver *Join Me* de Danny Wallace (Ebury Press, 2003) para descobrir como é alarmantemente fácil fazer com que as pessoas se juntem a alguma coisa só pelo prazer de participar. Wallace é responsável pelo website do grupo: www.join-me.co.uk.

29. Ver Chaleff (2009).

30. Ver Kellerman (2008).

31. Um resumo da pesquisa pioneira de Cialdini sobre influência social pode ser encontrado em Cialdini e Goldstein (2004).

32. A história extraordinária do Lehman Brothers — e da deferência quase cultual exigida pelos funcionários seniores — é coberta por Vicky Ward em *The Devil's Casino* (John Wiley and Sons, 2010).

4: A busca de *status* na savana: o macaco democrático

1. Ver Boehm (1999), Dunbar (2004), Foley (1997) e Richerson e Boyd (2005).

2. Citado em Boehm (1999). A citação vem de um livro de E. Lucas Bridges, *Uttermost Part of the Earth* (Dutton, 1949). Uma deliciosa resenha do livro pode ser encontrada em http://www.time.com/time/magazine/article/0,9171,780243,00.html.

3. Ver Knauft (1987).

4. Ver em Sahlins (1963) uma discussão sobre sociedades lideradas por um Grande Homem.

5. Ver Mitchell (1978) e (1988).

6. É difícil encontrar textos competentes sobre a cerimônia do *potlatch* escritos para leigos, mas o verbete da Wikipedia sobre o assunto é um bom ponto de partida para outras leituras. Para informações sobre filantropia atual, incluindo listas dos principias doadores, ver philanthropyuk.org.

7. Essa pesquisa é discutida em Hardy e van Vugt (2006) e van Vugt e Hardy (2010).

8. Ver Harcourt e de Waal (1992).

9. Ver de Waal (1982).

10. Ver Trivers (1971) e van Vugt e van Lange (2006).

196 | Naturalmente Selecionados

11. Ver Brosnan e de Waal (2003).
12. Ver Bowles e Gintis (2002) para saber mais sobre a intrigante ideia de *Homo reciprocans*.
13. Ver em Murnighan (1978) uma discussão sobre a teoria da coalizão.
14. Ver Curry e van Vugt (2010).
15. O 20º aniversário do piquenique pan-europeu, tão importante para o fim do bloco comunista, foi amplamente coberto em 2009: http://news.bbc.co.uk/1/hi/8209173.stm.
16. Ver Ruffle (1998).
17. O experimento é discutido em van Vugt, Jepson, Hart e de Cremer (2004).
18. Sobre o chimpanzé que atira pedras, ver Osvath (2009).
19. Schneider é citado em Boehm (1999).
20. Ver em Dunbar (2004) uma explanação das origens evolutivas da fofoca e da linguagem.
21. É atribuído a Mervyn Meggitt um dos primeiros relatos etnográficos da guerra, no livro *Blood Is Their Argument* (Mayfield Publishing Company, 1977).
22. Ver Lee (1979).
23. Apropriadamente, o livro de Beatrice K. Otto, *Fools Are Everywhere: The Court Jester Around the World*, foi publicado no dia 1º de abril de 2001 pela University of Chicago Press.
24. Para uma leitura esclarecedora sobre *bossnapping* (sequestro do chefe), incluindo a atitude divertida e relaxada dos franceses diante da ideia dos seus gerentes serem algemados à máquina copiadora, confira "Sure, kidnap the boss", *Newsweek*, 5 de maio de 2009.
25. Ver Eisenberger, Lieberman e Williams (2003).
26. Ver Henrich e Gil-White (2001).

5: O nascimento da corrupção

Parte deste capítulo se baseia em van Vugt, Hogan e Kaiser (2008). Há uma literatura volumosa sobre evolução de instituições políticas. Especialmente bons são os trabalhos de Diamond (1997) e Johnson e Earle (2000). Para uma visão darwiniana sobre despotismo e sucesso reprodutivo na história, ver Betzig (1986).

1. Um perfil extraordinário de Mbutu pode ser encontrado num artigo da revista *Time*, "Leaving fire in his wake", de Zagorin Gbadolite, 24 de junho de 2001.
2. Ver Ludwig (2004)
3. Ver Diamond (1997).
4. Ver Hastorf (2009).
5. Ver Diamond (1997) e Johnson e Earle (2000).
6. Ver Richerson e Boyd (2005) e Tishkoff *et al.* (2006).
7. Ver Johnson e Earle (2000).
8. Ver van Vugt, Hogan e Kaiser (2008).
9. Ver em Betzig (1986) a ligação entre poder e sucesso reprodutivo.

Notas | 197

10. Ver Daniels e Bright (1996).
11. Ver van Vugt, Hogan e Kaiser (2008).
12. "Fears of brain drain from Scotland as Obama lifts stem-cell ban", *The Scotsman*, 10 de março de 2009.
13. Ver Wrangham e Peterson (1996).
14. Ver Hardy e van Vugt (2006).
15. Ver Galinsky, Magee, Inesi e Gruenfeld (2006).
16. Ver Kipnis (1972).
17. Ver de Cremer e van Dijk (2005).
18. Ver Paulhus e Williams (2002).
19. *The Prince*, Niccoló Machiavelli, Penguin Classics, 2003.
20. Ver Jonason, Li, Webster e Schmitt (2009).
21. Detalhes surpreendentes do escândalo envolvendo despesas de membros do parlamento inglês são revelados em *No Expenses Spared*, de Robert Winnett e Gordon Rayner (Bertrams, 2009).
22. Ver O'Gorman, Henrich e van Vugt (2008).
23. Ver Gurerk, Irlenbusch e Rockenbach (2006).
24. Citado em Diamond (1997).
25. Ver Curry e van Vugt, M. (2010).
26. Pesquisa sobre liberdade de imprensa por ocasião do 75º aniversário da BBC World Service em 2007: http://www.bbc.co.uk/pressoffice/pressreleases/stories/2007/12_december/10/poll.pdf.

6: A hipótese do descompasso

Partes deste capítulo se baseiam em van Vugt, Johnson, Kaiser e O'Gorman (2008). Discussões sobre a ideia do descompasso podem ser encontradas em Barkow, Cosmides e Tooby (1992). Uma visão geral da influência dos traços da savana sobre a liderança é encontrada em Bass e Bass (2008).

1. Ver Hogan, Curphy e Hogan (1994).
2. Ver Dunbar (2004) e Foley (1997).
3. Ver Pinker (2002).
4. Ver Xue *et al.* (2009).
5. Ver Barkow, Cosmides e Tooby (1992).
6. Ver Ohman e Mineka (2001).
7. Ver Levine, Prosser, Evans e Reicher (2005).
8. Ver Johnson e Earle (2000).
9. Umas das principias publicações do projeto The GLOBE é den Hartog *et al.* (1999).
10. Ver Henrich e Gil-White (2001).
11. Ver van Vugt e de Cremer (1999) e de Cremer e van Vugt (2002).
12. As estatísticas da Leeds University Business School aparecem no artigo "Women in the boardroom help companies succeed" de Anjana Ahuja, *The Times*, 19 de março de 2010. Uma vantagem evidente da representação feminina nos níveis seniores é

198 | Naturalmente Selecionados

a boa governança, uma questão tratada em "The new sheriffs of Wall Street", *Time*, 24 de maio de 2010. Esse interessante artigo destaca que, com o colapso financeiro, as mulheres conquistaram papéis proeminentes na regulação do sistema bancário norte-americano. Já que tocamos no assunto, no website a seguir é abordada a subrepresentação das mulheres na política inglesa: http://www.guardian.co.uk/commentisfree/2010/may/12/new-coalition-politics-diversity-women.

13. Para saber mais sobre a hipótese do guerreiro homem, ver van Vugt, de Cremer e Janssen (2007).

14. Ver Judge e Cable (2004), também *Blink* de Malcolm Gladwell (Little Brown, 2005), em que Gladwell observa o preconceito inconsciente que a sociedade alimenta contra os homens baixos.

15. Uma explicação não evolucionista do desenvolvimento dos protótipos de liderança é discutida por Lord, Foti e de Vader (1984).

16. Em "Sorry Gordon, but your body politic doesn't match Putin's" (*Observer*, 1º de novembro de 2009), Catherine Bennett discute como parece estranha para os eleitores a preocupação com a boa forma dos seus líderes.

17. Ver Perryman *et al.* (2010).

18. Pelo menos uma pessoa tomou medidas drásticas para ser levada mais a sério, como mostra esta reportagem: "O conselheiro australiano Hajnal Ban teve as pernas quebradas para ficar mais alto", *The Times*, 1º de maio de 2009.

19. Ver em Pawlowski, Dunbar e Lipowicz (2000), um estudo sobre altura e sucesso reprodutivo entre homens poloneses.

20. Ver Judge e Cable (2004) sobre como as pessoas altas ganham mais.

21. Ver Spisak e van Vugt (2010).

22. Ver Little, Burris, Jones e Roberts (2006).

23. Ver Livingston e Pearce (2009). Eles fazem a sugestão intrigante de que o sucesso de figuras negras como Barack Obama e o ator de Hollywood Will Smith se deve aos traços faciais suaves e infantis, que os fazem parecer pouco ameaçadores. Ver Rule e Ambady (2008) para saber mais sobre o queixo cinzelado dos CEOs.

24. Ver van Vugt e Spisak (2008).

25. Ver Weber (1947).

26. Ver Cohen *et al.* (2004).

27. *Disappearing World: Ongka's Big Moka* é um documentário de 1976 sobre o costume de dar presentes na tribo Kawelka da Nova Guiné. "Moka" se refere a um sistema de trocas que usa porcos como moedas.

28. Ver McNamara e Trumbull (2007).

7: Da savana à sala de reuniões: lições sobre liderança natural

1. Ver Ross (1977). O erro de atribuição fundamental é a base de um livro extremamente divertido, *The No Asshole Rule*, de Robert Sutton (Business Plus, 2007). O livro defende um plano simples em duas etapas para descobrir se a antipatia de um colega é temporária e situacional, ou se ele é um "idiota de carteirinha" (primeiro,

quando encontra com ele, você sempre fica se sentindo pior consigo mesmo e, segundo, ele sempre visa a colegas juniores?)

2. "Overrated business 'superstars'" de Alan M. Webber, *USA Today*, postado *on-line* em 25 de abril de 2005.

3. *The 48 Laws of Power* de Robert Greene e Joost Elffers, Viking, 1998.

4. *Outliers* de Malcolm Gladwell, Little Brown, 2008.

5. "Gore-Tex gets made without managers" de Simon Caulkin, *Observer*, 2 de novembro de 2008.

6. *Victims of Groupthink* de Irving L. Janis, Boston, Houghton Mifflien Company, 1972.

7. *The Wisdom of Crowds* de James Surowiecki, Nova York, Doubleday, 2004.

8. O relatório do Church Investors Group sobre remuneração executiva pode ser encontrado no seu website. www.churchinvestorsgroup.org.uk.

9. *Eichmann in Jerusalem* de Hannah Arendt, Penguin Classics, 1963.

10. *Do the Right Thing: How Dedicated Employees Create Loyal Customers and Large Profits* de Jim Wharton, Wharton School Publishing, 2007.

11. "A importância das avós na vida das crianças", physorg.com, postado em 29 de outubro de 2009. Vale observar que dados recentes sugerem que a chamada Hipótese da Avó se aplica apenas a avós maternas, e que a presença de uma avó paterna parece aumentar o risco de um neto morrer.

12. O Institute for Family Business organiza informações sobre o setor, que podem ser acessadas no seu website, www.ifb.org.uk..

13. "Women's careers: The impact of sex and gender identity in career attainment", Olivia A. O'Neil e Charles A. O'Reilly III, Stanford Gratuate School of Business Working Paper nº 1775, 2004.

14. "On his marks" de Nils Pratley, *Guardian*, 5 de junho de 2004.

Apêndice A: Seis Líderes Naturais – um questionário

Para saber mais sobre atualizações de questionários e pesquisas, visite www.professormarkvanvugt.com.

1. Ver Kaplan, Klebanov e Sorensen (2008).

Apêndice B: A história natural da liderança

1. Ver van Vugt, Hogan e Kaiser (2008).

Bibliografia

Antonakis, J. e Dalgas, O. (2009). "Predicting elections; Child play", *Science*, 323, 1183.

Asch, S. A. (1955). "Opinions and social pressure", *Scientific American*, 193, 31—5.

Bandura, A. (1978). "Social learning theory of aggression", *Journal of Communication*, 28, 12—29.

Barkow, Jerome H., Cosmides, Leda e Tooby, John, orgs. (1992). *The Adapted Mind: Evolutionary Psychology and the Generation of Culture*, Nova York, NY: Oxford University Press.

Barrett, L., Dunbar, R. e Lycett, J. (2005), *Human Evolutionary Psychology*, Palgrave.

Barry, D. (1991). "Managing the boss-less teams: lessons in distributed leadership", *Organizational Dynamics*, 22 de junho.

Bass, B. M. e Avolio, B. J. (1994). *Improving Organizational Effectiveness Through Transformational Leadership*, Thousand Oaks, CA, Sage Publications.

Bass, B. M. e Bass, R. (2008). *The Bass Handbook of Leadership: Theory, Research and Managerial Applications*, 4ª ed., Free Press, Nova York.

Betzig, L. L. (1986). *Despotism and Differential Reproduction; A Darwinian View of History*, Aldine Transaction.

Boehm, C. (1999). *Hierarchy in the Forest: The Evolution of Egalitarian Behaviour*, Harvard University Press.

Boring, E. G. (1950). "Great men and scientific progress", *Proc. of the American Philosophical Society*, 94, nº 4.

Bowlby, J. (1969). *Attachment and Loss: Volume 1: Attachment*, Londres, The Hogarth Press and the Institute of Psycho-Analysis.

Bowles, S. e Gintis, H. (2002). "Behavioural science: Homo reciprocans", *Nature*, 415, 125—28.

Boyd, R. e Silk, J. (2008). *How Humans Evolved*, 5ª ed. W. W. Norton.

Brosnan, S. e de Waal, F. (2003). "Monkeys reject unequal pay", *Nature*, 425, 297—99.

Brosnan, S. F., Newton-Fisher, N. E. e van Vugt, M. (2009). "A melding of minds: When primatology meets social psychology", *Personality and Social Psychology Review*, 13, 129—47.

Brown, D. E. (1991). *Human Universals*, McGraw-Hill.

Burns, J. M. (1978). *Leadership*, Nova York, Harper and Row.

202 | Naturalmente Selecionados

Buss, D. M. (2008). *Evolutionary Psychology, The New Science of the Mind*, 3ª ed., Allyn e Bacon.

Buss, D. M., org. (2005). *The Handbook of Evolutionary Psychology*, Wiley.

Carlyle, T. (1841). *On Heroes, Hero Worship and The Heroic in History.*

Chagnon, N. A. (1988). "Life histories, blood revenge, and warfare in a tribal population", *Science*, 239, 985—92.

Chaleff, I. (2009). *The Courageous Follower: Standing up to and for our leaders.* Berrett-Koehler Publishers.

Chance, M. R. A. (1967). "Attention structure as the basis of primate rank orders", *Man*, 4, 504—18.

Cialdini, R. e Goldstein, N. (2004). "Social influence: Compliance and conformity", *Annual Review of Psychology*, 35, 591—621.

Cohen, F., *et al.* (2004). "Fatal attraction: The effects of mortality salience on political preferences as a function of leadership style", *Psychological Science*, 15, 846—51.

Conradt, L. e Roper, T. (2003). "Group decision making in animals", *Nature*, 421, 155—58.

Crawford, C. e Krebs, D. L. (2008). *Foundations of Evolutionary Psychology*, Nova York: Lawrence Erlbaum.

Curry, O. e van Vugt, M. (2010). "The evolution of human coalition psychology", University of Oxford: manuscrito inédito.

Daniels, P. T. e Bright, D., orgs. (1996). *The World's Writing Systems*, Oxford University Press.

Darwin, C. (1859). *On the Origin of Species*, John Murray.

Darwin, C. (1871). *The Descent of Man*, John Murray.

de Cremer, D. e van Dijk, E. (2005). "When and why do leaders put themselves first?", *European Journal of Social Psychology*, 35, 553—63.

de Cremer, D. e van Vugt, M. (2002). "Intra- and intergroup dynamics of leadership in social dilemmas: A relational model of cooperation", *Journal of Experimental Social Psychology*, 38, 126—36.

den Hartog, D., House, R. J., Hanges, P. J., Ruiz-Quintanilla, S. A., *et al.* (1999). "Culture specific and cross culturally generalizable implicit leadership theories: Are attributes of charismatic/transformational leadership universally endorsed?', *Leadership Quarterly*, 10, 219—56.

de Waal, F. (1982). *Chimpanzee Politics: Power and Sex among Apes*, Johns Hopkins University Press.

de Waal, F. (1996). *Good Natured: The Origins of Right and Wrong in Humans and Other Animals*, Harvard University Press.

Diamond, J. (1997). *Guns, Germs and Steel*, Londres, Vintage.

Dunbar, R. (2004). *Grooming, Gossip and the Evolution of Language*, Londres, Faber and Faber.

Dunbar, R. (2010). *How Many Friends Does One Person Need?*, Londres, Faber and Faber.

Eisenberger, N. I., Lieberman, M. D. e Williams, K. D. (2003). "Does rejection hurt? An FMRI study of social exclusion", *Science*, 302, 290—92.

Fiedler, F. (1967). *A Theory of Leadership Effectiveness*, McGraw-Hill.

Foley, R. A. (1997). "The adaptive legacy of human evolution: A search for the environment of evolutionary adaptedness", *Evolutionary Anthropology*, 4, 194—203.

Franks, N. R. e Richardson, T. (2006). "Teaching in tandem-running Ants", *Nature*, 439, 153.

Freud, S. (1950). *Totem and Taboo*, Londres, Routledge.

Galinsky, A., Magee, J. C., Inesi, E. e Gruenfeld, D. (2006). "Power and perspectives not taken", *Psychological Science*, 17, 1068—074.

Gillet, J., Cartwright, E. e van Vugt, M. (2010). "Selfish or servant leadership? Leadership personalities in coordination games. Personality and individual differences", no prelo.

Gintis, H. (2007). "A framework for the unification of the behavioral sciences", *Behavioral and Brain Sciences*, 30, 1—16.

Greenleaf, R. K. (2002). *Servant Leadership: A journey into the nature of legitimate power and greatness*, edição do 25º aniversário, Paulist Press.

Griskevicius, V., Goldstein, N. J., Mortensen, C. R., Cialdini, R. B. e Kenrick, D. T. (2006). "Going along versus going alone: When fundamental motives facilitate strategic (non) conformity", *Journal of Personality and Social Psychology*. 91(2), 281—94.

Gurerk, O., Irlenbusch, B. e Rockenbach, B. (2006). "The competitive advantage of sanctioning institutions", *Science*, 312, 108—11.

Hains, S. e Muir, D. (1996). "Infant sensitivity to adult eye direction", *Child development*. 67, 1940—51.

Harcourt, A. e de Waal, F. (1992). *Coalitions and Alliances in Humans and Other Animals*, Oxford University Press.

Harcourt, J. L. Sweetman, G., Johnstone, R. A. e Manica, A. (2009). "Personality counts: The effects of boldness on shoal choice in three-spined sticklebacks", *Animal behaviour*, 77, 1501—05.

Hardy, C. L. e van Vugt, M. (2006). "Nice guys finish first: The competitive altruism hypothesis", *Personality and Social Psychology Bulletin*, 32, 1402—13.

Hastorf, C. A. (2009). "Rio Balsas most likely region for maize domestication", *Proceedings of the National Academy of Sciences*, 106:4957—958.

Henrich, J. e Gil-White, F. J. (2001). "The evolution of prestige: Freely conferred status as a mechanism for enhancing the benefits of cultural transmission", *Evolution and human behavior*, 22:165—96.

Hogan, R. (2006). *Personality and the Fate of Organizations*, LEA Inc.

Hogan, R., Curphy, G. J. e Hogan, J. (1994). "What we know about leadership: effectiveness and personality", *American Psychologist*, 49, 493—504.

Hogan, R. e Kaiser, R. (2005). "What we know about leadership", *Review of General Psychology*, 9, 169—80.

Ilies, R., Gerhardt, M. e Le, H. (2004). "Individual differences in leadership emergence: Integrating meta-analytic findings and behavior genetics estimates", *International Journal of Selection and Assessment*, 12, 207—19.

Iredale, W., van Vugt., M. e Dunbar, R. (2008). "Showing off in humans: male generosity as mate signal", *Evolutionary Psychology*, 6, 386—92.

204 | Naturalmente Selecionados

Jenness, A. (1932). "The role of discussion in changing opinion regarding a matter of fact", *The Journal of Abnormal and Social Psychology*, vol. 27(3), 279—96.

Johnson, A. W. e Earle, T. (2000). *The Evolution of Human Societies: From Foraging Groups to Agrarian States*, Stanford University Press.

Jonason, P., Li, N., Webster, G. e Schmitt, D. (2009). "The dark triad; Facilitating a short term mating strategy in men", *European Journal of Social Psychology*, 23, 5—18.

Judge, T. A. e Cable, D. M. (2004). "The effect of physical height on workplace success and income: preliminary testing of a theoretical model", *Journal of Applied Psychology*, 89, 428—41.

Kaplan, N., Klebanov, M. e Sorensen, M. (2008). "Which CEO characteristics and abilities matter?", Swedish Institute for Financial Research Conference on the Economics of the Private Equity Market; AFA 2008 New Orleans Meetings Paper.

Kellerman, B. (2008). *Followership: How Followers are Creating Change and Changing Leaders*, Harvard Business Press.

Kelley, H. H., *et al.* (2003). *An Atlas of Interpersonal Situations*, Cambridge University Press.

King, A. J., Johnson, D. D. P. e van Vugt, M. (2009). "The origins and evolution of leadership", *Current Biology*, 19, 1591—682.

Kipnis, D. (1972). "Does power corrupt?", *Journal of Personality and Social Psychology*, 24, 33—41.

Knauft, B. M. (1987). "Reconsidering violence in simple human societies: homicide among the Gebusi of New Guinea", *Current Anthropology*, 28, 457—500.

Krause, J. e Ruxton, G. (2002). *Living in Groups*, Oxford, Oxford University Press.

Kummer, H. (1968). *Social Organisation of Hamadryas Baboons*, University of Chicago Press.

Laland, K. N. e Brown, G. R. (2002). *Sense and Nonsense: Evolutionary Perspectives on Human Behaviour*, Oxford University Press.

Lee, R. B. (1979). *The !Kung San: Men, Women and Work in a Foraging Society*, Cambridge University Press.

Levine, M., Prosser, A., Evans, D. e Reicher, S. (2005). "Identity and emergency intervention", *Personality and Social Psychology Bulletin*, 31, 443—53.

Little, A. C., Burris, R. P., Jones, B. e Roberts, S. C. (2006). "Facial appearance affects voting decisions", *Evolution and Human Behavior*, 28, 18—27.

Livingston, R. W. e Pearce, N. (2009). "The Teddy Bear Effect: does babyfaceness benefit black CEOs?", *Psychological Science*, 20, 1229—236.

Lord, R. G., Foti, R. J. e de Vader, C. L. (1984). "A test of leadership categorization theory: Internal structure, information processing, and leadership perceptions", *Organizational Behavior and Human Performance*, Vol. 34, pp. 343—78.

Ludwig, A. (2004). *King of the Mountain: The Nature of Political Leadership*, Kentucky University Press.

McGregor, D. (1968). *Leadership and Motivation: Essays of Douglas McGregor*, MIT Press.

McNamara, P. e Trumbull, D. (2007). *An Evolutionary Psychology of Leader-Follower Relations*, Nova Publishers.

Meier, B. P. e Dionne, S. (2009). "Downright sexy: verticality, implicit power, and perceived physical attractiveness", *Soc. Cognition*, 27, 883—92.

Milgram, S. (1974). *Obedience to authority: An Experimental View*, Nova York, Harper and Row.

Milgram, S., Bickman, L. e Berkowitz, O. (1969). "Note on the drawing power of crowds of different size", *Journal of Personality and Social Psychology*, 13, 79—82.

Mitchell, W. (1978). *The Bamboo Fire: An Anthropologist in New Guinea*, Norton.

Mitchell, W. (1988). "The defeat of hierarchy: gambling as exchange in a Sepik society", *American Ethnologist*, 15:638—57.

Murnighan, K. (1978). "Models of coalition behaviour", *Psychological Bulletin*, 85, 1130—153.

O'Gorman, R., Henrich, J. e van Vugt, M. (2008). "Constraining free riding in public goods games: designated solitary punishers can sustain human cooperation", *Proc R Soc B* 276, 323—29.

Ohman, A. e Mineka, S. (2001). "Fears, phobias, and preparedness. Toward an evolved module of fear and fear learning", *Psychological Review*, 108, 483—522.

Osvath, M. (2009). "Spontaneous planning for future stone throwing by a male chimpanzee", *Current Biology*, 19 (5): R190.

Paulhus, D. e Williams, K. M. (2002). "The dark triad of personality: narcissism, Machiavellianism, and psychopathy", *Journal of Research in Personality*, 36, 556—63.

Pawlowski, B., Dunbar, R. e Lipowicz, A. (2000). "Evolutionary fitness: Tall men have more reproductive success", *Nature*, 403, 156.

Perryman, A., *et al.* (2010). "When the CEO is ill: Keeping quiet or going public?", *Business Horizons*, 53, 21—9.

Pinker, S. (2002). *The Blank Slate*, Londres, Penguin.

Piovenalli, P. (2005). "Jesus's charismatic authority: On the historical applicability of a sociological model", *Journal of the American Academy of Religion*, 73(2): 395—427.

Plutarco. *Parallel Lives*, Penguin Classics.

Richerson, P. e Boyd, R. (2005). *Not by Genes Alone: How Culture Transformed Human Evolution*, University of Chicago Press.

Ross, L. (1977). "The intuitive psychologist and his shortcomings: Distortions in the attribution process", *in* L. Berkowitz (org.), *Advances in Experimental Social Psychology* (vol. 10), Nova York, Academic Press.

Ruffle, B. (1998). "More is better but fair is fair: Tipping in dictator versus ultimatum game", *Games and Economic Behaviour*, 23, 247—65.

Rule, N. O. e Ambadi, N. (2008). "The face of success: Inferences of personality from CEO appearance predict company profits", *Psychological Science*, 19, 109—11.

Sahlins, M. (1963). "Poor man, rich man, big man, chief: Political types in Melanesia and Polynesia", *Comparative Studies in Society and History*, 5, 285—303.

Schjelderup-Ebbe, T. (1922). "Beiträge zur Sozialpsychologie des Haushuhns", *in Zeitschrift für Psychologie* 88, 225—52.

Schmitt, D. P. e Pilcher, J. J. (2004). "Evaluating evidence of psychological adaptation: How do we know one when we see one?", *Psychological Science*, 15, 643—49.

Sherif, M. (1966). *In common predicament: Social psychology of intergroup conflict and cooperation*, Boston, Houghton-Mifflin.

Simonton, D. K. (2006). "Presidential greatness and performance: can we predict leadership in the white house", *Journal of Personality*, 49, 306—22.

Sosis, R. (2000). "Religion and intragroup cooperation: Preliminary results of a comparative analysis of utopian communities", *Cross-Cultural Research*, 34, 70—87.

Spisak, B. e van Vugt, M. (2010). "What's in a face? Evidence for evolved cognitive leadership prototypes about age and masculinity/femininity in war and peace", VU University Amsterdam, manuscrito inédito.

Stodgill, R. M. (1974). *Handbook of Leadership: A Survey of Theory and Research*, Nova York, Free Press.

Strenger, C. e Burak, J. (2006). "The Leonardo effect: why entrepreneurs become their own fathers", *International Journal of Applied Psycho-analytic Studies*, 2, 103—28.

Tannenbaum, R. e Schmidt, W. H. (1973). "How to choose a leadership pattern", *Harvard Business Review*, 51, 162—64.

Tinbergen, N. (1963). "On aims and methods in ethology", *Zeitschrift für Tierpsychologie*, 20: 410—33.

Tishkoff, S., *et al.* (2006). "Convergent adaptation of human lactase persistence in Africa and Europe", *Nature Genetics*, 39: 31—9.

Todorov, A., *et al.* (2005). "Inferences of competence from faces predict election outcomes", *Science*, 308, 1623—626.

Trivers, R. L. (1971). "The evolution of reciprocal altruism," *Quarterly Review of Biology*, 46, 35—57.

van Vugt, M. (2006). "Evolutionary origins of leadership and followership", *Personality and Social Psychology Review*, 10, 354—71.

van Vugt, M. (2008). "Follow me: The origins of leadership", *New Scientist*, 14 de junho.

van Vugt, M. (2009). "Despotism, democracy and the evolutionary dynamics of leadership and followership", *American Psychologist, 64*, 54—6.

van Vugt, M. (2010). "Evolutionary and biological approaches to leadership", *in* D. Day e J. Antonakis, orgs., *The Nature of Leadership*, Londres, Sage.

van Vugt, M. e de Cremer, D. (1999). "Leadership in social dilemmas: The effects of group identification on collective actions to provide public goods", *Journal of Personality and Social Psychology*, 76, 587—99.

van Vugt, M., de Cremer, D. e Janssen, D. P. (2007). "Gender differences in cooperation and competition — The male-warrior hypothesis", *Psychological Science*, 18, 19—23.

van Vugt, M. e Hardy, C. (2010). "Cooperation for reputation: Wasteful contributions as costly signals in public goods", *Group Processes and Intergroup Relations*, 1—11.

van Vugt, M., Hogan, R. e Kaiser, R. (2008). "Leadership, followership, and evolution: Some lessons from the past", *American Psychologist*, 63, 182—96.

van Vugt, M., Jepson, S., Hart, C. e de Cremer, D. (2004). "Autocratic leadership in social dilemmas: A threat to group stability", *Journal of Experimental Social Psychology*, 40, 1—13.

van Vugt, M., Johnson, D. D. P., Kaiser, R. B. e O'Gorman, R. (2008). "Evolution and the social psychology of leadership: The mismatch Hypothesis", *in* C. L. Hoyt, G. R. Goethals e D. R. Forsyth, orgs., *Leadership at the Crossroads: Psychology and Leadership* (Vol. 1), Westport CT, Praeger.

van Vugt, M. e Kurzban, R. (2007). "Cognitive and social adaptations for leadership and followership: Evolutionary game theory and group dynamics", *in* J. Forgas, W. von Hippel e M. Haselton, *Sydney Symposium of Social Psychology*, Vol. 9: "The evolution of the social mind: Evolutionary psychology and social cognition", Londres, Psychology Press.

van Vugt, M. e Schaller, M. (2008). "Evolutionary perspectives on group dynamics: An introduction", *Group Dynamics*, 12, 1—6.

van Vugt, M. e Spisak, B. (2008). "Sex differences in leadership emergence during competitions within and between groups", *Psychological Science*, 19, 854—88.

van Vugt, M. e van Lange, P. (2006). "The altruism puzzle: Psychological adaptations for prosocial behavior", *in* M. Schaller, D. Kenrick e J. Simpson, orgs., *Evolution and Social Psychology*, Psychology Press.

von Frisch, K. (1967). *The Dance Language and Orientation of Bees*, Belknap Press.

Weber, M. (1947). *The Theory of Social and Economic Organization*, tradução de A. M. Henderson e Talcott Parsons, The Free Press.

Wrangham, R. e Peterson, D. (1996). *Demonic Males: Apes and the Origins of Human Violence*, Boston, Houghton Mifflin.

Xue, Y., *et al.* (2009). "Human Y chromosome base substitution mutation rate measured by direct sequencing in a deep-rooting pedigree", *Current Biology*, 19, 1453—457.

Yukl, G. (2009). *Leadership in Organisations*, Nova York, Prentice Hall.